KB242131

반주독학
가이드북

일러두기

1. 이 책에서 사용하는 코드 표기, 기보 방식, 기호의 의미 등은 통상적인 실용음악 표기법을 따르고 있으며, 특별한 경우에는 별도로 설명을 덧붙였습니다.
2. QR코드를 통해 연결되는 무료 강의와 연주 영상을 참고하면 학습에 더욱 효과적입니다. 출판사 사정에 따라 영상 제공 사이트가 변경될 수 있습니다.
3. 코드의 가독성을 위해 텐션음이 표기에서 생략된 부분이 있습니다.
4. 본 책에 수록된 악보 및 콘텐츠는 저작권의 보호를 받으며, 무단 복제, 배포, 공유는 금지되어 있습니다.
   개인 학습 목적으로 활용하시고, 다른 외부 사용 시 반드시 출판사와 저작자의 동의를 받아야 합니다.

반주독학 가이드북.

박주언(박터틀)

지음

1458music

이 책의 활용법

1. 색이 추가된 음표는 주의깊게 봐주세요.

교재의 악보 중 주황색으로 표시된 음은 코드 구성음을 강조한 부분입니다. 이 책의 핵심 연습이자 중요한 학습 포인트이니, 그냥 넘기지 마시고 코드 표기와 어떤 관련이 있는지 꼭 확인해 주세요.

2. 지면으로 설명이 부족한 부분은 무료 강의가 있습니다.

종이책의 한계로 인해 지면만으로는 설명이 부족한 주요 개념들은 무료 동영상 강의로 보완했습니다. 본문에 있는 QR코드를 스캔하면 영상을 시청하실 수 있습니다.

3. 스마트폰으로 답안지를 확인하세요.

연습문제의 답안은 스마트폰으로 확인할 수 있습니다. QR코드를 스캔하면 답안 페이지로 연결됩니다. 다만, 제시된 답안은 모범 답안이라는 점을 유의해 주세요. 특히 보이싱과 텐션은 연주자에 따라 다양한 해석이 가능하므로, 이를 참고용으로 활용하시기 바랍니다. 답안지 전체를 PDF 파일로 받고 싶으신 독자께서는 카카오톡 채널 1458music을 친구 추가하신 후, 채팅창에 '반주독학 답안지'라고 메시지를 보내 주세요. 확인 후 PDF 파일을 보내드리겠습니다.

4. 순서대로 공부해 주세요.

이 책은 '코드 읽기 → 코드 구성음 이해 → 리듬과 장르 연습'의 순서로 구성되어 있습니다. 교재의 순서를 따라 학습해야 저자가 의도한 최선의 학습 효과를 얻을 수 있습니다.

목차

시작하면서 8

Part 1. 코드의 이해

1-1. 코드에 대한 오해 12

1-2. 코드의 시작, 스케일과 음정 14

1-3. 메이저 코드와 마이너 코드 18

1-4. 메이저와 마이너 코드로 일단 시작하기 22

1-5. 코드 체인지 28

1-6. Aug와 Dim 코드를 읽는 방법 32

심화 학습 1 - 유독 화성학이 어려웠던 이유 35

Part 2. 다이아토닉과 코드 진행

2-1. 다이아토닉과 코드 진행 38

2-2. 7th 코드를 읽는 방법 40

2-3. 코드 진행의 숫자 표시 44

Part 3. 전위 코드 반주법

3-1. 도미솔이 아닙니다. 1, 3, 5음입니다 50

3-2. 전위 코드란? 51

3-3. 전위(Inversion) 코드의 등장 배경 52

3-4. 전위 코드를 잡는 방법_1전위 54

3-5. 전위 코드를 잡는 방법_2전위 58

3-6. 전위 코드를 잡는 방법_3전위 60

3-7. 축약형 코드 표기의 등장 66

심화 학습 2 - 전통 화성학 표기의 중요성 69

Part 4. 보이싱 연습

4-1. 보이싱(Voicing)이란 대체 뭘까? 74

4-2. 코드 구성음을 숫자로 적어봅시다 76

4-3. 효율성을 높이는 보이싱 규칙 78

4-4. 탑 노트를 멜로디에 맞추기 82

4-5. 양손 보이싱 86

4-6. 2음을 활용한 보이싱 90

4-7. 보이싱에는 정답이 없습니다 94

Part 5. 반주와 리듬의 연관성

5-1. 나는 정말 박치일까? 100

5-2. 기초 중의 기초, 기본 중의 기본 4 Beat 102

5-3. 아르페지오의 시작, 8 Beat 108

5-4. 쪼개진 리듬 만들기, 16 Beat 114

5-5. 스트레이트가 아닌 바운스, 셔플 리듬 120

Part 6. 텐션 코드 반주법

6-1. 텐션(Tension) 코드의 등장 배경   126

6-2. 다이아토닉 코드와 어울리는 텐션 찾기   130

6-3. 이게 무슨 뜻이야? ♯9, ♯11, ♭13   134

6-4. 사용 가능하지만 실제로 거의 쓰지 않는 텐션음   136

6-5. 같은 도수에서 사용 가능한 텐션음은 바뀌지 않습니다   137

6-6. 조금 특이한 방법으로 텐션을 표기한 코드   140

심화 학습 3 - 잘못된 코드 표기가 많아진 이유 ①   143

Part 7. 세컨더리 도미넌트와 증4도 대리화음

7-1. 세컨더리 도미넌트(Secondary Dominant)   146

7-2. 세컨더리 도미넌트의 텐션   152

7-3. 증4도 대리화음(Substitute Dominant)   158

7-4. 증4도 대리화음의 텐션   162

심화 학습 4 - 코드는 정말 하나씩 보는 걸까?   155

심화 학습 5 - 잘못된 코드 표기가 많아진 이유 ②   164

Part 8. 팝 스타일 반주법

8-1. 팝 스타일 반주란?   170

8-2. 발라드(Ballad) 스타일 반주법   172

8-3. 셔플(Shuffle) 스타일 반주법   178

8-4. 펑크(Funk) 스타일 반주법   184

8-5. R&B 스타일 반주법   190

맺는 말   206

시작하면서,
1900년대의 피아노 입문 방법

조표가 많은 악보를 선호했다고?

1900년대 미국에서 처음 피아노를 배우는 어린아이를 상상해 봅시다. 그 시절의 미국에는 음표는 고사하고, 알파벳도 읽기 어려운 사람들이 많았습니다. 피아노를 칠 때 악보를 보는 것은 엄두도 못 냈을 텐데, 그 시절 연주자들은 어떻게 피아노를 배웠을까요? 악보를 못 읽던 연주자들은 오히려 조표가 잔뜩 붙은 key를 선호했다고 합니다.

위와 같은 재즈 악보를 보면 전혀 상상이 가지 않습니다. 저렇게 ♭도 잔뜩 붙고 복잡해 보이는 연주를 어떻게 했을까요? 하지만 답은 의외로 단순합니다. 애초에 악보를 안 보고 검은 건반만 연주했기 때문에 가능했던 것이지요.

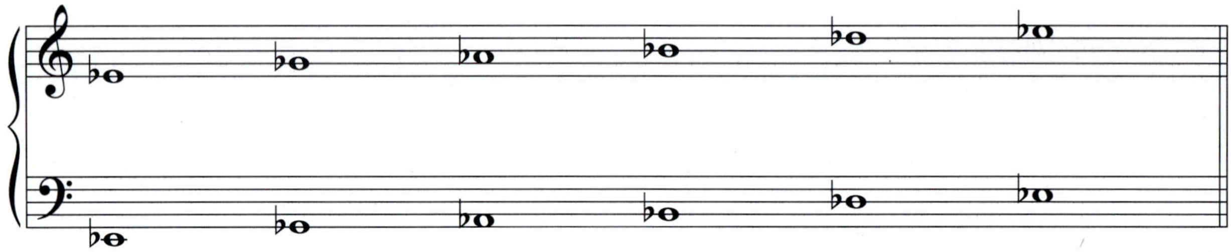

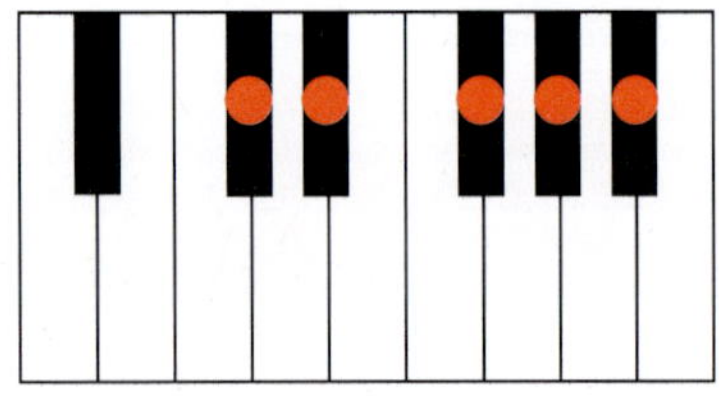

검은 건반을 사용하면 딱 저 다섯 개의 음만 사용할 수 있습니다. 악보를 못 읽는 입장에서는 오히려 고민이 없어진 거예요. 만약 흰 건반을 눌렀다면, 곧장 반음 위나 아래로 가면 멋진 꾸밈음이 되니 편했겠지요. 그래서 타악기 성향이 강한 곡이나, 오래된 재즈곡에서 저렇게 복잡한 악보를 자주 볼 수 있어요.

이와 비슷하게, 어렸을 때 '고양이 춤'이란 곡을 쳐본 적이 있다면 쉽게 이해할 수 있을 거예요. 손 모양을 보고 따라 하면 초보자도 금방 칠 수 있지만, 악보를 보면 생각보다 너무 복잡해서 깜짝 놀라게 되거든요.

그런데 만약 '저것은 E♭ Minor Pentatonic Scale이고, 어떤 기법을 사용해서 만들어졌고, 무슨 리듬과 어떤 장르 음악이다'라고 설명하면서 악보 반주를 과제로 준다면 어떨까요? 아마 무척 재미없고 힘든 여정이 될 거예요. 만약 우리가 재미있는 일기를 적어놨는데, 수백 년 후의 사람들이 내용을 보는 것이 아니라 문법만 공부하고 있다면 얼마나 당황스러울까요? 이 책을 통해 알아갈 코드 표기도, 처음에는 놀이의 약속처럼 시작한 것입니다. 하지만 시대가 지나고, 정보가 누적되면서 '공부해야 할 것', '암기해야 할 것'이란 오해가 생긴 것이지요.

우리는 더욱 많은 것을 배워야 자유로운 반주를 할 수 있다고 생각하지만, 그것보다 더욱 중요한 것은 좋아하는 코드를 직접 연주하고 소리로 들으며 즐거움을 느끼는 경험이 아닐까 생각해요. 많은 음을 누르지 않아도, 음악은 충분히 재미있거든요. 코드라는 게임의 규칙을 하나씩 알아가면서 연습하다 보면, 훨씬 반주에 친숙해지는 경험을 하게 될 거예요.

저도 거기에 도움이 되길 바라는 마음으로, 네 번째 책의 이야기를 시작해 봅니다.

Part 1
코드의 이해

1-1. 코드에 대한 오해

1-2. 코드의 시작, 스케일(Scale)과 음정(Interval)

1-3. 메이저 코드와 마이너 코드

1-4. 메이저와 마이너 코드로 일단 시작하기

1-5. 코드 체인지 : 복잡한 코드를 누르는 것보다 훨씬 중요합니다

1-6. Aug와 Dim 코드를 읽는 방법

심화 학습 1 - 유독 화성학이 어려웠던 이유

코드에 대한 오해

코드 표기는 최소한의 약속입니다

    가요나 재즈 악보를 보면 C와 Cm, C7과 Cm7, C-와 C+처럼 C라는 알파벳 하나를 두고 다양한 표기법이 나옵니다. 가끔은 Caug7이나 C7(9, ♯11)처럼 아주 길고 어려운 표기가 보이기도 하죠. 이런 코드를 보면 공식이나 화성학을 배워서 연습해야만 반주를 할 수 있다고 생각하기 쉽지만, 사실 꼭 그렇지는 않습니다.

    전통 화성학에서 코드를 표기하는 방식은 로마 숫자였습니다.

    I, IV, V는 각각 1, 4, 5를 나타내는 숫자로, 음자리표 옆에 적혀있는 조표(Key Signature)에 따라 그 조성(key)의 몇 번째 코드인지를 나타내는 표기였습니다. 위 악보는 ♯이 하나 붙은 G key이므로 1, 4, 5도는 각각 G, C, D 코드가 됩니다. 조성과 코드의 관계도 명확하게 나타나고, II와 ii처럼 대문자와 소문자로 메이저와 마이너 코드를 구분하는 등 다양한 표현이 가능했지만, 익히기까지 상당한 훈련이 필요하다는 단점이 있었습니다.

    그래서 연주자들은 코드를 간단하게 표시하는 여러 방법을 고민했습니다. 그러면서 C는 메이저, C-는 마이너처럼 아주 직관적이고 간단한 코드 표기를 만듭니다. 조표를 모르더라도 알파벳만 적으면 코드 자체는 전달이 되니까요.

문제는 조금 더 복잡한 코드들이 나오면서 생기기 시작했습니다. C와 C-만으로 나타내기 어려운 코드가 나오자 약속이 계속 추가되었습니다. 급기야 C+7, C°7, C-7(♭5)와 같은 표기를 쓰자 사람들은 코드의 표기에 따른 구성음을 암기해야만 할 것 같은 상황에 처하게 됩니다. 그래서 아래 같은 악보를 정리하는 것이죠.

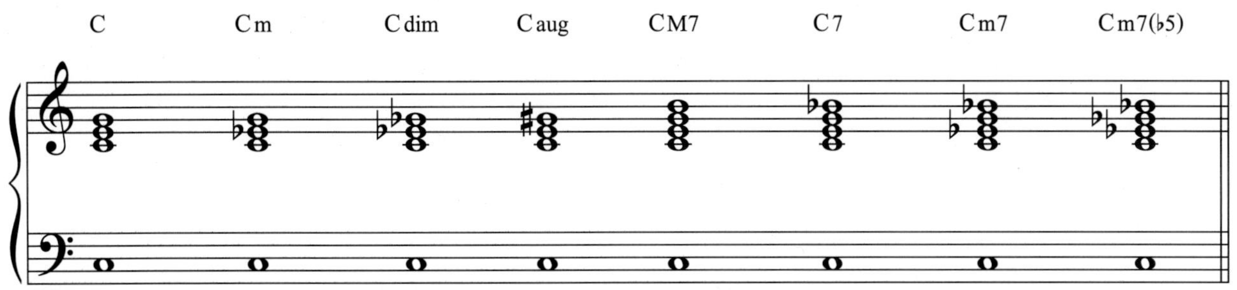

물론 위 악보는 실제로 쓰는 코드가 맞지만, 하나하나 암기하는 방식으로는 원하는 때에 바로 꺼내 사용하기가 어렵습니다. 실제 곡에서 코드는 한 종류만 나오는 것이 아니라 근음이 다른 다양한 종류가 여러 보이싱(Voicing)으로 섞여 나오기 때문입니다.

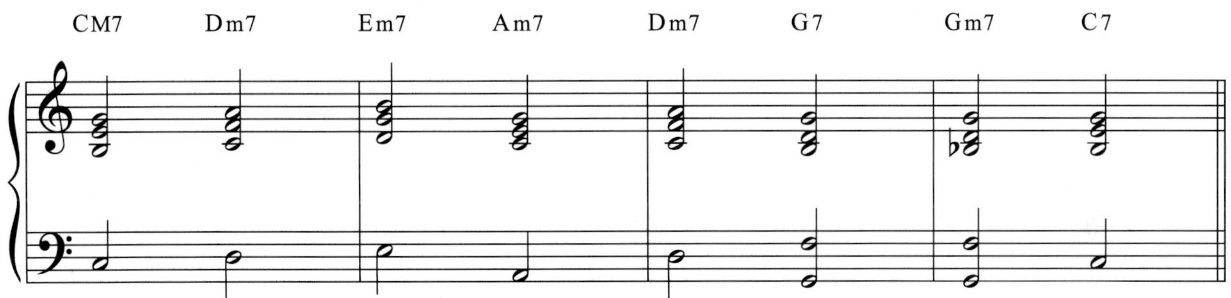

따라서 무작정 암기하기보다는 코드를 정확하게 읽는 원리를 알아야 합니다. 이것만 잘 이해해도 암기의 필요성이 크게 줄어듭니다. 암기하지 않아도 저절로 손이 가는 일이 생기는 것이죠. 처음 이야기한 것처럼, 악보를 못 읽던 사람들이 간단히 적은 게 코드 표기의 시작이었으니까요.

Part01에서는 메이저와 마이너 코드의 구분을 시작으로 코드의 표기 원리를 알아보겠습니다.

코드의 표기 원리를 알려준다고 해놓고 '갑자기 스케일?'이라고 하실 분들이 계실 거예요. 하지만 코드가 만들어진 원리를 이해하려면 스케일의 세계관을 알아야 합니다. 음을 가로로 펼치면 스케일, 세로로 쌓으면 코드가 되므로, 둘은 밀접한 관계가 있기 때문이죠.

스케일이란?

스케일(Scale)이란 음의 계단, 즉 음계를 의미합니다. 특정한 규칙에 맞춰 음을 배열한 것입니다. 문화권마다 다양한 스케일이 있지만, 반주에 사용하는 코드는 서양의 메이저 스케일을 기본으로 만들어졌습니다. Major는 '중요한'이란 뜻입니다. 그래서 메이저 스케일은 '중요한 음계' 정도로 생각할 수 있지요. 아래 악보는 C Major Scale입니다.(앞으로 악보는 주로 낮은 음자리표가 있는 2단 형식으로 나올 거예요. 반주를 잘하려면 낮은 음자리표 읽기에 익숙해져야 합니다.)

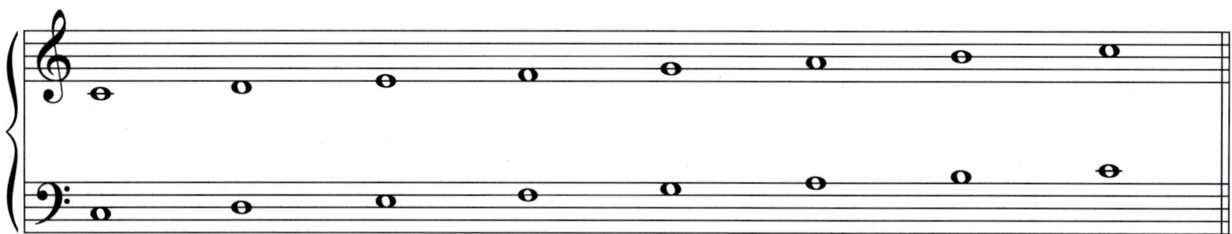

C 메이저 스케일

위 악보는 '도레미파솔라시도'가 구성음인 C Major Scale입니다. 메이저 스케일의 구성음은 단순하게 숫자로 표현하기도 하는데 구성음의 순서에 맞춰 1, 2, 3, 4, 5, 6, 7, 8이 됩니다.

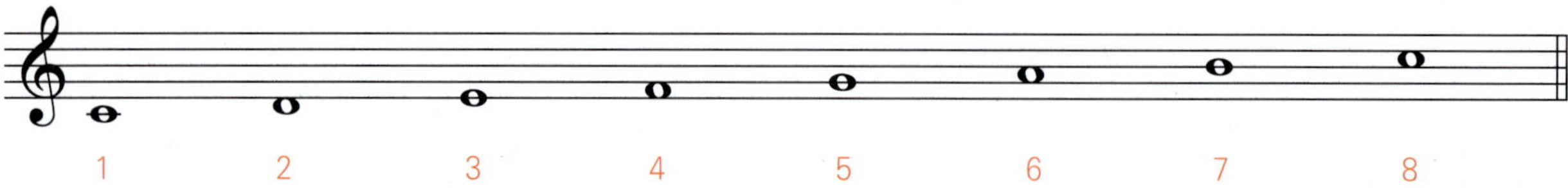

메이저 스케일은 1음을 기준으로 다른 음과 거리를 구하는 기준이 됩니다. '도-도'는 1도, '도-레'는 2도, '도-미'는 3도, '도-파'는 4도처럼 말이죠. 이처럼 특정 음과의 거리를 '음정'이라고 부릅니다.

메이저 스케일과 완전음정, 장음정

오케스트라 조율을 440Hz로 하는 것처럼 모든 음에는 고유한 진동수(Hz)가 있습니다. 그리고 어울리는 음과 어울리지 않는 음이 있지요. 이 발견은 고대 그리스 수학자인 피타고라스로부터 시작되었어요. 대장간의 망치 소리를 들으며 특정한 비율의 음높이가 잘 어울린다는 것을 발견한 것입니다. 예를 들어 100이라는 진동수(Hz)를 가진 음이 '도'라고 가정해 봅시다.(실제 도는 100Hz가 아닙니다.) 이 때, 100을 2배로 곱한 200Hz와 200을 2배로 곱한 400Hz도 같은 '도'가 됩니다. 피타고라스는 여기서 더 나가 300Hz에 해당하는 음이 '솔'이 된다는 사실을 발견했습니다.

여기서 가장 처음에 위치한 도1-도2-솔2-도3의 관계는 자연적으로, 또 수학적으로 가장 잘 어울리는 완벽한 음성이라고 해서, 완전음정(Perfect Interval)이라고 부릅니다. 각각 도1-도1(완전1도), 도1-도2(완전8도), 도2-솔2(완전5도), 솔2-도3(완전4도)가 되는데, Hz의 비율이 각각 1:1, 1:2, 2:3, 3:4가 됩니다.

5음계 스케일(펜타토닉)과 메이저 스케일의 출현

사람들은 완전 5도에 주목했습니다. 조화롭게 잘 어울리면서 쌓아 올리기도 좋은 균형을 가졌기 때문이지요. 그렇게 도를 기준으로 5도씩 쌓으면 아래 같은 모양이 됩니다.

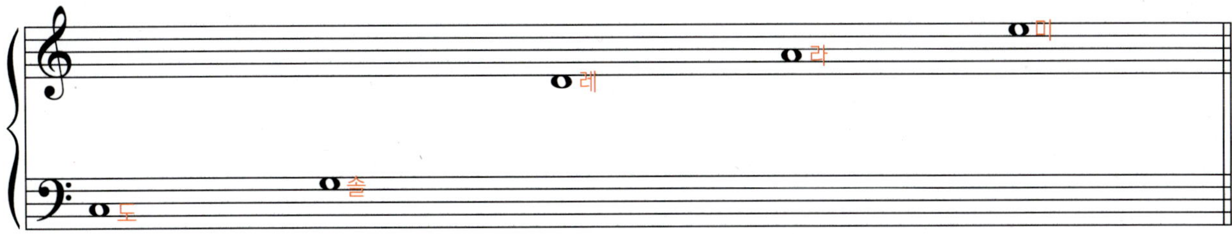

이것을 한 옥타브 안에 정리한 것이 바로 펜타토닉 스케일, 5음 음계입니다. 동서양의 많은 음악에서 사용하는 가장 오래된 스케일이죠. 많은 현악기가 이런 방식을 기반으로 제작되었습니다. 그리고 음악의 발전에 따라 양 끝에 완전5도를 한 번씩 더 확장한 것이 지금 쓰고 있는 메이저 스케일(7음 음계)입니다.

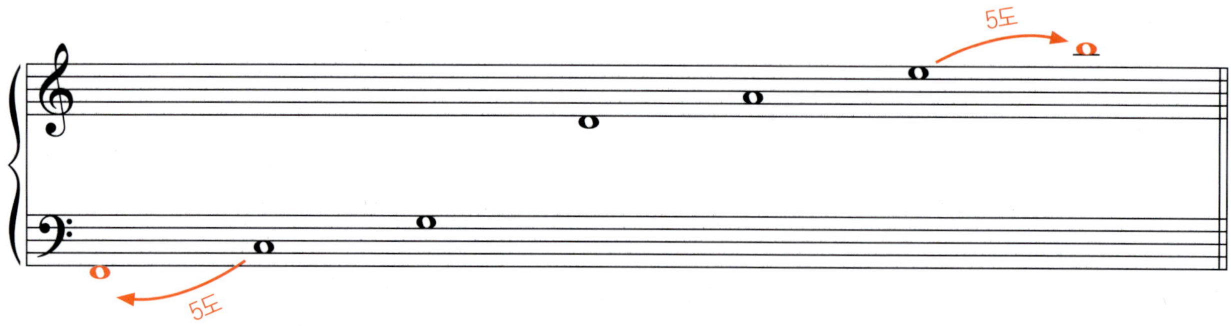

완전5도를 확장하는 것만으로 7개의 구성음을 찾을 수 있다니 신기하지 않나요? '도'를 중심으로 찾았기 때문에, 이 스케일의 이름은 C Major Scale이 됩니다.

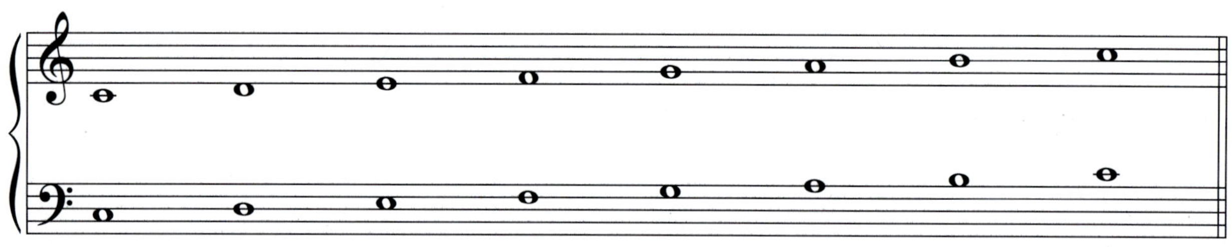

C 메이저 스케일

완전음정과 장음정

이렇게 찾은 메이저 스케일에서 1, 4, 5, 8도는 앞서 알아본 대로 완전음정(Perfect Interval)입니다. 이들은 각각 완전1도(P1), 완전4도(P4), 완전5도(P5), 완전8도(P8)라고 부릅니다. 가장 단순한 비율을 가지며, 서로 잘 어울리는 음정입니다.

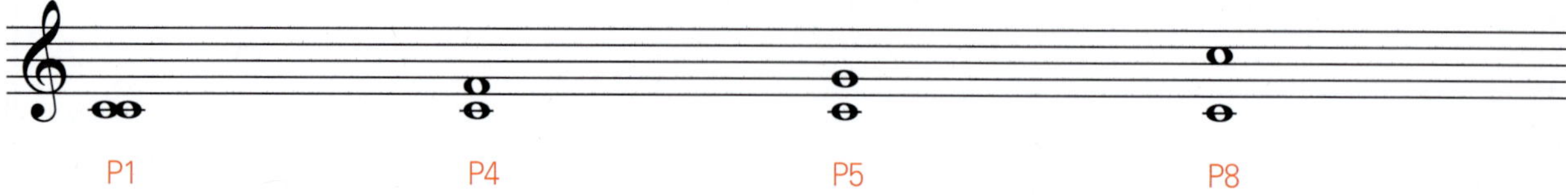

나머지 2, 3, 6, 7도 음정은 메이저 스케일에 있는 간격이므로 Major 2nd, 3rd, 6th, 7th, 한국어로는 장2도, 장3도, 장6도, 장7도라고 부릅니다.

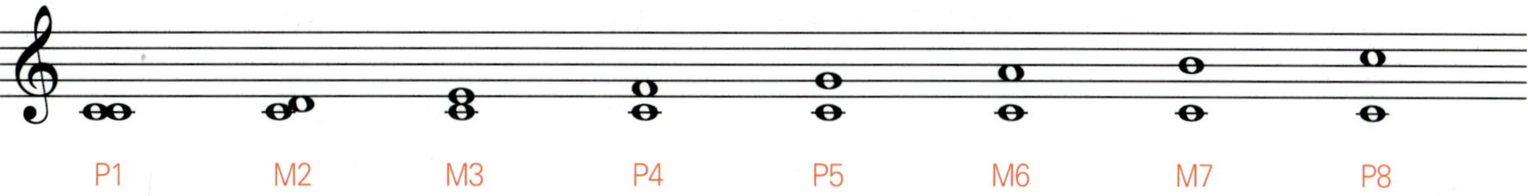

마이너 음정 (단음정)

'메이저(Major)'는 '중요한'이라는 의미와 함께 '더 큰'이라는 뜻도 있습니다. 그렇다면, 만약 여기에 ♭이 붙으면 어떻게 될까요? 상대적으로 '더 작은(Minor)' 간격이 됩니다.

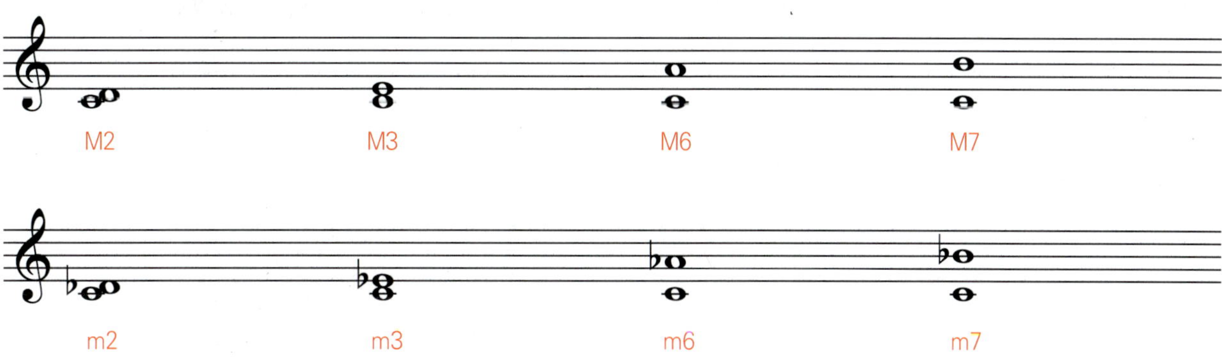

결과적으로, 도에서 미는 Major 간격이지만, 도에서 미♭ 은 상대적으로 더 작은 Minor 간격이 됩니다. 마찬가지로 도와 라는 Major 음정이지만, 도와 라♭ 은 Minor 음정이 되는 것이죠. 한국어의 장음정, 단음정이 이런 의미로 번역된 것입니다.

이런 스케일과 음 간격(음정)에 대한 이해는 코드 반주에서 일종의 세계관 역할을 합니다. 음정이란, 음악 세계에서 '등장인물의 이름'과도 같습니다. 만약 이야기 속 등장인물의 이름이 헷갈린다면, 누가 어디에서 무엇을 했는지 헷갈리는 것처럼, 음정의 개념이 정립되지 않으면 반주를 배울 때 혼란스러울 수 있습니다. 정확한 용어와 개념을 이해한다면, 보다 효율적으로 반주를 배우는 데 큰 도움이 될 것입니다.

메이저 코드와 마이너 코드

코드는 앞에서 알아본 스케일의 구성음을 3도 간격으로, 가로가 아닌 세로로 쌓은 형태입니다. 그중에서도 가장 먼저, 3개의 구성음으로 이루어진 화음인 3화음(Triad, 트라이어드)을 알아봅시다.

메이저 3화음

Triad는 사전적으로 '3인조, 세 개로 된 것'이라는 뜻입니다. 앞에서 배운 메이저 스케일의 1, 3, 5음을 동시에 누르면 메이저 코드가 됩니다.

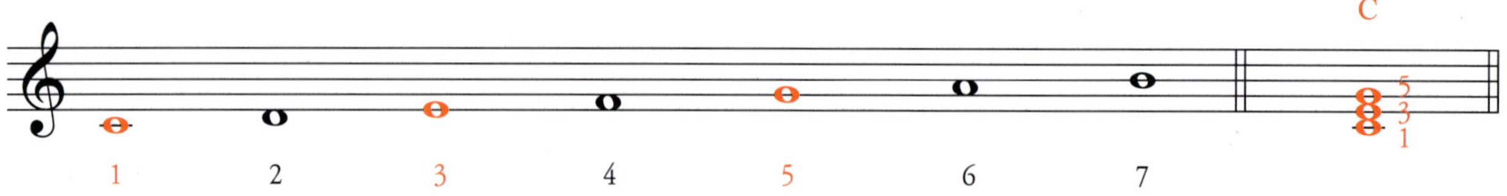

어떤 음에서 시작하더라도 1, 2, 3, 4, 5가 '도레미파솔'로 들리게 펼쳐지면 이때의 1, 3, 5음이 메이저 코드입니다. 예를 들어 D 메이저 코드를 누르고 싶다면 D부터 시작해서 1, 3, 5를 찾아 누르면 됩니다. 이 과정에서 F(파)가 아니라 F#(파#)을 눌러야 '도레미파솔'처럼 들리는 것을 알 수 있습니다. 그래서 D 메이저 코드는 'D, F#, A'가 됩니다.

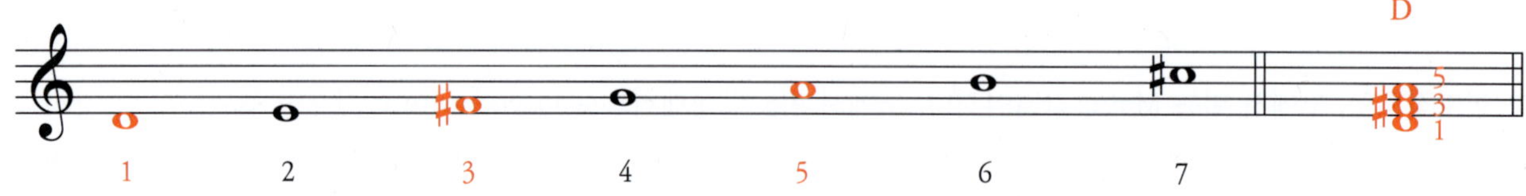

음정으로 생각하면, 메이저 스케일에서 1음~3음 간격은 Major 3rd(장3도)이며, 1음~5음 간격은 Perfect 5th(완전5도)입니다. 보통 코드라고 하면 구성음을 암기해야 한다고 생각하기 쉽지만, 사실 정확하게 코드를 읽는 원리를 이해하면, 따로 암기할 필요가 없습니다. 자음과 모음을 이해하고 글을 적듯이, 코드 표기도 마치 자음, 모음, 받침의 조합과 비슷한 원리이기 때문입니다.

C Major Chord	
5음	G : Perfect 5th (완전5도)
3음	E : Major 3rd (장3도)
1음	C : Root (근음)

앞에서 살펴본 것처럼 메이저 3화음은 다음과 같은 음정 구조를 가집니다. 이때, 코드의 성질을 결정하는 중요한 음은 3음입니다. 즉, Major 3rd(장3도)를 Minor 3rd(단3도)로 바꿔주면 코드의 성질이 바뀌면서 마이너 코드가 됩니다. 결과적으로 메이저 코드의 3음을 반음 내리면 마이너 코드가 되는 것입니다.

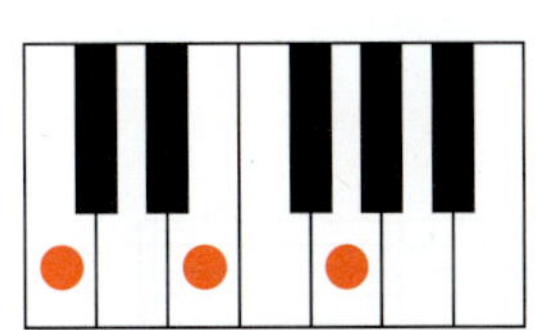

C Major Chord	
5음	Perfect 5th (완전5도)
3음	Major 3rd (장3도)
1음	C

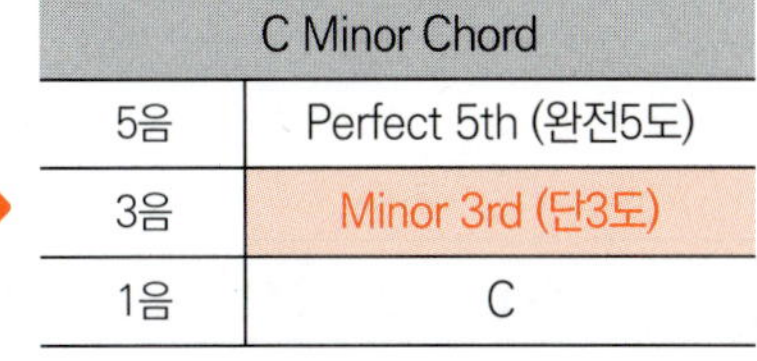

C Minor Chord	
5음	Perfect 5th (완전5도)
3음	Minor 3rd (단3도)
1음	C

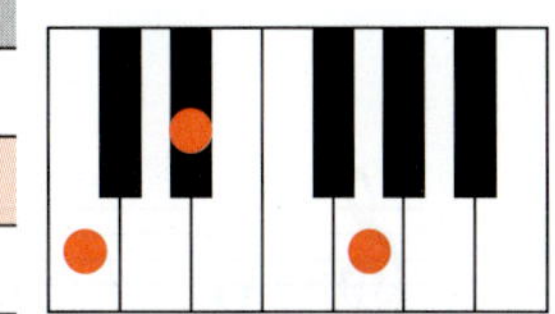

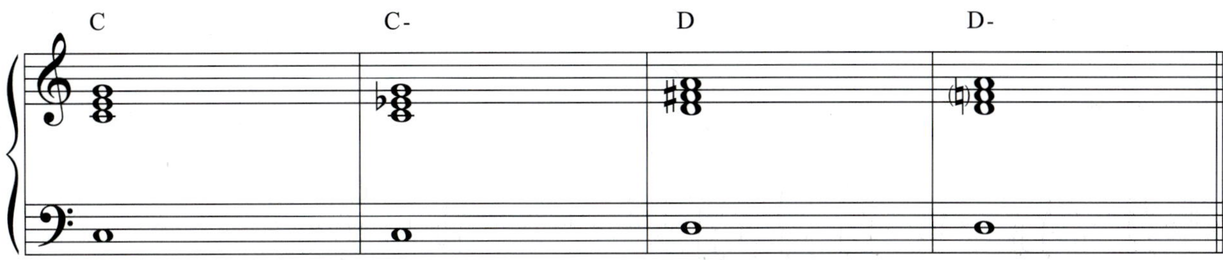

C 메이저 코드와 C 마이너 코드는 모두 Perfect 5th(완전5도)를 포함하고 있기 때문에, 5도에 대한 표기는 생략합니다. 메이저 코드는 가장 중요한 화음이므로 C처럼 간단히 표기합니다. 그리고 C 마이너 코드는 간략하게 Cm 혹은 더 간단히 기호를 사용해서 C-로 표기할 수 있습니다.

앞에서 배운 방식으로 7개의 메이저 코드를 구하면 다음과 같습니다. 아래 메이저 코드를 암기하려 하지 말고 1, 2, 3, 4, 5음이 '도레미파솔'처럼 들리는 것이 메이저 스케일이라는 점을 이해해야 합니다. 그리고 나서 Major 3rd(장3도) 대신 Minor 3rd(단3도)를 눌러주면 마이너 코드가 된다는 원리를 익히는 것이 중요합니다.

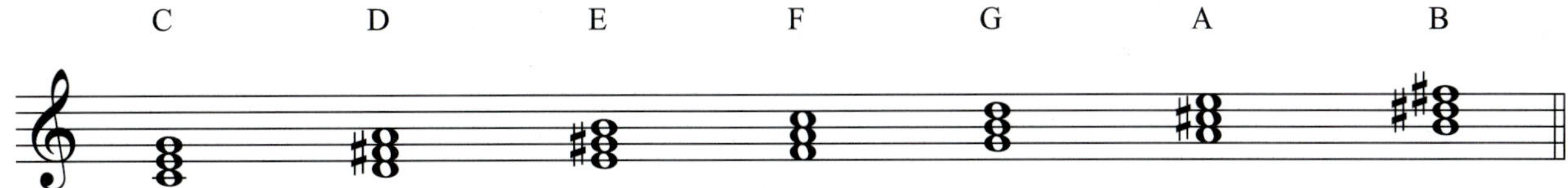

메이저, 마이너 코드 연습

1. 먼저 악보의 메이저 스케일을 누른 후 예시처럼 메이저, 마이너 코드를 그려보세요. 그린 후에는 건반으로 눌러봅니다.

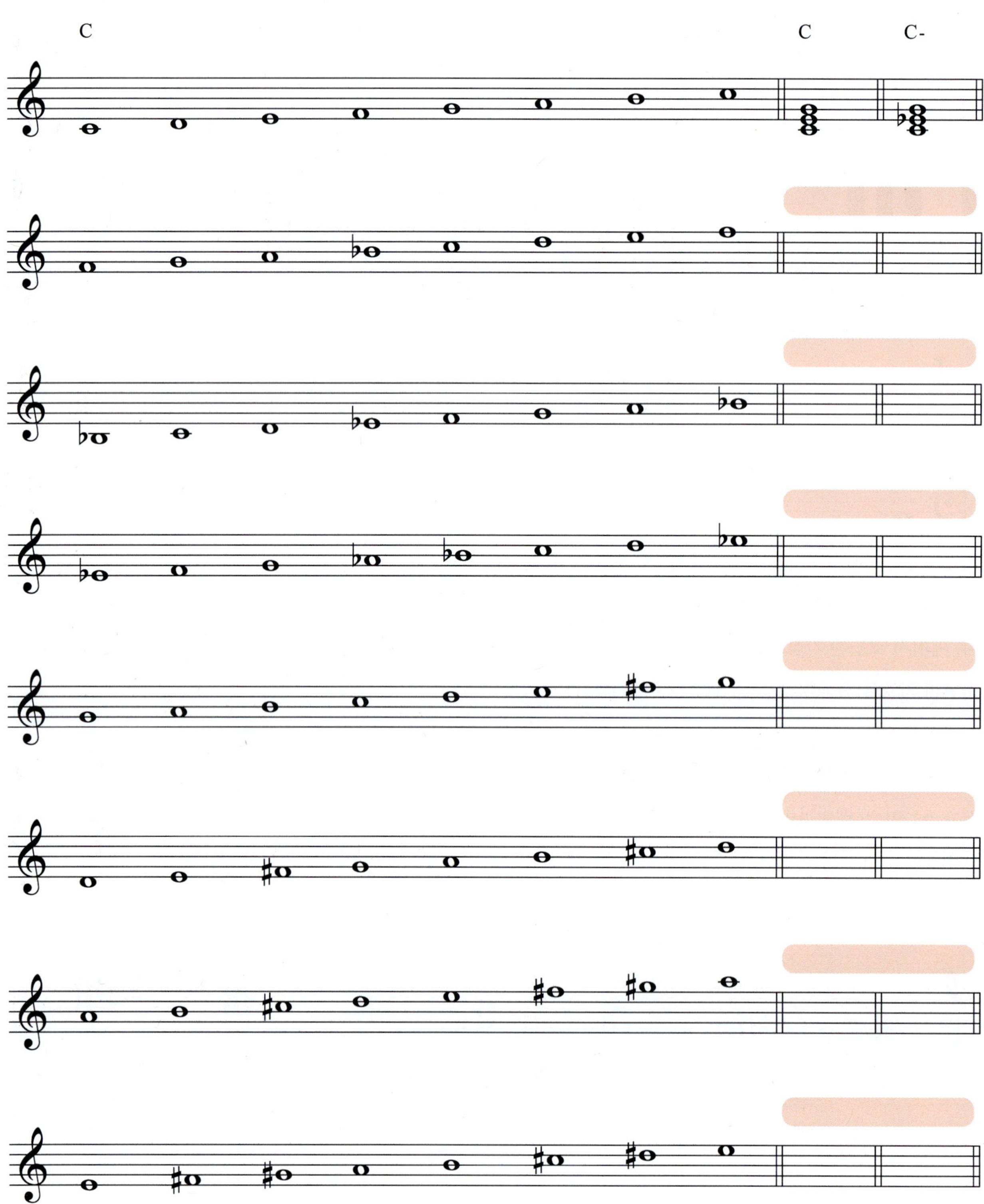

2. 다음 코드의 이름을 적고 건반으로 눌러보세요.

3. 코드 이름을 보고 구성음을 그린 후 건반으로 눌러보세요.

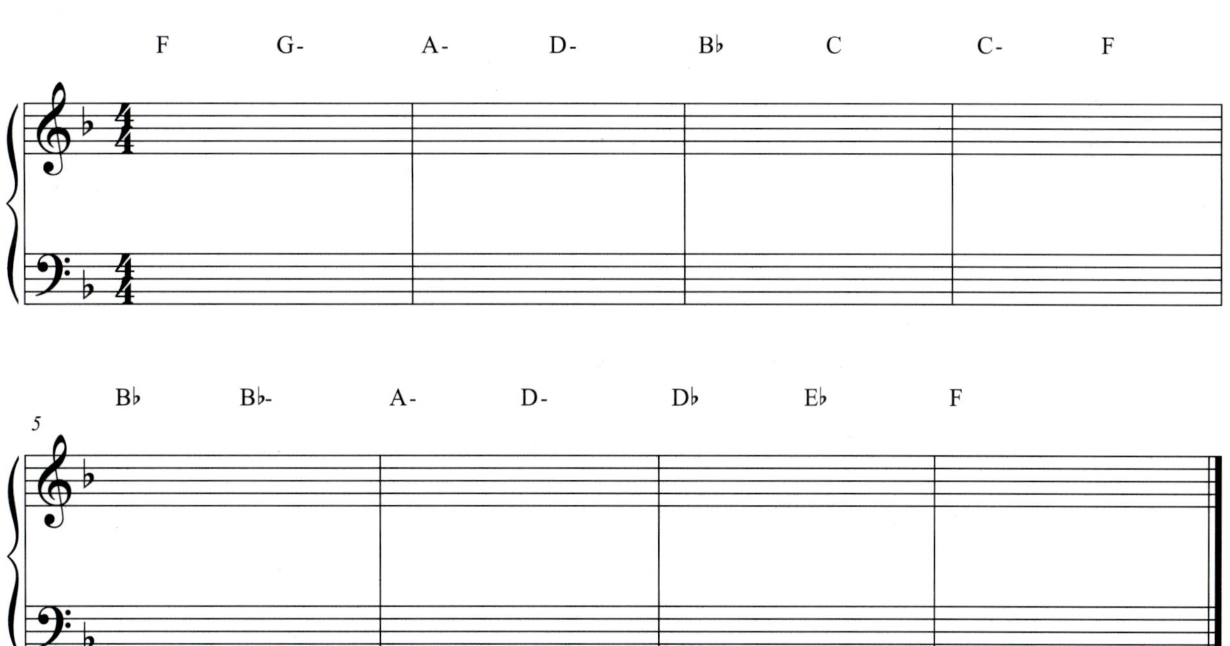

메이저와 마이너 코드로 일단 시작하기

일단, 메이저와 마이너부터 구분하며 시작해 보세요

　시중에 있는 악보를 보면, 위와 같이 알쏭달쏭한 코드 표기들이 있습니다. M7, m7은 기본이고, ♭13이나 ♯11처럼 괄호 안에 들어가 있는 표기까지 보면 '내가 저 많은 것들을 다 익혀야 하나?'라는 생각에 기운이 빠지기 쉽죠. 그러나 다행인 점은, C 코드의 주인공은 'C' 하나라는 사실입니다. 아무리 표기가 복잡해 보여도, 뼈대가 되는 3화음만 정확히 누르면 충분히 반주를 할 수 있습니다.

　처음에 나오는 복잡한 악보도 아래처럼 메이저와 마이너만 구분해서 3화음으로 눌러도 괜찮습니다. 왼손으로 코드의 근음을 누르고, 오른손으로는 코드의 구성음을 모두 눌러줍니다.

　7th와 텐션, 슬래쉬 표기를 모두 제외했지만, 직접 눌러보면 얼추 비슷한 분위기가 납니다. 그 이유는 주인공들은 그대로 있기 때문입니다. 앞에서 보았듯이, 코드 표기는 C와 C-처럼 단순한 약속으로 시작되었습니다. 하지만 이후 알파벳 표기만으로는 모든 정보를 담을 수 없게 되었죠. 그 결과, CM7(9, ♯11,13)처럼 극단적으로 복잡한 코드 표기까지 등장하게 되었습니다. 하지만 이 모든 것을 다 외우는 것은 사실상 불가능에 가깝습니다. 대신, 자음과 모음으로 글자를 만들 듯, 코드도 '읽는 방법'을 배우는 것이 더 중요합니다.

3화음이 핵심입니다

코드가 아무리 복잡해 보여도 최소한의 3화음(Triad, 트라이어드)으로 시작해 보세요. 단 3개의 구성음(1, 3, 5음)만 사용해도 기본적인 음악의 긴장과 해결을 충분히 표현할 수 있습니다. 특히 코드 진행을 단순하게 가져가는 락(Rock) 같은 장르는 오히려 단순한 3화음을 더 선호하기도 합니다.

만약 처음 반주를 시작할 때 아래 코드 진행이 복잡해 보인다면, 과감히 7th 같은 부가적인 표현을 빼고 접근해도 괜찮습니다. 코드는 1, 3, 5음이 핵심이며, 7음부터는 꾸며주는 역할의 음이라고 생각하면 됩니다.

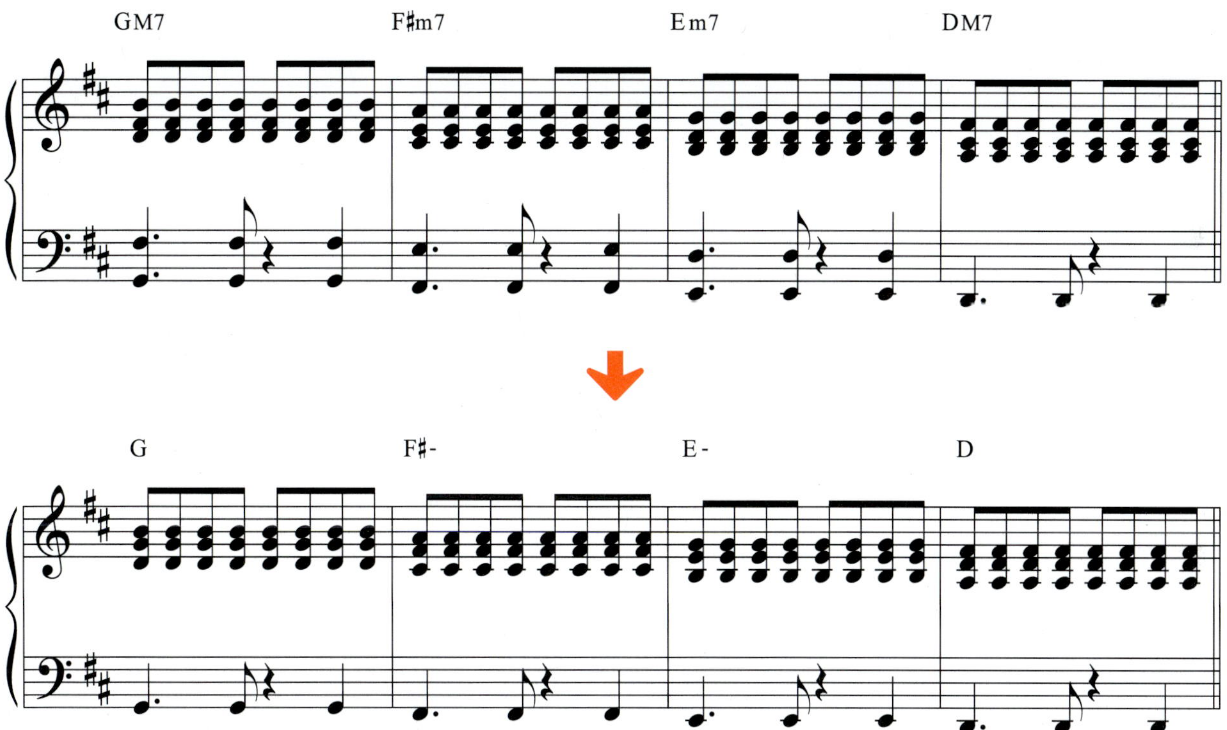

메이저, 마이너 코드 연습

1. 다음 코드를 연주해 보세요. 메이저와 마이너 코드의 느낌을 잘 기억해야 합니다.

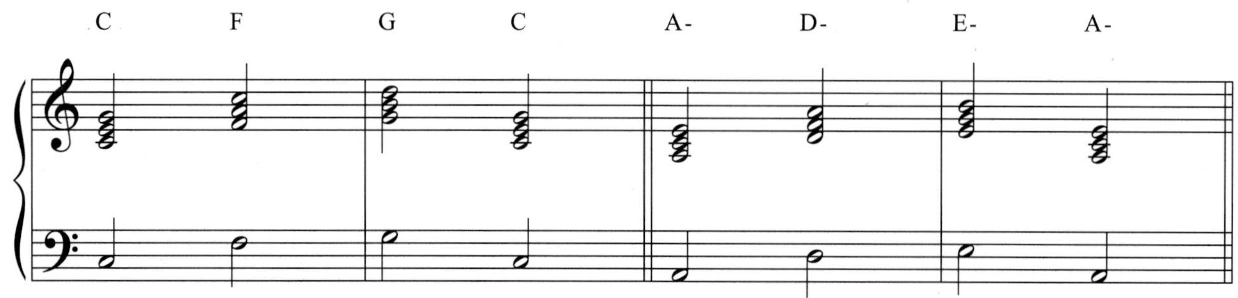

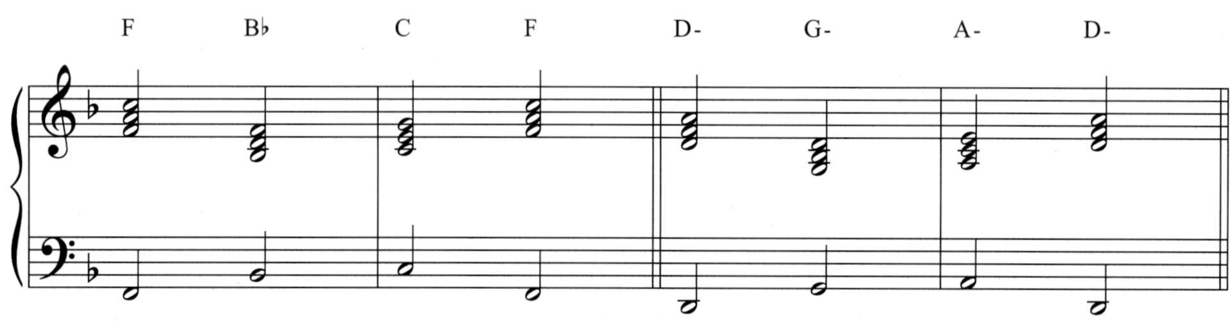

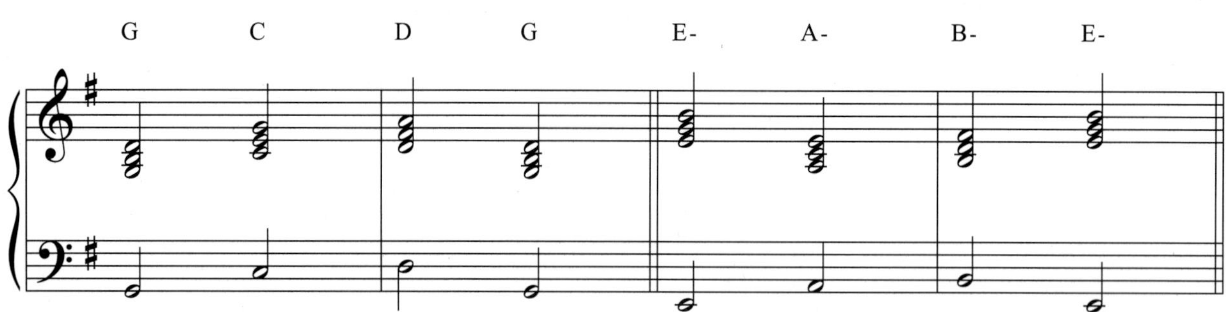

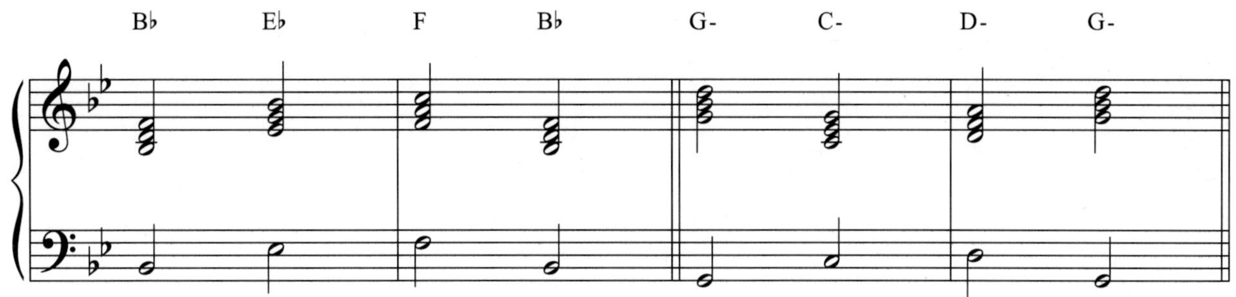

Bb   Eb   F   Bb   G-   C-   D-   G-

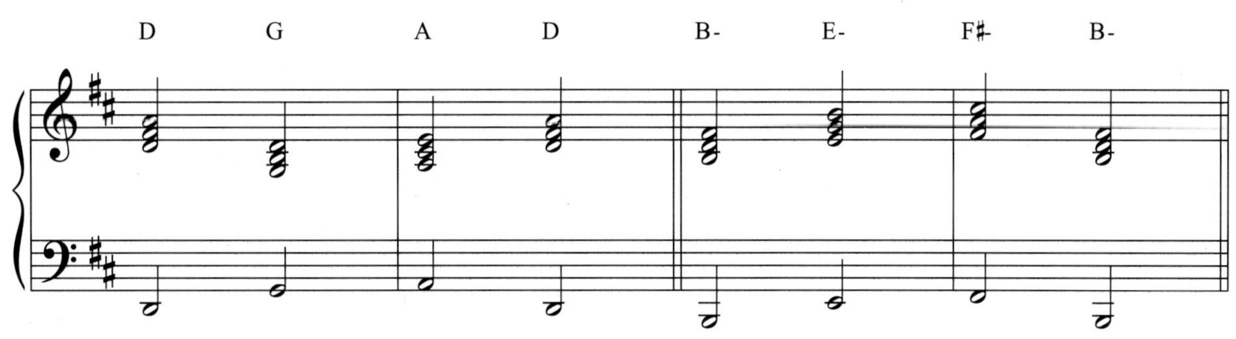

D   G   A   D   B-   E-   F#   B-

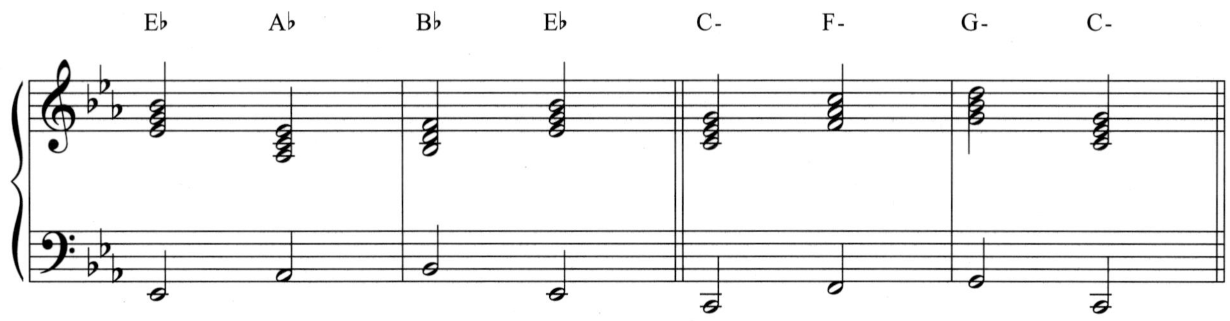

Eb   Ab   Bb   Eb   C-   F-   G-   C-

메이저, 마이너 코드 연습

2. 앞에서 연습한 악보와 같은 코드 진행입니다. 다만 구성음의 순서가 다릅니다. 음표를 잘 보고 연습해 보세요.

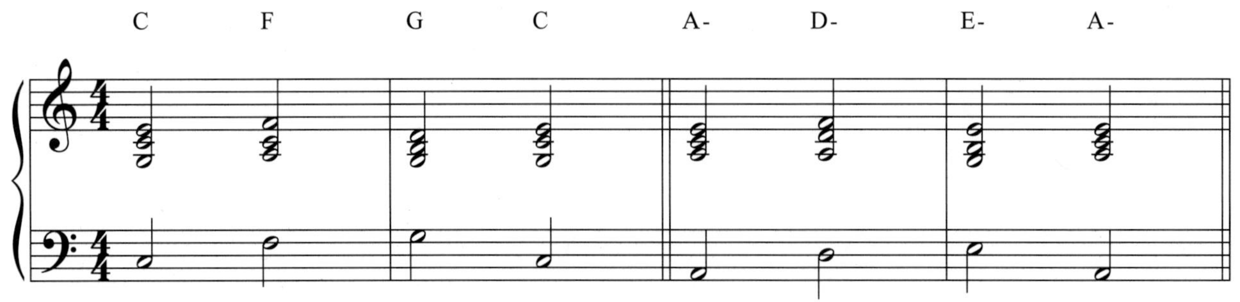

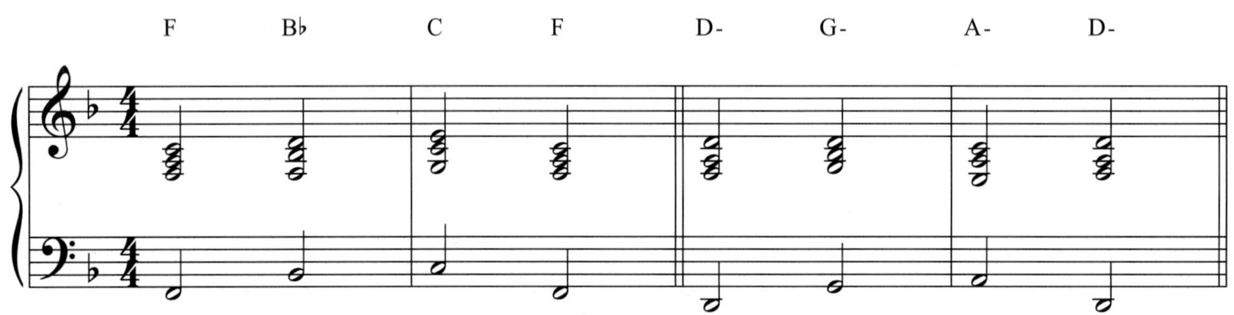

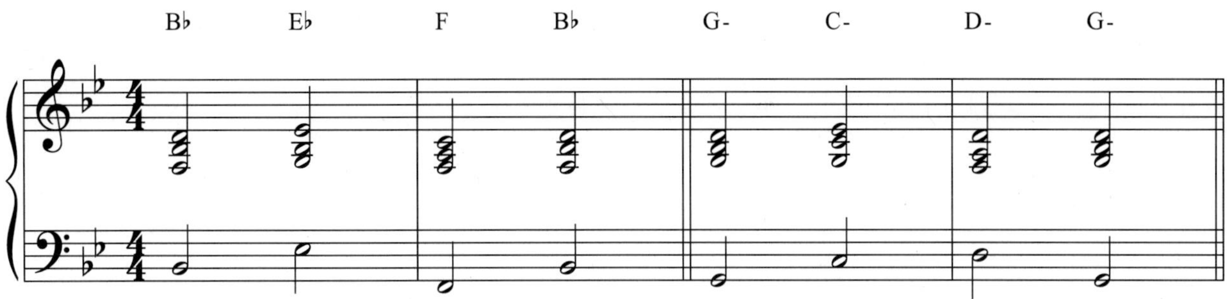

B♭ E♭ F B♭ G- C- D- G-

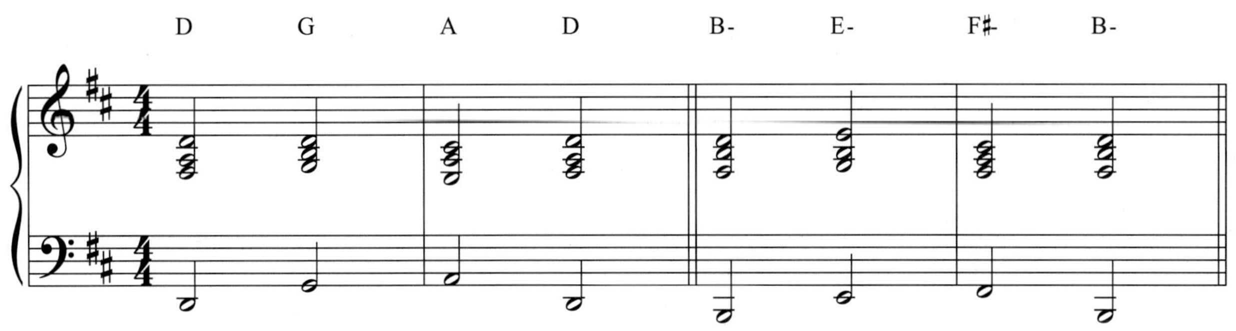

D G A D B- E- F♯ B-

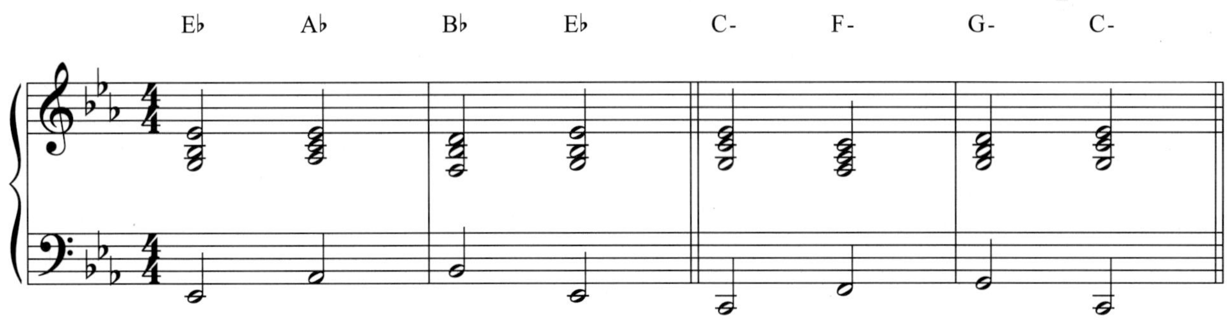

E♭ A♭ B♭ E♭ C- F- G- C-

코드 체인지 : 복잡한 코드를 누르는 것보다 훨씬 중요합니다

코드 체인지, 앞뒤로 나오는 코드와 가깝게 움직여 봅시다

눈치가 빠른 분들은 이미 알아차리셨겠지만, 앞에서 연습한 3화음은 구성음이 1, 3, 5 순서가 아닐 때가 있습니다. 아래 악보의 G를 '솔시레'가 아닌 '시레솔' 혹은 '레솔시'로 누른 것이죠.

반주를 배우는 초반에는 코드 구성음을 찾는 속도가 느리다보니, 구성음을 찾고 나서 이전 코드의 구성음은 잊어버리는 경우가 자주 생깁니다. 결과적으로, 4마디의 음악을 연주하는 것이 아니라, 4개의 코드를 하나씩 누르는 연습이 되기 쉽습니다. 이러면 코드의 구성음을 찾는 연습은 되지만, 정확한 타이밍에 코드를 바꾸는 연습(Chord Change)은 거의 되지 않습니다. '나', '먹었어', '밥' 처럼 끊어서 말하는 것이죠. 의사소통은 되겠지만 자연스럽지 않습니다.

손을 최대한 붙인 상태에서 코드 체인지 연습하기

따라서 초반에는 손을 최대한 붙인 상태에서 코드를 바꾸는 연습을 하는 것이 좋습니다. 왼손은 근음을 유지하고 오른손은 코드 구성음의 위치를 가깝게 움직이는 것이 핵심입니다.

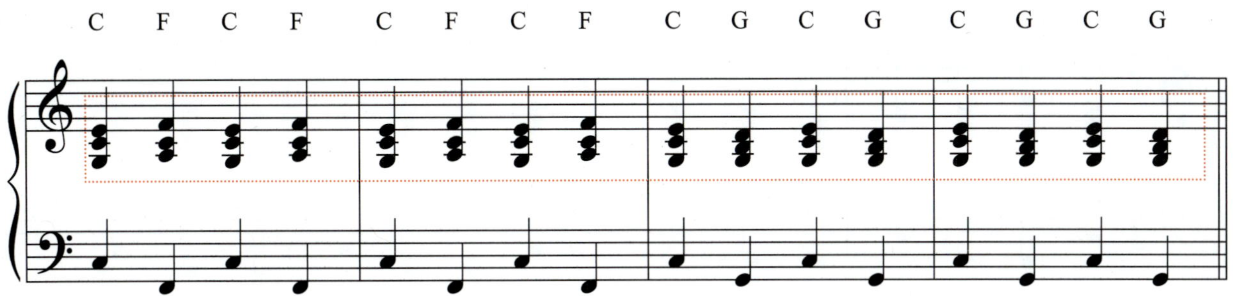

위 악보를 보면 C 코드의 '미'에서 F 코드의 '파'까지, 마찬가지로 G 코드의 '레'까지도 음이 크게 이동하지 않았습니다. 따라서 손도 가깝게 붙을 수 있습니다. 반대로, 아래처럼 움직인다고 생각해 봅시다.

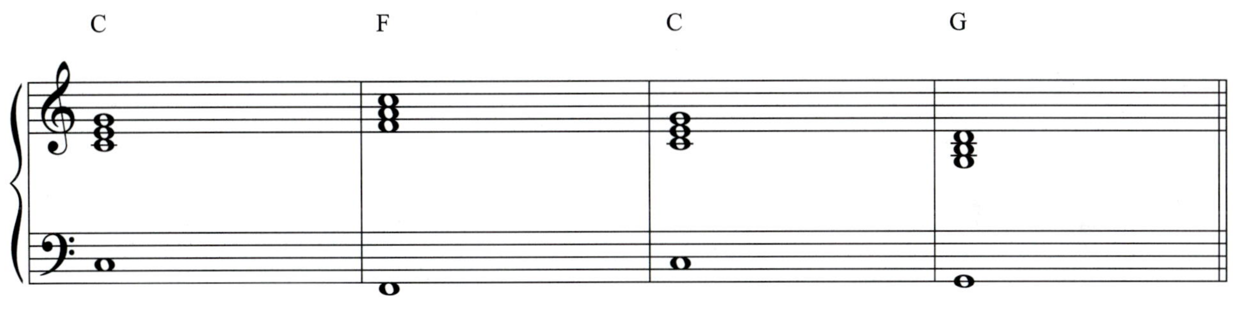

움직임이 큰 코드 진행

C 코드의 '솔'에서 F 코드의 '도'까지, 움직임이 커졌습니다. 이렇게 되면 손을 완전히 떼고, F 코드는 '파, 라, 도'처럼 다시 찾게 됩니다. 그 사이 손을 떼면 C와 F, 다시 C로 가는 연결고리가 사라지며 연습의 효율성이 크게 떨어지게 됩니다. 그래서 코드의 움직임을 가깝게 하는 것이 복잡한 코드의 구성음을 익히는 연습보다 훨씬 중요합니다. 7th를 모르고 3화음만 누르더라도 코드 체인지를 잘하는 반주가 간격이 떨어진 7th 코드보다 좋은 소리가 납니다.

코드 반주 연습의 핵심은 단순히 코드 구성음을 찾는 것이 아닙니다. 손이 움직이는 길을 깔끔하게 정리하고, 부드럽게 코드 체인지를 하는 것까지 포함됩니다. 이 원리를 이해하면, 더 빠르고 자연스러운 반주가 가능해집니다.

Practice
코드 체인지 연습

1. 반복되는 두 개의 코드를 빠르게 이동하는 연습입니다. 최대한 손을 붙이고, 페달을 사용하지 않은 상태에서 정확하게 손을 이동할 수 있도록 합니다.

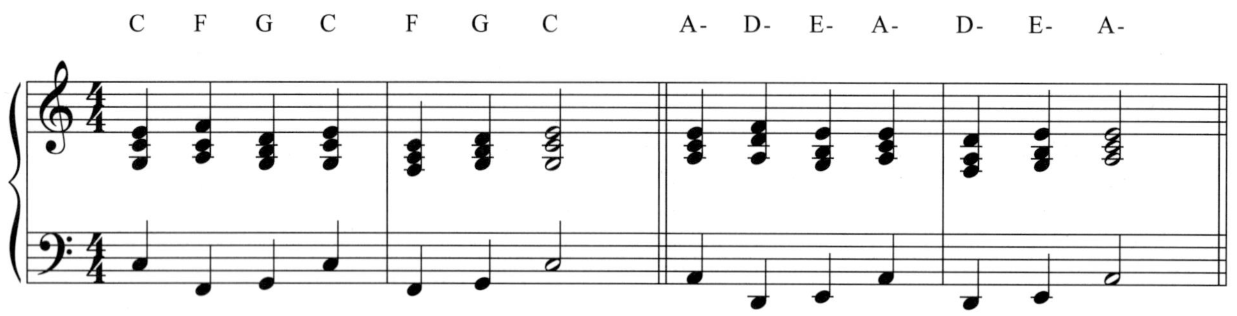

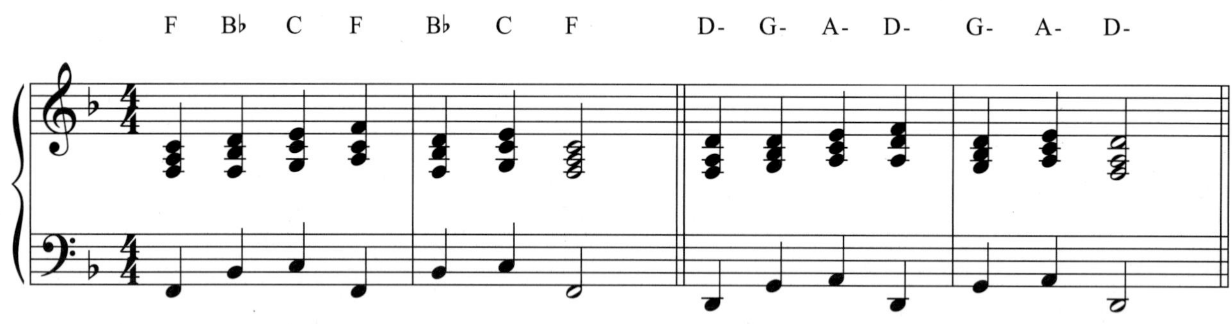

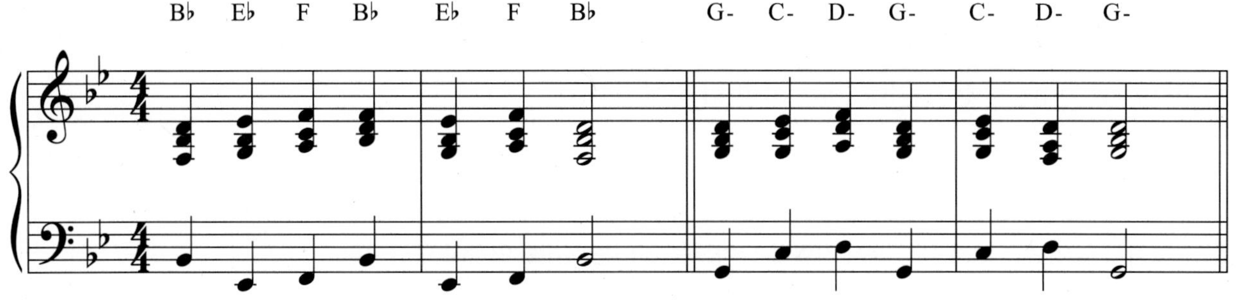

Bb Eb F Bb Eb F Bb   G- C- D- G- C- D- G-

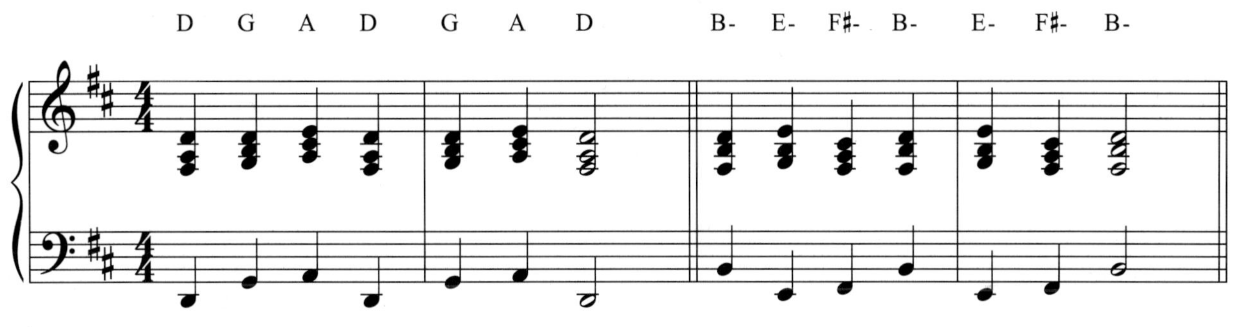

D G A D G A D   B- E- F#- B- E- F#- B-

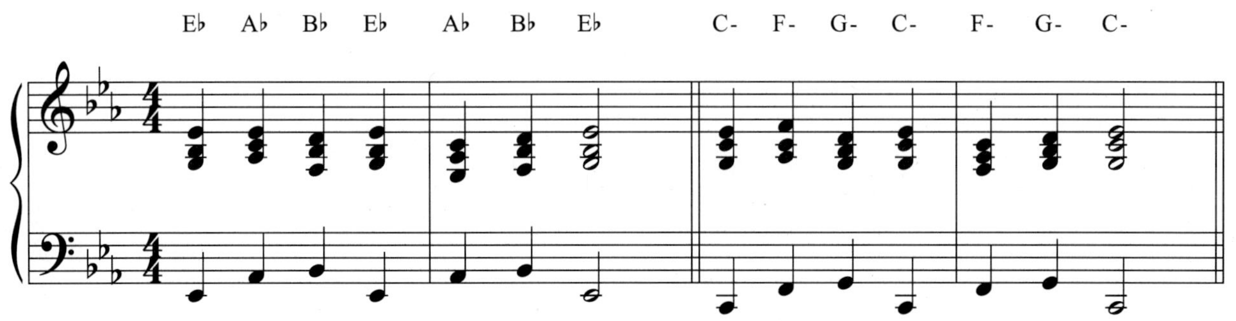

Eb Ab Bb Eb Ab Bb Eb   C- F- G- C- F- G- C-

Aug와 Dim 코드를 읽는 방법

이번에는 조금 특이한 코드 표기를 알아보겠습니다. 바로 Caug와 Cdim입니다. Caug는 C 어그먼티드(augmented, 증가한), Cdim은 C 디미니쉬드(diminished, 감소한)라고 읽습니다.

증5도(augmented 5th), 감5도(diminished 5th)란?

aug와 dim는 기본적으로 완전음정인 1, 4, 5, 8도의 거리가 증가하거나, 감소했을 때 사용하는 용어입니다. 한국어로는 거리가 늘어나는 aug는 '증(增)', 거리가 줄어드는 dim는 '감(減)'이라고 부릅니다.

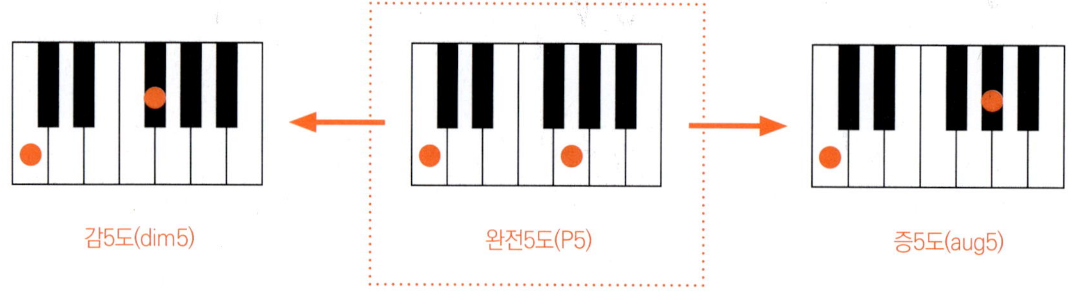

Caug, Cdim 표기의 의미

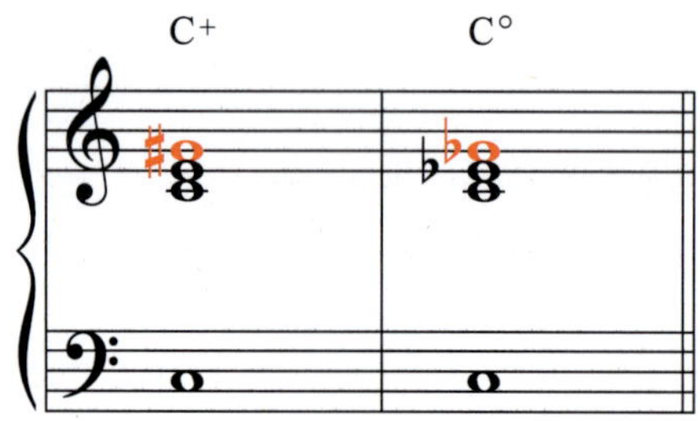

그렇다면 Caug와 Cdim는 어떤 음이 변화되는 표기일까요? 바로 완전음정인 5음입니다. 왼쪽 악보처럼 Caug는 메이저 코드 C를 기준으로 Augmented 5th에 해당하는 솔#이 나오는 코드이고, Cdim는 마이너 코드인 Cm를 기준으로 Diminished 5th에 해당하는 솔♭이 나오는 코드입니다. 그래서 Caug와 Cdim 표기의 의미는 아래와 같습니다.

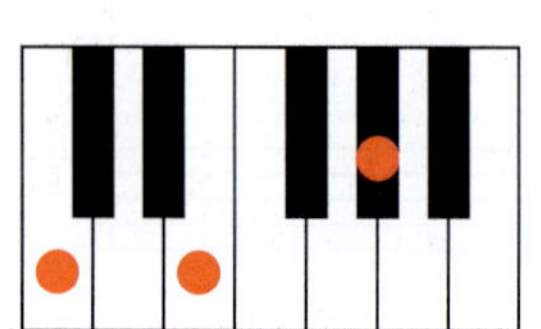

C Augmented Chord	
5음	Augmented 5th (증5도)
3음	Major 3rd (장3도)
1음	C

C Diminished Chord	
5음	Diminished 5th (감5도)
3음	Minor 3rd (단3도)
1음	C

결국 메이저와 마이너 코드의 3도처럼 1도와 5도의 간격이 aug나 dim라는 것을 나타내는 것입니다. 주의할 점은 3음이 마이너 3도인 aug 코드나, 3음이 메이저 3도인 dim 코드는 존재하지 않습니다. 그 이유는, 3음과 5음의 간격이 너무 넓거나 좁아져 어울리지 않는 불협화음이 발생하기 때문입니다.

Caug는 증가되었다는 의미로 C+로 표시합니다. Cdim은 C°로 표시하는데 수학적으로 동그라미는 비었다(축소되었다)는 의미가 있기 때문입니다.

코드를 읽는 효율적인 방법

코드 계산이 어렵다고 느끼는 이유 중 하나는, 3도를 중심으로 암기하는 방식으로 코드를 공부했기 때문입니다. 예를 들어 아래처럼 C를 1음과 3음, 3음과 5음 간격으로 나눠 계산하는 방식입니다. 이렇게 해도 코드의 구성음을 찾을 수는 있지만, 기준 음이 1음과 3음, 두 개로 나눠 계산하는 비효율적인 상황이 발생합니다.

	비효율적인 방식
5음	3음에서 Minor 3rd (단3도)
3음	Major 3rd (장3도)
1음	C

	효율적인 방식
5음	Perfect 5th (완전 5도)
3음	Major 3rd (장3도)
1음	C

반대로 코드를 읽는 정확한 원리를 적용하면 1음을 기준으로 3도와 5도를 한 번에 찾을 수 있습니다. 결국 악보를 읽는 속도에서 큰 차이가 생기는 것이죠. 이 과정에서 '반음 4개는 장3도', '반음 3개는 단3도' 같은 일종의 편법도 나오는데, 7th 코드처럼 여러 구성음을 배치하는 단계에서는 이 방법이 효과적이지 않으니 피하는 것이 좋습니다.

결과적으로 코드를 빠르고 효과적으로 잡는 방법은 코드를 읽는 정확한 원리를 이해하고, 메이저 스케일의 소리와 손가락의 간격으로 코드를 연습하는 것입니다.

코드 종합 문제

1. 예시를 참고해서 근음과 3음, 근음과 5음의 음정 관계를 해석하면서 주어진 코드를 그려보세요.

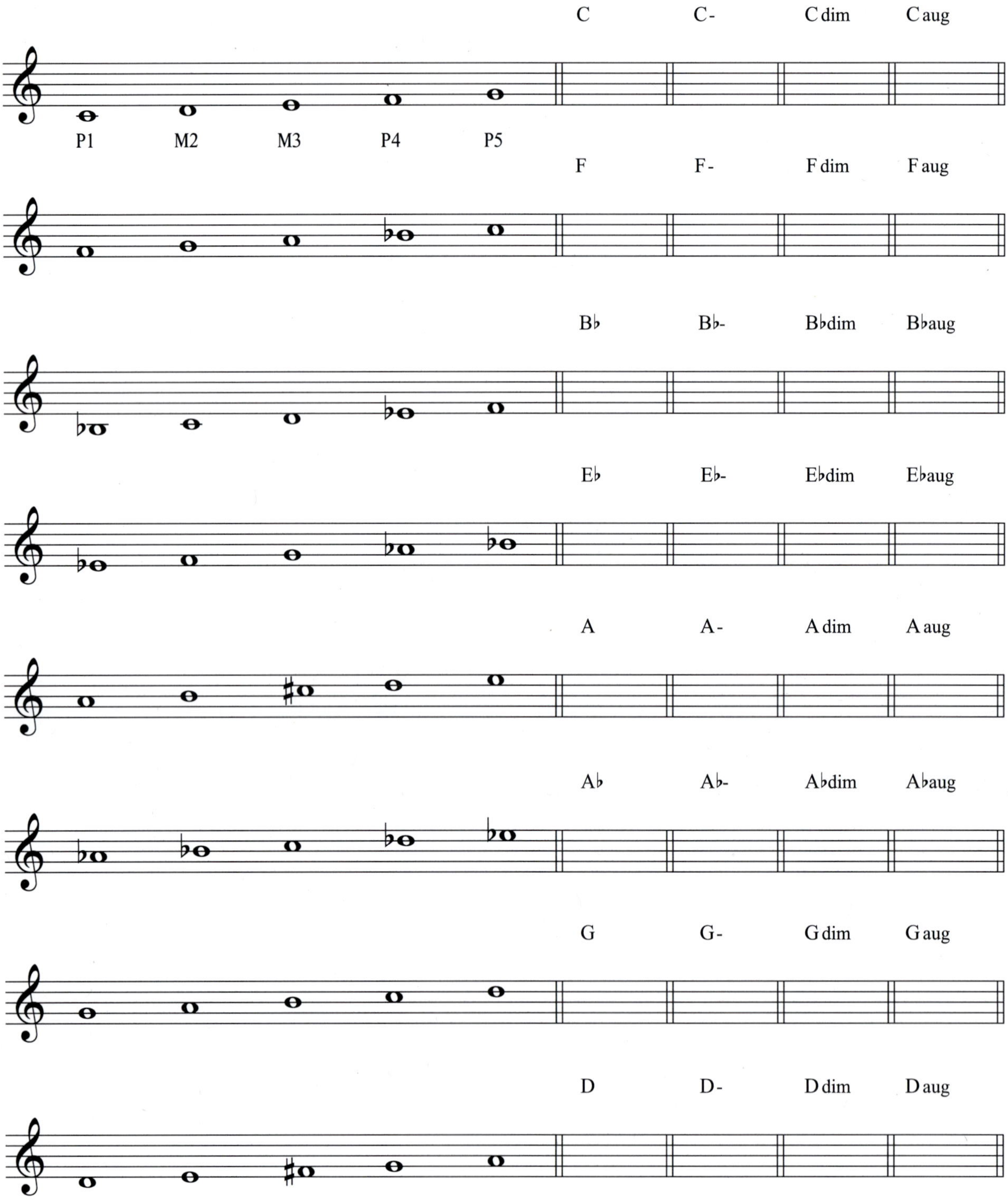

C   C-   C dim   C aug

P1   M2   M3   P4   P5

F   F-   F dim   F aug

B♭   B♭-   B♭dim   B♭aug

E♭   E♭-   E♭dim   E♭aug

A   A-   A dim   A aug

A♭   A♭-   A♭dim   A♭aug

G   G-   G dim   G aug

D   D-   D dim   D aug

유독 화성학이 어려웠던 이유

화성학을 공부하다 보면 영어가 특히 많이 등장합니다. '코드(Chord)'라는 단어 자체도 영어이고, 계이름이나 코드 표기도 C, D, E와 같은 알파벳으로 이루어져 있습니다.

하지만 화성학을 배울 때는 한자와 영어가 섞여 사용됩니다. 'Major Scale'을 장조(長調)로, 음의 거리를 말하는 'Interval'을 음정(音程)으로 번역하는 식이죠. 문제는 실제 연주나 반주에서는 영어 기반의 표현이 더 자주 쓰인다는 점입니다. 과거에는 '장(長)음계의 6번째 음은 장6도'와 같은 한자 표현만으로 충분했지만, 지금은 'Major 스케일의 6번째 음은 장6도'처럼 영어와 한자가 혼용되어 더 복잡하게 느껴집니다. 이럴 때는 'Major 스케일의 6번째 음은 Major 6도'가 오히려 정확한 표현입니다.

또한 Major와 Minor가 각각 밝고 어두운 느낌이라고 표현하는 반면, 이를 '장(長)'과 '단(短)'으로 직역하면 본래의 감각적 의미는 사라지고 단순히 길고 짧은 느낌만 남습니다. 이렇게 서로 다른 문화권의 용어를 무리하게 1:1 번역하면서 용어가 더욱 혼란스러워진 것이지요.

사소해 보일 수 있지만, 마치 한글에서 ㄱ, ㄴ, ㄷ의 순서가 뒤죽박죽 섞인 것과 비슷한 혼란이라고 할 수 있습니다. 이렇게 잘못된 번역이나 어색한 표현이 반복되면서 중간에 생겨난 다양한 편법들로 인해 초보자들에게 더 큰 어려움으로 다가오게 된 것입니다.

결국 대부분 화성학이 무척 어렵다고 생각했던 원인은 꼬여있는 세계관이라고 할 수 있습니다. 실제 용어의 원리가 빠져있거나, 한자와 영어 사이에서 일종의 번역까지 해야 하다 보니 초보에게는 더욱 어려운 암기로 와닿을 수밖에 없었던 것이지요.

초반 단계에선 '다장조', '올림표', '내림 마단조' 같은 우리말 표현을 익히는 것도 중요하지만, 동시에 영어로 어떻게 쓰이는지를 함께 이해하면 더욱 쉽게 접근할 수 있습니다. 코드 역시 정확한 원리와 표현을 알면 처음 보는 것도 자연스럽게 읽을 수 있게 됩니다. 정확한 용어를 익히는 것은 어떤 분야든 매우 중요합니다.

Part 2
다이아토닉과 코드 진행

2-1. 다이아토닉과 코드 진행

2-2. 7th 코드를 읽는 방법

2-3. 코드 진행의 숫자 표시

다이아토닉과 코드 진행

다이아토닉(Diatonic)이란?

다이아토닉(Diatonic)은 한국인들에게 다소 낯선 용어입니다. 한자도 영어도 아닌 그리스어에서 유래된 용어를 그대로 쓰고 있기 때문입니다. 다이아토닉이란, Dia(다이아, 가로지르다) + Tonic(토닉, 으뜸음) 즉, 으뜸음(Tonic)에서부터 으뜸음(Tonic)까지를 가로지르는(Dia) 음계를 말합니다. 거창하게 들리지만, 우리가 익히 잘 알고 있는 메이저 스케일이 가장 대표적인 다이아토닉 스케일입니다.

C 메이저 다이아토닉 스케일

그러나 '가로지르다(Dia) + 으뜸음(Tonic)'이란 뜻에서 알 수 있듯, 가로지르는 방법은 한 가지만 있는 것이 아닙니다. 아래처럼 메이저가 아닌 마이너 스케일도 모두 다이아토닉이 될 수 있습니다. 즉, 다이아토닉이라는 큰 개념 아래 여러 개의 스케일이 존재하는 것입니다.

A 마이너 다이아토닉 7th 코드

다이아토닉이 중요한 이유

다이아토닉 코드(Diatonic Chords)란, 다이아토닉 스케일의 각 구성음을 으뜸음으로 하는 7개의 코드를 말합니다. 다이아토닉 코드가 중요한 이유는 C key에서 반주를 한다면, 7개의 다이아토닉 코드만 알고 있어도 기본적인 반주가 가능하기 때문입니다.

다이아토닉 코드의 특징은 key가 바뀌어도 코드의 순서에 따른 성질은 변하지 않는 것입니다. 다음 악보처럼 F

메이저 다이아토닉 코드의 경우 1, 4, 5도는 메이저 코드, 2, 3, 6도는 마이너 코드입니다. 7번째 코드는 dim 코드가 되고요.

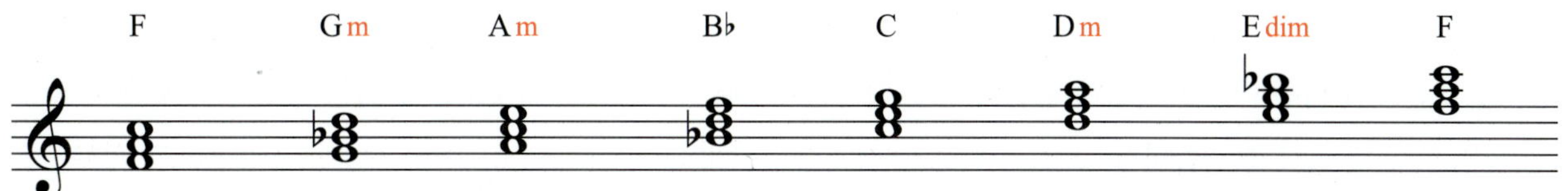

F 메이저 다이아토닉 코드

만약 조성이 G key로 바뀐다 하더라도 이 순서는 모두 그대로 유지됩니다. 모든 Major scale은 앞서 살펴봤듯 '도레미파솔라시도'라는 계이름을 공유하기 때문입니다. G Major scale의 구성음을 으뜸음으로 하는 7개의 코드를 메이저, 마이너, 마이너, 메이저, 메이저, 마이너, 디미니시드 순서로 이해하면 됩니다.

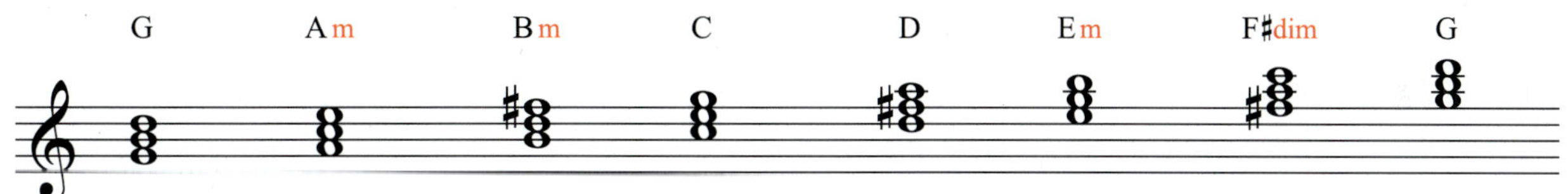

G 메이저 다이아토닉 코드

결과적으로 Major key의 곡을 반주한다면, 3개의 메이저와 3개의 마이너 코드, 1개의 디미니시드 코드만 알아도 기본적인 반주가 가능합니다. 이것은 어떤 key에서도 동일하게 적용됩니다. 이런 코드를 1도 메이저, 2도 마이너 하는 것처럼 도수(Degree)로 표기하고 다음과 같이 로마숫자로 표현합니다. 특별히 1(I), 4(IV), 5(V)도 메이저 코드는 '주요 3화음'이라고 부릅니다.

Major key	1도	2도	3도	4도	5도	6도	7도
다이아토닉 3화음	I	IIm	IIIm	IV	V	VIm	VIIdim

이 7개의 다이아토닉 코드가 곡의 뼈대가 됩니다. 동요나 찬송가처럼 단순한 곡들은 다이아토닉 코드만으로 구성되는 경우가 많습니다. 물론 다이아토닉을 벗어나는 코드가 나올 수 있지만, 결국 다이아토닉으로 다시 돌아오므로, 다이아토닉 코드를 익숙하게 연습하는 것이 매우 중요합니다.

초보자 단계에서 가장 높은 진입장벽은 7th 코드입니다. 이는 매우 당연한 일입니다. 한 번에 4개의 구성음을 찾아야 한다고 생각하면, 3화음에 비해 난이도가 훨씬 높게 느껴질 수 있기 때문입니다. 게다가 복잡한 방식으로 코드 구성음을 찾는다면 더욱 어려울 수밖에 없습니다. 그러나 3화음과 마찬가지로 7th 코드를 읽는 방법만 이해하면, 사실 7th 코드도 쉽게 익힐 수 있습니다.

7th 코드를 쉽게 이해하는 방법

7th 코드는 다이아토닉 코드를 기준으로 이해해야 실전에서 바로 활용할 수 있습니다. 아래처럼 다이아토닉 3화음 위로 음을 한 번 더 쌓으면, 구성음이 4개인 7th 코드가 됩니다.

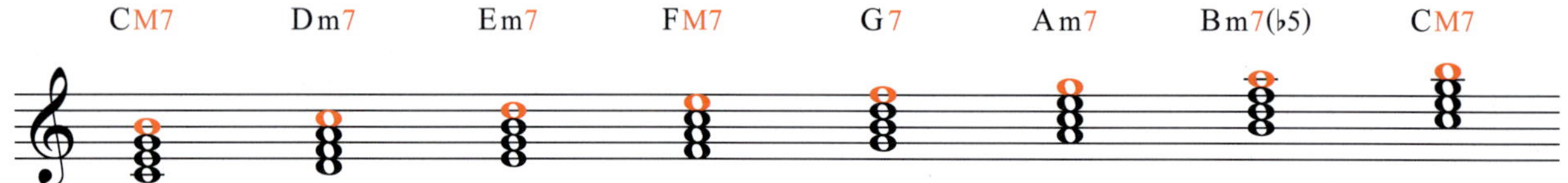

C 메이저 다이아토닉 7th 코드

코드를 잘 살펴보면 어떤 코드에는 M7이 붙어 있고, 어떤 코드에는 그냥 7만 붙어 있는 것을 볼 수 있습니다. 먼저 1도, 4도, 5도의 주요 3화음을 살펴보면 7th 코드 표기에 관한 힌트를 얻을 수 있습니다. CM7과 FM7에는 대문자로 M7이 붙었지만, G7에는 숫자로 7만 붙어 있습니다. CM7과 FM7은 코드 표기 그대로, C와 F 코드에 Major 7th(장7도)에 해당하는 음이 추가되었다는 의미입니다. M 없이 7만 붙어있는 G7은 G 코드에 Minor 7th(단7도, 파)음이 추가된 것입니다. G 코드 + Minor 7th인데, 간략하게 7th만 적어준 것이지요.

7th 코드의 표기법

7개의 다이아토닉 코드를 보면, CM7과 FM7을 제외한 모든 코드에서 1음과 7음이 Minor 7th(단7도) 간격입니다. 이걸 조금 더 간편하게 적기 위해 Minor 7th를 생략하고 7만 적은 셈입니다. 코드 표기의 가장 큰 목표가 편의성이라는 점을 기억해 주세요.

Major key	1도	2도	3도	4도	5도	6도	7도
다이아토닉 7th 코드	IM7	IIm7	IIIm7	IVM7	V7	VIm7	VIIm7(♭5)

이런 표기가 나온 또 다른 이유는 Major 7th(장7도) 소리가 조금 특별하게 취급된 것과도 관계가 있습니다. 눌러보면 불협화음에 가까운 소리가 나는데, Minor 7th(단7도)에 비해 복잡하다 보니 화성적으로도 약간 주의해야 할 소리로 여겨졌으며, 결과적으로 7th는 Minor 7th(단7도)를 기본이라고 생각하게 되었습니다. 결국 C Major key 곡에 나오는 7th 코드는 1도와 4도인 CM7과 FM7을 제외한 나머지는 3화음 + Minor 7th(단7도) 형태라는 것을 알 수 있습니다.

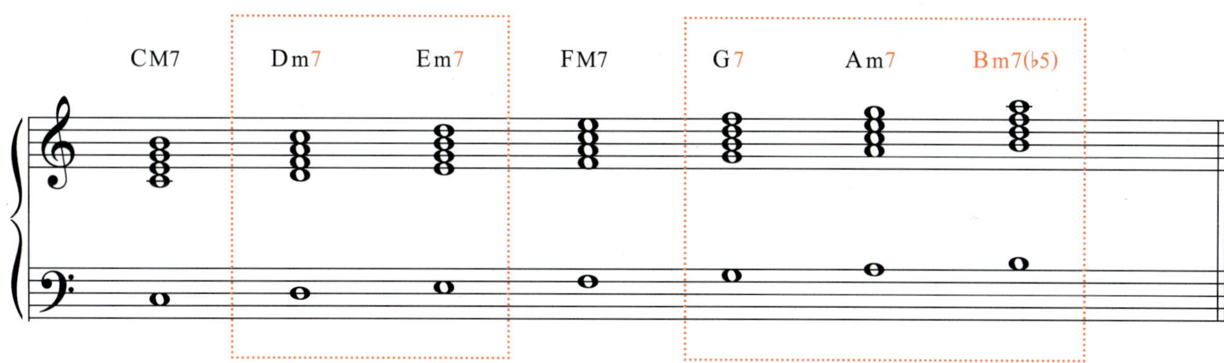

조금 특이한 경우로, Bm7(♭5)가 있습니다. '비 마이너 세븐 플랫 파이브'라고 읽는데, Bdim에 Minor 7th(단7도)이 더해졌을 때 이렇게 표기합니다. 표기 그대로 마이너 세븐 코드의 5음을 내린 건데, 마땅한 표기가 없어서 마이너의 이름을 빌려온 경우입니다. 반만 디미니시라고 해서 '하프 디미니시드 세븐(Half Diminished 7th)'이라고도 합니다. °에 줄을 그은 Ø 표기로도 나타냅니다. Bm7(♭5) = BØ7

7th 코드 연습

1. 7th 코드에 주의하면서 아래 진행을 연습해 보세요.

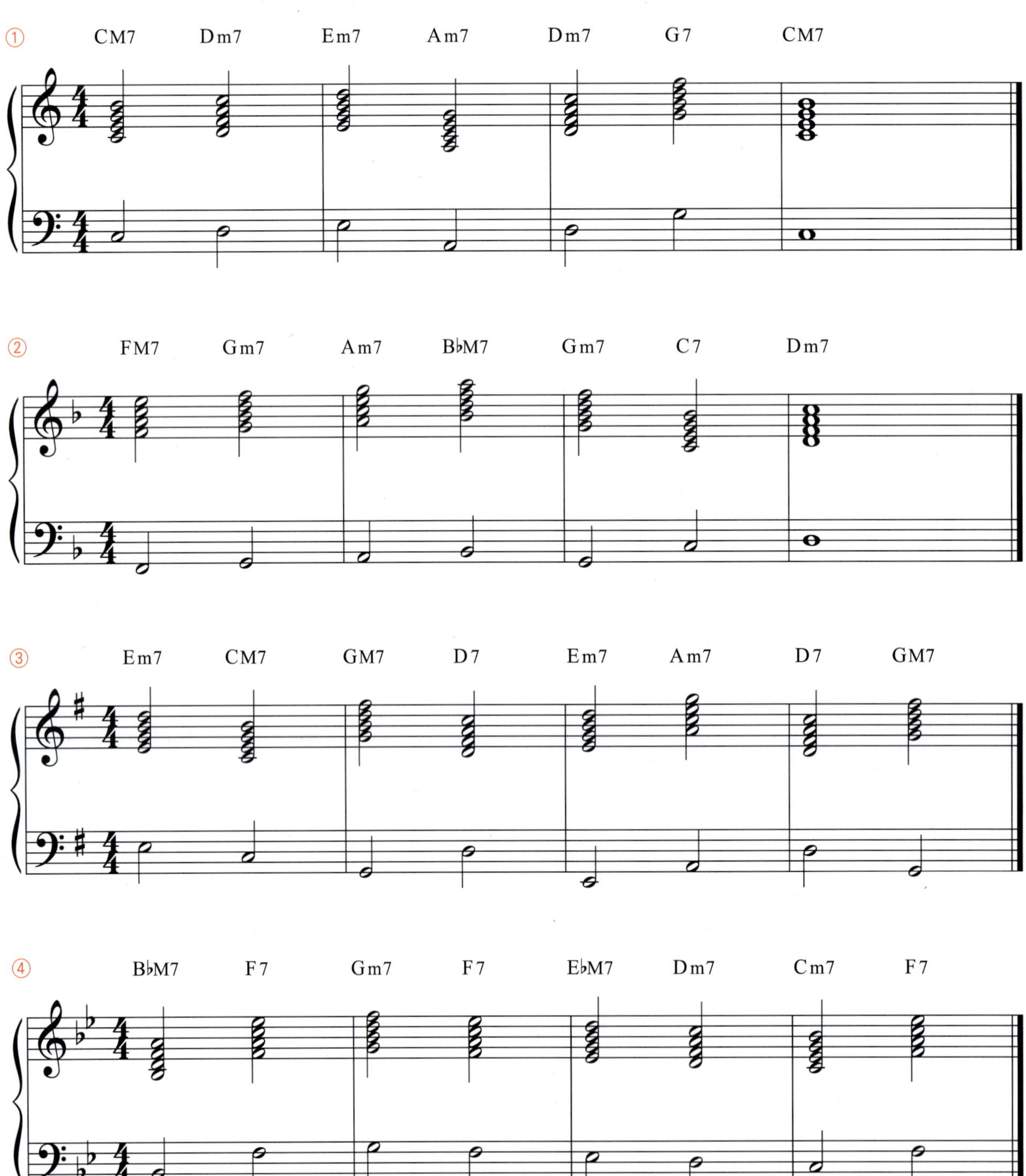

2. 코드 이름과 왼손을 참고해서, 오른손 구성음을 그려보세요.

① CM7　Em7　FM7　G7　Em7　Am7　Dm7　G7

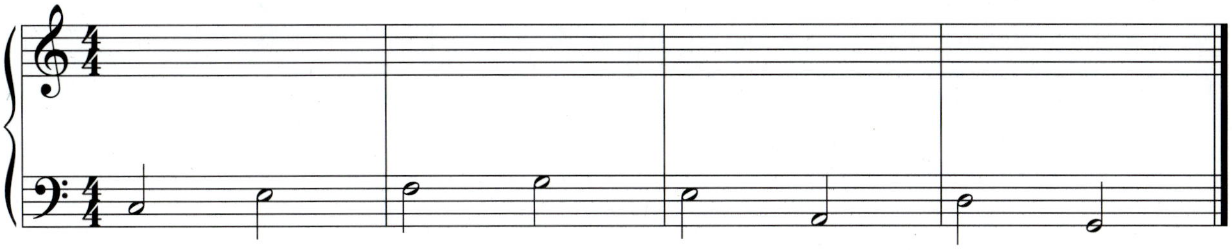

② Bm7　Em7　F♯m7　Bm7　GM7　A7　DM7

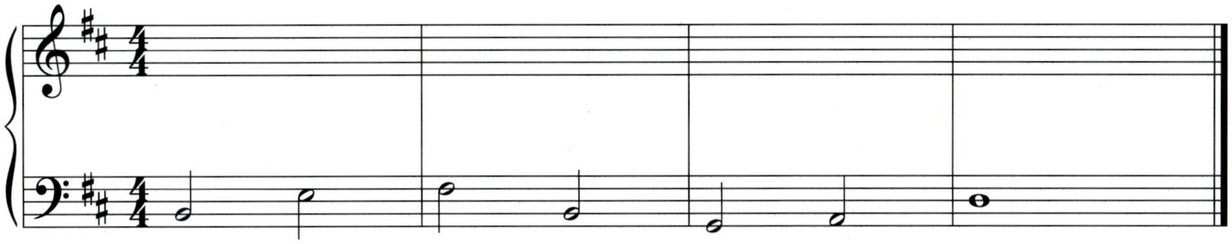

③ B♭M7　F7　Gm7　B♭M7　E♭M7　Dm7　Cm7　F7

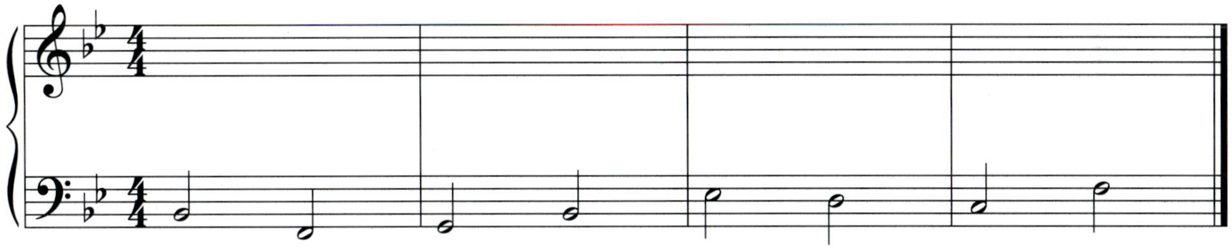

④ AM7　Bm7　C♯m7　F♯m7　Bm7　E7　AM7

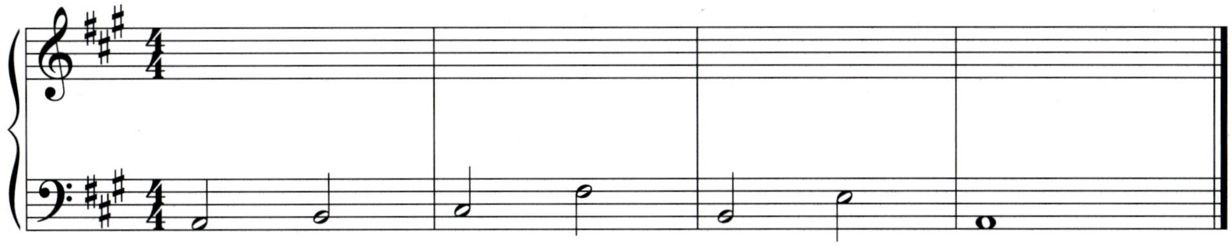

코드 진행의 숫자 표시

코드 진행과 숫자

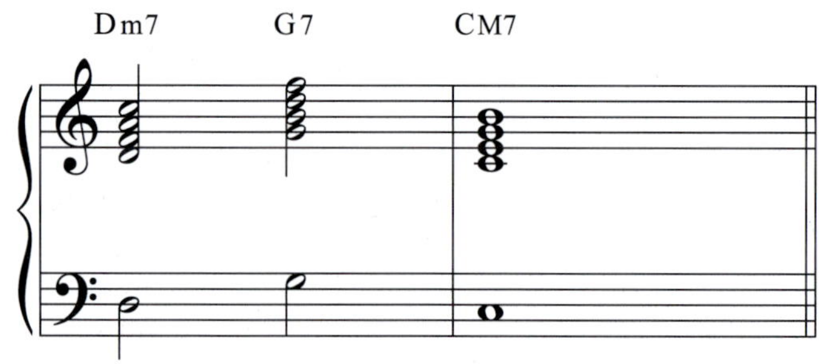

반주를 하다보면 2-5-1(투파이브원)이 중요하다는 말을 자주 들었을 것입니다. 이때 2-5-1은 다름 아닌 다이아토닉 코드의 도수를 의미합니다. C Major key를 예로 들면 Dm7-G7-CM7이 되는 것이죠.

우리가 연습하는 반주는 결국 다이아토닉 코드를 기반으로 구성됩니다. 따라서 곡에 자주 등장하는 코드 진행을 익히고 정확한 박자에 맞춰 연주하면 반주 실력이 자연스럽게 향상됩니다. 자주 사용하는 코드 진행을 알아보겠습니다.

① 4-5-1 진행

주요 3화음인 4도, 5도, 1도로 이뤄진 진행입니다. '예비 – 긴장 – 해결'이라는 구조를 가장 잘 표현하는 진행입니다.

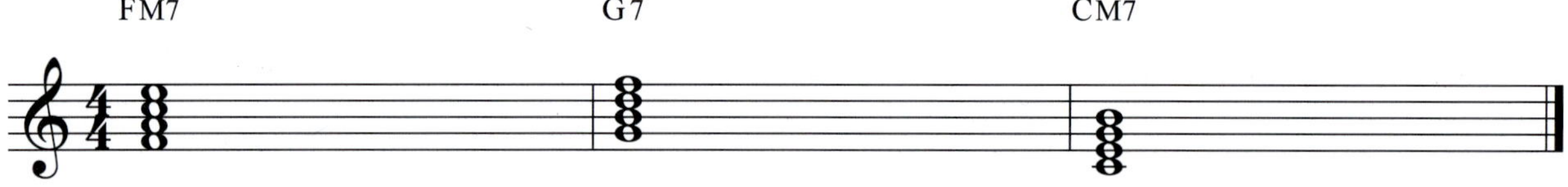

② 2-5-1 진행

4-5-1 진행의 4도 코드를 2도 코드로 대체한 진행입니다. 즉 2도는 4도의 대리 코드로 사용할 수 있습니다. 4-5-1 진행이 메이저 코드로만 구성되었다면, 2-5-1은 2도 마이너 코드가 포함되어 보다 다채로운 느낌을 줍니다. 이 진행은 대중음악과 재즈에서 정말 자주 등장합니다.

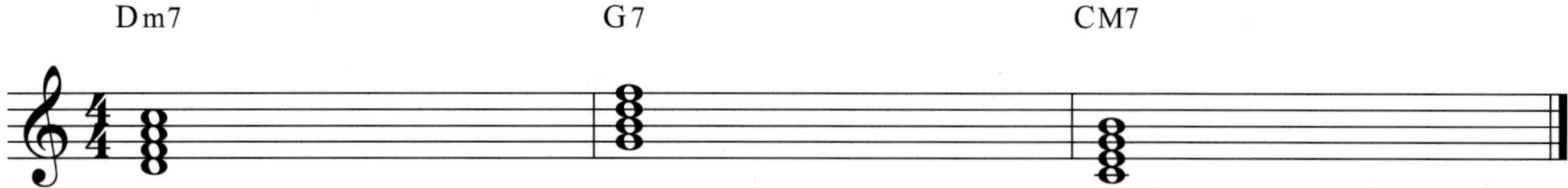

③ 6-4-5-1 진행

6도 마이너 코드부터 시작하는 진행입니다. 이 진행은 약간 단조 같은 느낌으로 시작했다가 메이저로 끝나기 때문에 대비를 강조하는 데 효과적인 진행입니다. 코드 구성음을 하나씩 펼쳐서 연습해도 좋은 소리가 납니다.

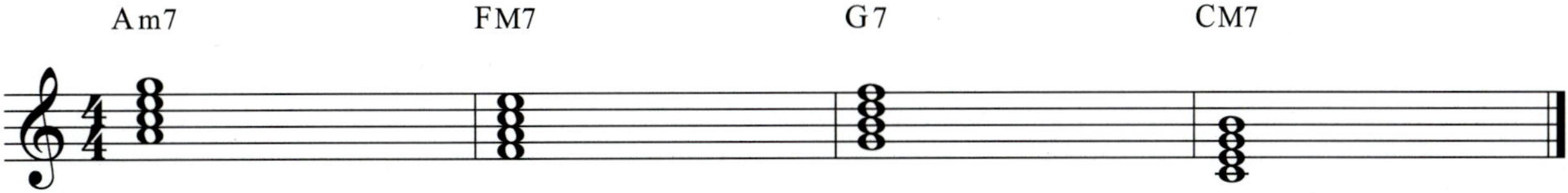

④ 4-3-2-1 진행

4도 코드에서 시작하여 순차적으로 내려가는 진행입니다. 자연스럽게 음이 내려가며 부드러운 소리가 납니다.

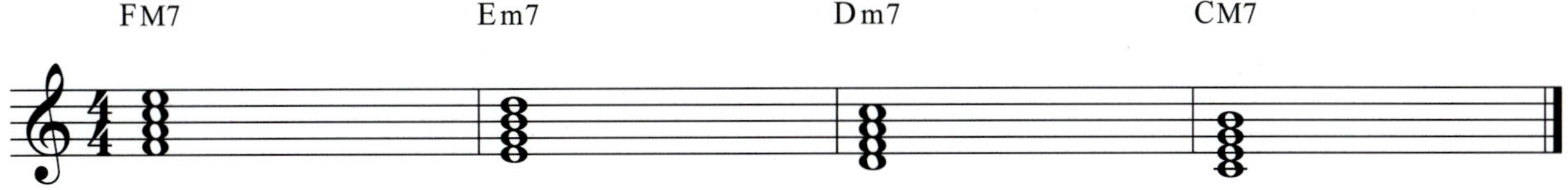

⑤ 4-5-3-6-2-5-1

3-6-2-5-1 앞으로 4-5가 붙은 진행입니다. 7도를 제외한 모든 다이아토닉 코드가 포함된 진행입니다.(실제로 7도는 다른 도수에 비해 사용 빈도가 낮은 편입니다.) 다이아토닉 코드를 모두 연습할 수 있는 진행이라서 4-5-3-6-2-5-1을 정확히 지키면서 코드 체인지를 꾸준히 연습하면 반주 실력이 상당히 좋아집니다.

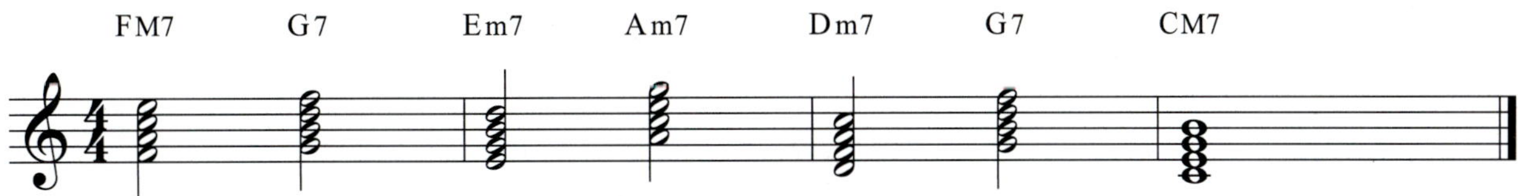

⑥ 1-5-6-3-4-1-2-5

일명, 캐논 진행이라고 불리는 진행으로, 캐논 변주곡에서 사용된 코드 진행입니다. 이 코드 진행을 활용하면 어떤 조성에서도 자연스럽고 멋진 사운드를 만들 수 있습니다. 또한 다양한 스타일로 변형하여 사용할 수 있어, 반주 연습뿐만 아니라 작곡할 때도 유용하게 활용됩니다.

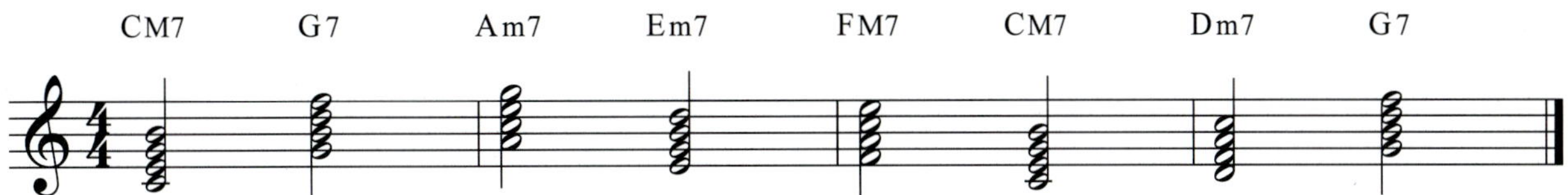

코드 체인지 연습

1. 앞에서 알아본 주요 코드 진행입니다. 코드 체인지에 주의하면서 연습해 보세요.

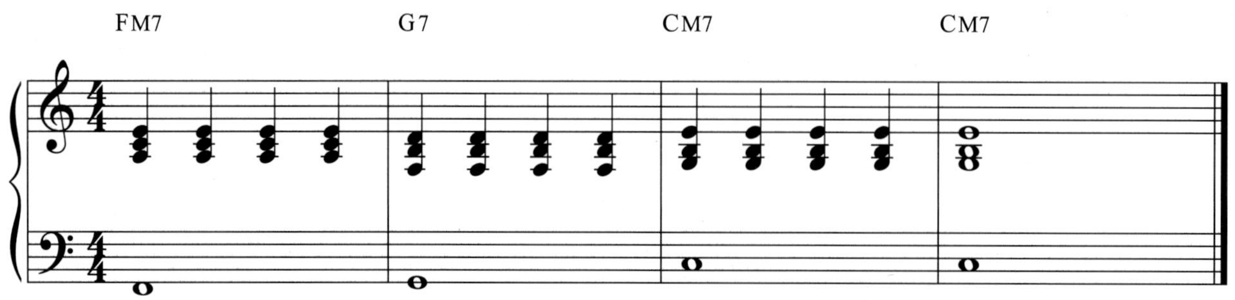

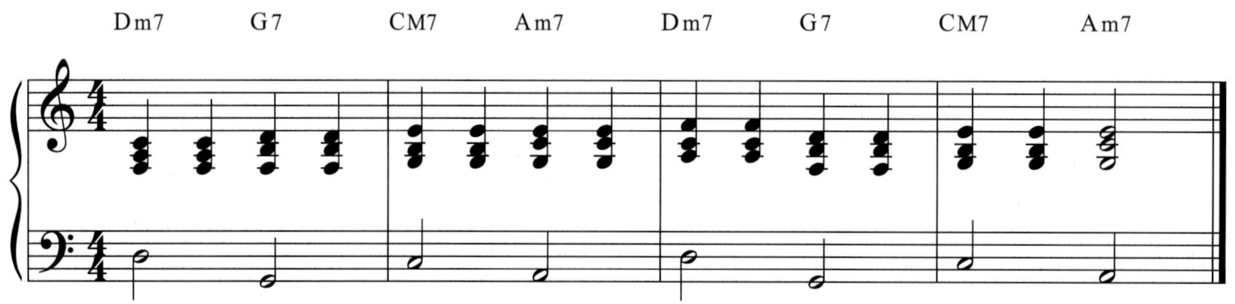

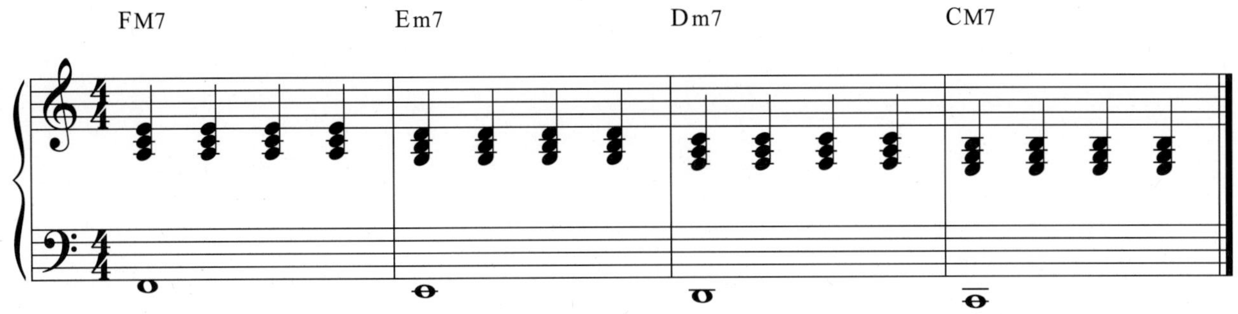

FM7
Em7
Dm7
CM7

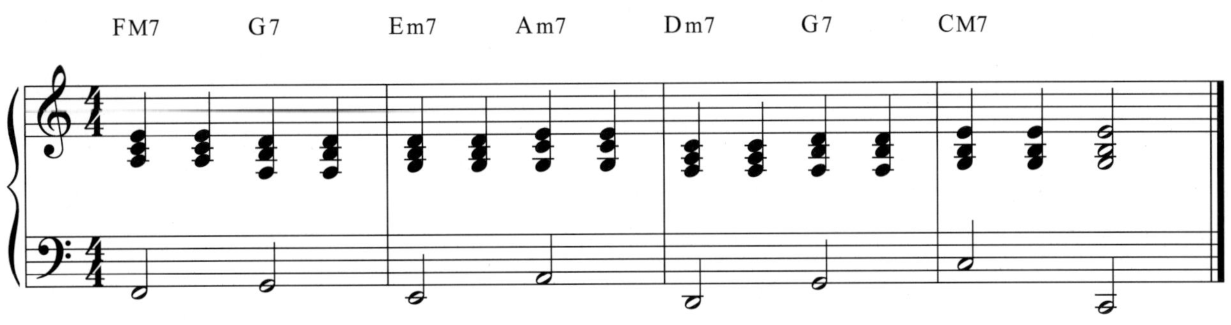

FM7
G7
Em7
Am7
Dm7
G7
CM7

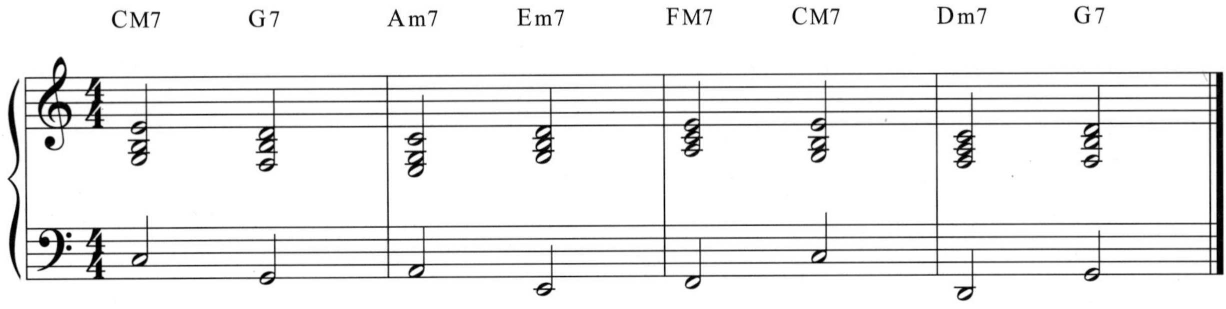

CM7
G7
Am7
Em7
FM7
CM7
Dm7
G7

Part 3
전위 코드 반주법

3-1. 도미솔이 아닙니다. 1, 3, 5음입니다

3-2. 전위 코드란?

3-3. 전위(Inversion) 코드의 등장 배경

3-4. 전위 코드를 잡는 방법_1전위

3-5. 전위 코드를 잡는 방법_2전위

3-6. 전위 코드를 잡는 방법_3전위

3-7. 축약형 코드 표기의 등장

심화 학습 2 - 전통 화성학 표기의 중요성

도미솔이 아닙니다. 1, 3, 5음입니다

코드를 숫자로 이해해야 하는 이유

우리는 대부분 'C 코드는 [도미솔]이야!'라고 외웁니다. 사실 틀린 말은 아니지만, 이렇게만 이해하면 활용하기가 제한적입니다. 왜냐하면 C 코드를 [도미솔] 그대로 사용하는 경우가 생각보다 많지 않기 때문이죠.

[나는 집에 간다] / [집에 간다, 나는] / [나는 간다, 집에]

한국어는 어떤 순서로 배치해도 말의 의미가 전달됩니다. 실제로 대화를 나눌 때도 어떤 표현을 강조하는지, 어떤 상황인지에 따라 다르게 사용하는 경우가 있지요. 나를 강조할 땐 '나는 간다 (집에)', 목적지를 강조할 땐 '집에 간다 (나는)'처럼요.

코드도 이와 비슷합니다. 모든 코드는 1음을 중심으로 3, 5음을 쌓아서 만들어졌어요. 이 구성음은 각각 역할이 있고, 어떤 음이 가장 밑에 오는지에 따라 다른 관계를 만들기도 합니다. 가령 3음이 가장 밑에 온다면, 3-5-1이 될 수도 있겠지요. 5-1-3이 되거나, 경우에 따라선 서로 떨어져서 5-3-1이 될 수도 있습니다.

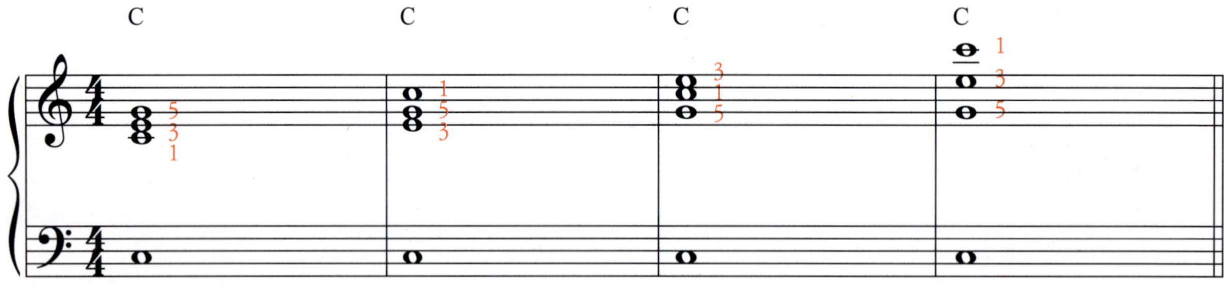

중요한 것은 'C 코드는 도미솔'이라고 단순히 암기하기는 것이 아니라, 모든 코드는 3도씩 쌓아 올려졌다는 원리를 이해하는 것입니다. 그렇게 보면, 결국 C, E♭, A♯ 코드처럼 전혀 달라 보이는 코드도 똑같이 1, 3, 5음으로 이루어져 있습니다. 이런 접근 방식은 코드 소리의 핵심인 보이싱을 이해하는 데 큰 도움이 됩니다. 지금부터 배울 전위 코드부터는 코드의 구성음을 숫자로 생각하는 습관을 들여보시기 바랍니다.

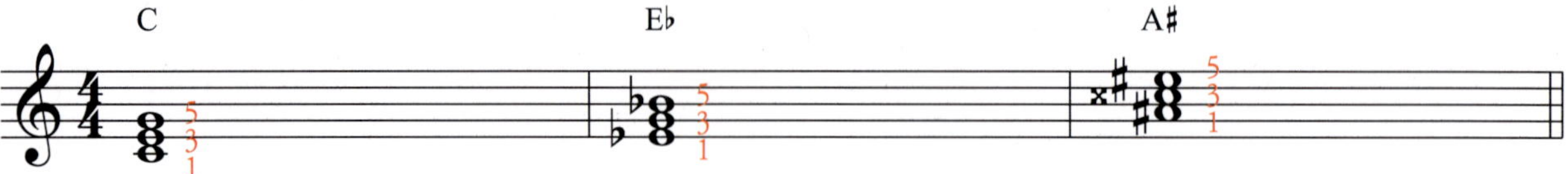

전위 코드란?

　반주 연습 시작할 때 가장 골치 아픈 두 가지 코드 종류가 있습니다. C7(9, ♭13)이나 Cm9처럼 숫자가 커지면서 텐션이 추가된 코드가 있고, 다른 하나는 C/E, C/G, F/G처럼 슬래시 / 가 붙어서 두 개의 알파벳이 적혀있는 코드입니다.

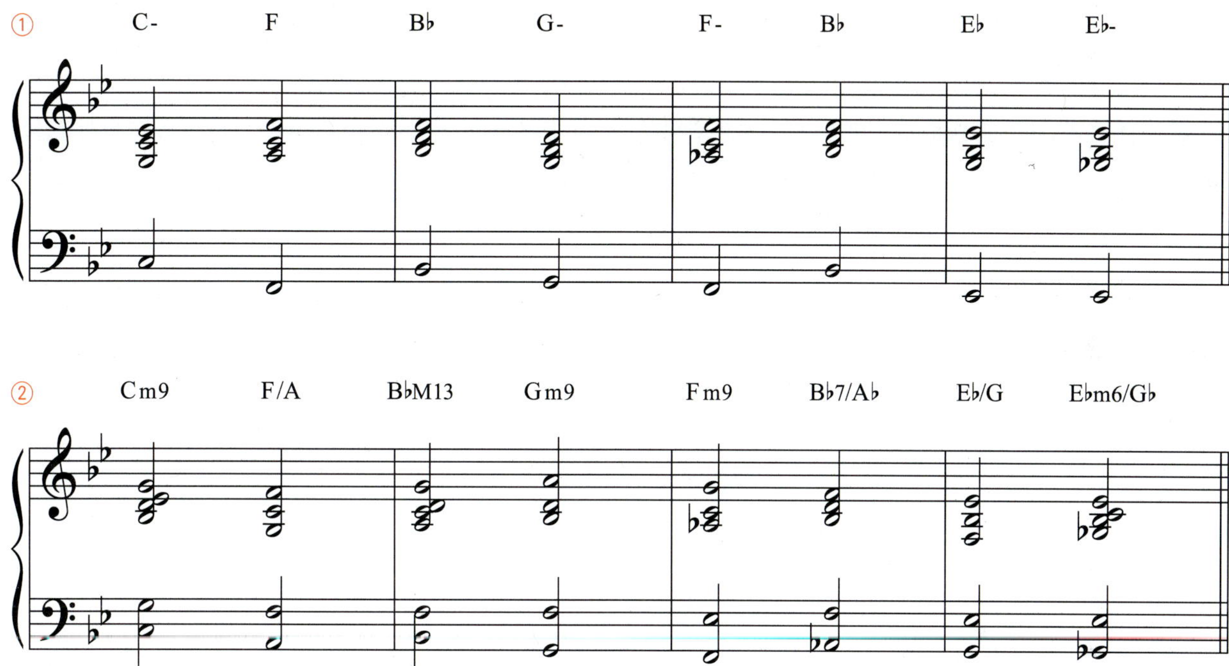

　위 ①번과 ②번 악보의 코드 진행은 기본적인 코드 골격은 같지만, 추가적인 요소들로 인해 사운드가 크게 달라졌습니다. 9나 13 같은 숫자가 붙은 경우도 있고, 코드에 슬래시 / 가 붙은 경우도 생겼지요. C, D, Em처럼 단순한 코드에 익숙한 입장에서는 이런 코드들이 상당히 헷갈릴 수 있지만, 가장 복잡한 코드 표기의 원리를 이해하면 나머지 코드들은 비교적 쉽게 익힐 수 있습니다. 이런 코드 표기의 원리와 배경을 차근차근 살펴보면, 분명한 규칙이 있을 뿐만 아니라, 우리가 코드를 읽기 어려웠던 이유도 이해할 수 있습니다.

　그럼 먼저 슬래시 / 를 사용한 전위 코드부터 알아보겠습니다.

전위 코드가 필요한 이유

메이저 스케일 7개의 음은 각각 특정한 기능과 역할을 가지고 있습니다. 그 중에서 7음은 리딩 톤(Leading Tone, 이끔음), 4음은 서브 도미넌트(Sub Dominant, 버금딸림음)라고 합니다. 이 두 음은 조성 음악에서 긴장을 담당하는 음입니다. 7음은 근음과 가장 먼 음이므로 강한 긴장을, 4음은 상대적으로 약한 긴장을 형성합니다.

이러한 음의 특징을 4-5-1-6 진행에 등장하는 주요 3화음을 통해 살펴보겠습니다.

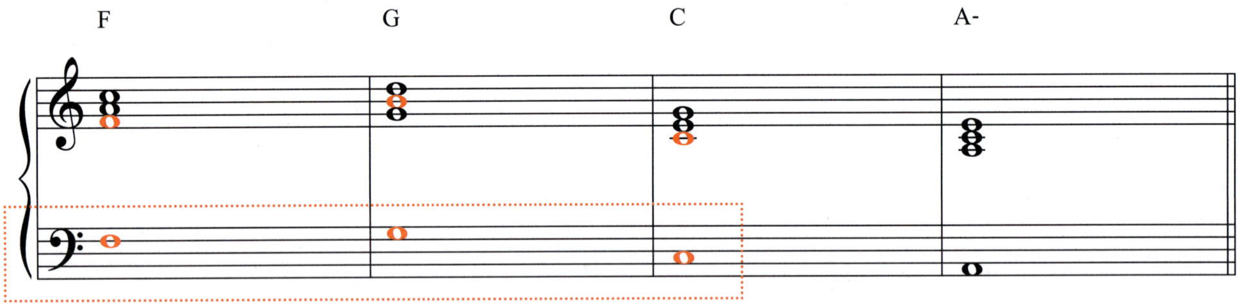

F, G, C 코드는 각각 예비, 긴장, 해결이라는 특정한 기능이 있습니다. 자세히 살펴보면 F에는 약한 긴장에 해당하는 4음이, G에는 강한 긴장에 해당 하는 7음이 그리고 C에는 긴장을 줄 만한 4음과 7음이 없다는 것이 특징입니다.

결과적으로 3개의 코드는 우리가 연주하는 음악에서 예비(약한 긴장)와 긴장(강한 긴장)과 해결(긴장 없음)을 담당합니다. 마지막 Am 코드는 긴장감을 주는 4음과 7음이 없으니 '해결'의 기능을 합니다. 문제는 이 코드 진행의 베이스에서 생겼습니다. 베이스 음을 보면 'F-G-C'로, 갑자기 'G-C'에서 음이 크게 도약해 버린 것이죠.

이때 다음처럼 베이스 음을 F, G가 아닌, 3음인 A, B로 바꾸면 베이스가 도약하는 문제가 해결됩니다. 이 코드를 F, G와 구분하기 위해 슬래시 / 를 이용해서 F/A, G/B로 적어줍니다. 베이스가 'A-B-C'로 순차 진행하면서 'C'를 향해 가는 것을 볼 수 있어요.

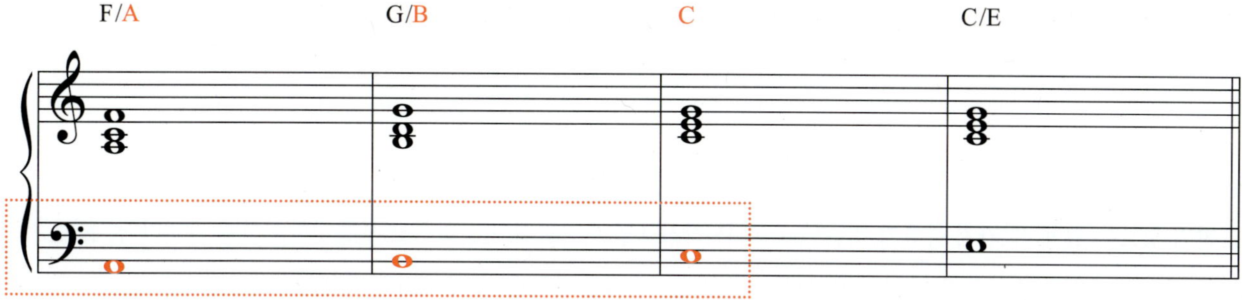

이렇게 베이스가 순차적으로 연결되면서 훨씬 부드럽고 자연스러운 사운드가 형성됩니다. 이것이 바로 전위 코드 (Inversion Chord)가 등장한 기본적인 배경입니다. F 코드 대신 Dm7 코드를 사용하여 2-5-1 진행을 만들 경우, 아래처럼 G를 G/B로 사용하면 자연스럽게 베이스가 연결되는 것을 볼 수 있습니다.

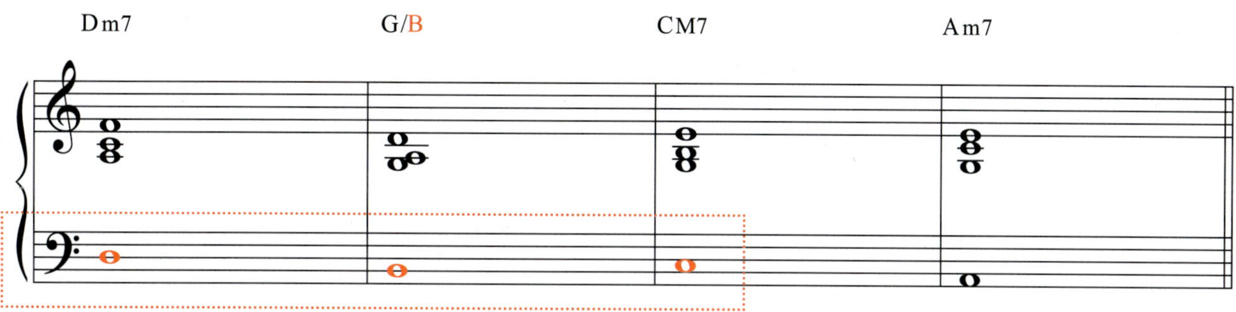

이런 과정에서 1음과 베이스가 멀어질수록 일정한 사용 방식과 규칙이 필요해집니다. 이런 배경을 이해하고 전위 코드를 공부하면 더욱 효율적으로 코드 진행을 익히고 자연스러운 연결을 만들 수 있습니다.

전위 코드를 잡는 방법_1전위

전위 코드의 종류

전위 코드는 크게 세 가지 종류가 있습니다. 이를 각각 1전위, 2전위, 3전위라고 부릅니다. '첫째 자리바꿈, 둘째 자리바꿈'처럼 표현하면 너무 길기 때문에, 보통 1전위, 2전위라는 용어를 많이 사용합니다.

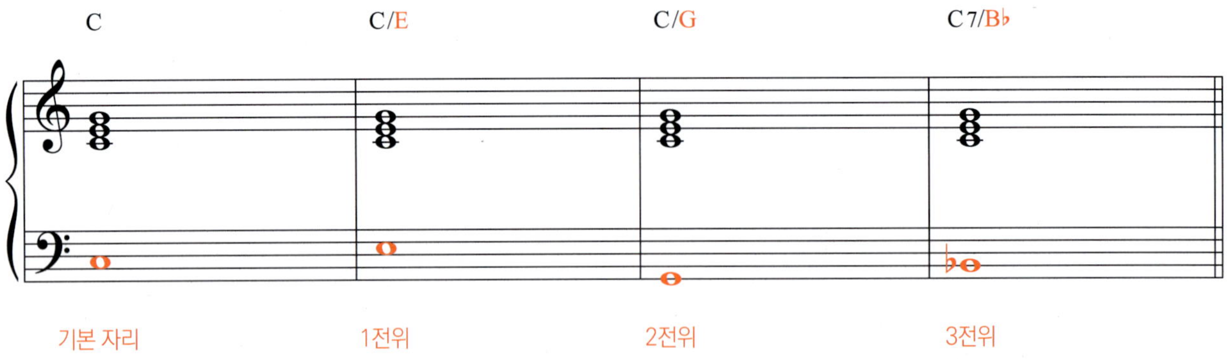

1, 2, 3전위의 모습은 위 악보와 같습니다. 갑자기 코드 이름이 길어져서 어렵게 느낄 수 있지만, 원리를 이해하면 생각보다 단순한 개념입니다. 코드의 1음, 3음, 5음, 7음이 베이스에 오면서 다른 역할을 하게 되는데, 이때마다 조금씩 다른 규칙이 생깁니다. 각 전위 형태를 하나하나 암기하기보다는, 그 맥락을 이해하는 것이 효율적입니다.

1전위 코드란?

1전위 코드는 C/E처럼 코드의 3음이 베이스에 오는 형태입니다. 왼손으로는 / ○ 오른쪽에 적힌 베이스 음을, 오른손으로는 코드를 누릅니다. 베이스 음과 1음이 6도라서 클래식 화성학에서는 I6, IV6, V6처럼 표기합니다. 자주 사용합니다.

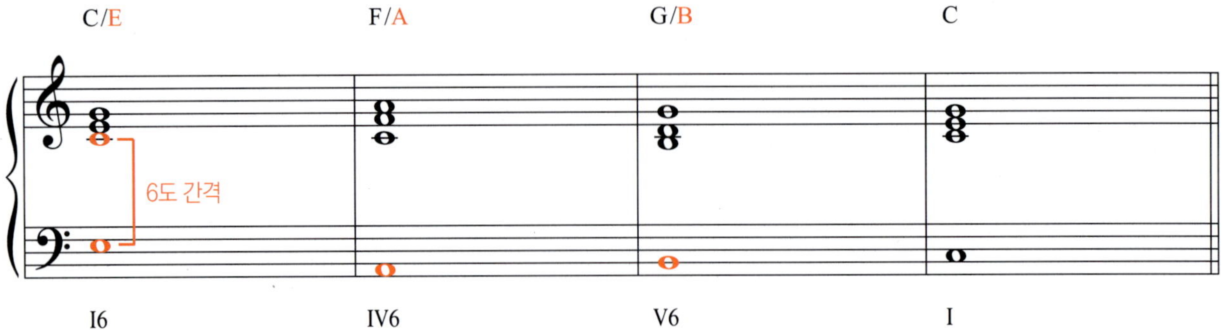

메이저 코드의 1전위는 3음대신 2음을 누르기도 합니다

1전위 코드는 베이스에서 이미 3음을 눌렀기 때문에 오른손으로 3음을 다시 누르지 않아도 됩니다. 3음이 메이저 마이너란 코드의 성질을 결정하는 음이므로, 한 번만 연주해도 코드의 성질을 충분히 전달할 수 있습니다. 그래서 오른손으로 3음 대신 2음을 눌러도 괜찮습니다. 2음이 추가되면 구성음들의 관계가 더 복잡해져서, 색다른 사운드가 만들어집니다.

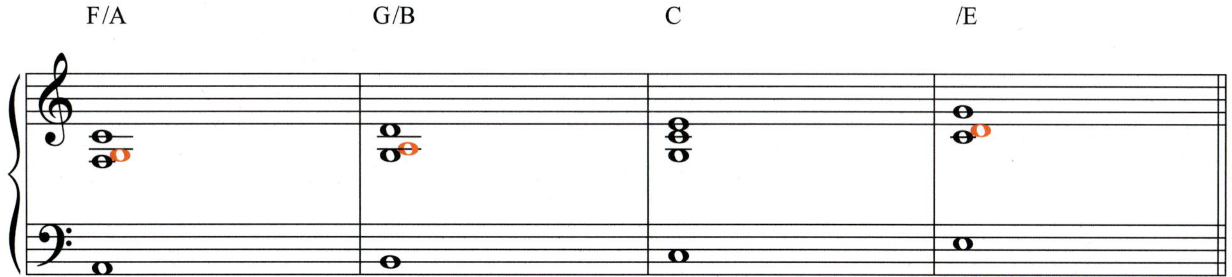

다시 말해, F/A라는 표기에 add2처럼 2음 추가라는 정보가 없더라도 멜로디에 방해되지 않는다면 반주자의 의도에 따라 오른손으로 3음 대신 2음을 누를 수 있습니다.

마이너 코드의 1전위는 3음을 중복해서 누릅니다

메이저 코드의 1전위는 3음 대신 2음을 잡는 것이 좋았지만, 마이너 코드의 1전위는 오히려 오른손에서 3음을 한 번 더 잡습니다. 예를 들어, Am, Dm, Em 코드의 3음은 각각 C, F, G입니다. 이 음들은 C key의 주요 3화음인 I, IV, V 코드의 베이스 음이라서 추가적으로 눌러도 자연스러운 흐름을 유지할 수 있습니다. 이런 이유로 마이너 코드의 1전위는 오른손으로 3음을 중복합니다.

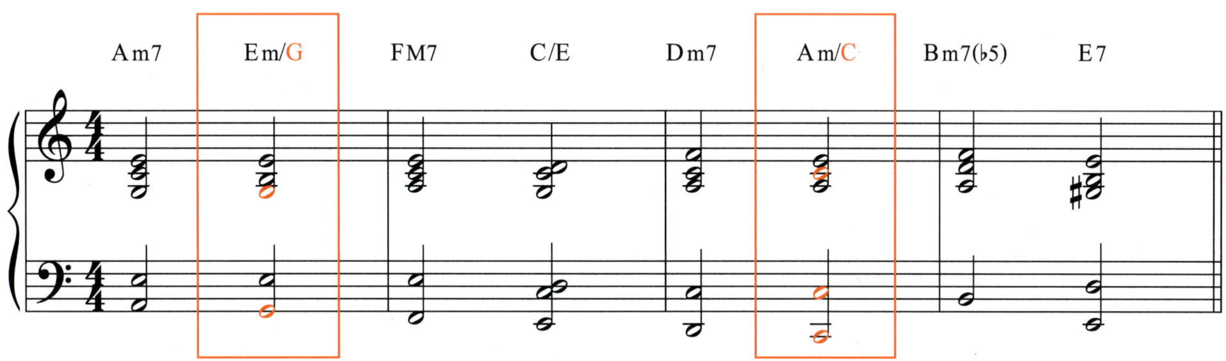

1전위 코드 연습

1. 아래 1전위 악보를 반주해 보세요. 2음 추가에 주의합니다.

2. 코드 구성음이 없는 부분에 1전위 코드를 그리고, 반주해 보세요. 1전위 오른손은 2음 추가로 그립니다.

①

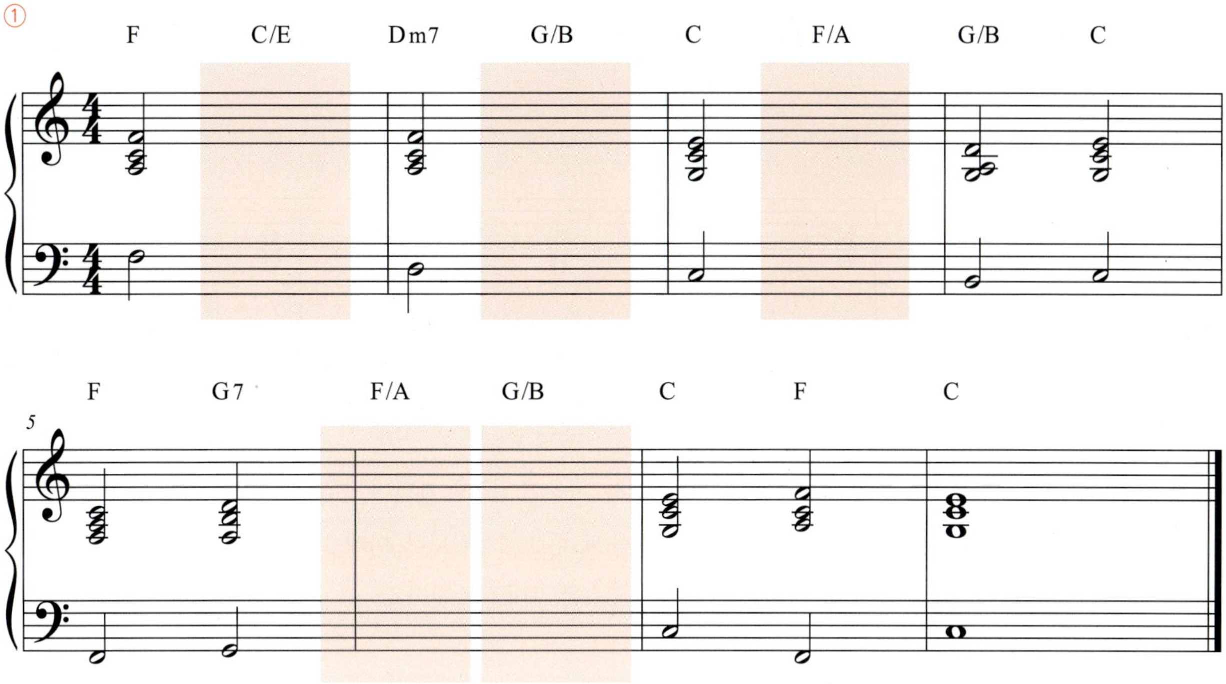

②

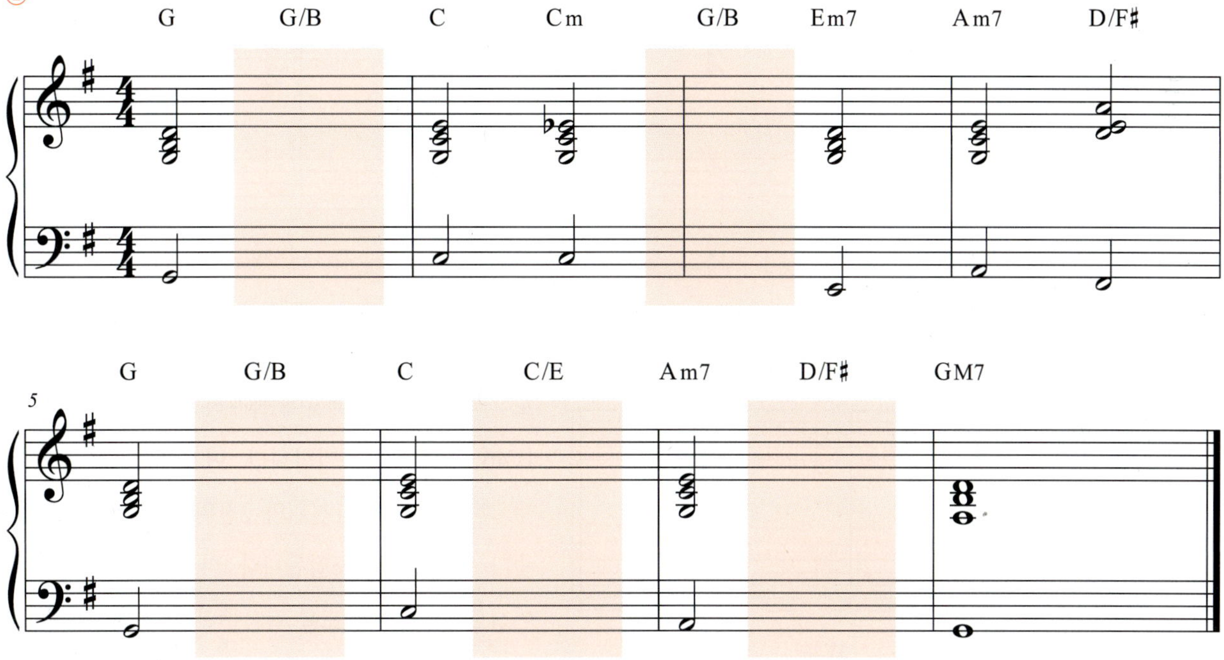

2전위 코드란?

2전위 코드는 C/G, F/C, G/D처럼 코드의 5음이 베이스에 오는 코드입니다. 1전위 만큼 많이 사용하지는 않습니다.

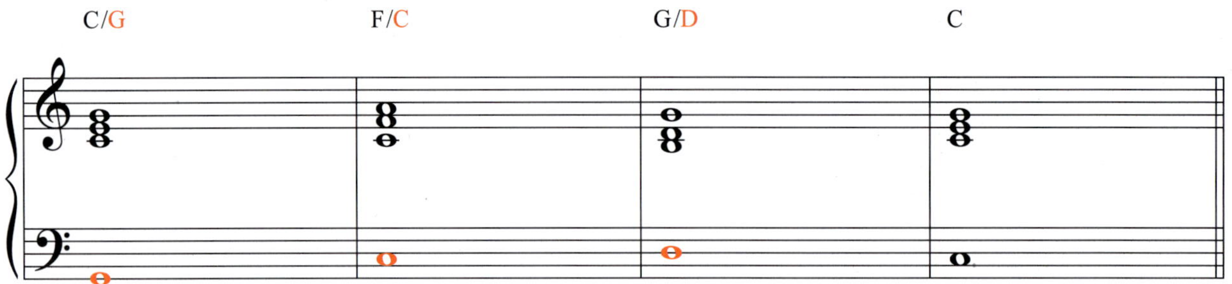

2전위 코드부터 1음과 베이스 음의 간격이 조금 멀어지면서, 사용에 일정한 제한이 생깁니다. 그래서 베이스 연결을 한 방향으로 순서대로 연결하거나, 꾸며주는 움직임을 주고 싶을 때 주로 사용합니다. 아래 2번째 코드인 G/D처럼 'C-D-E' 순서로 베이스 음을 이어주거나, 마지막 마디의 F/C처럼 C 코드를 꾸며주는 것이죠.

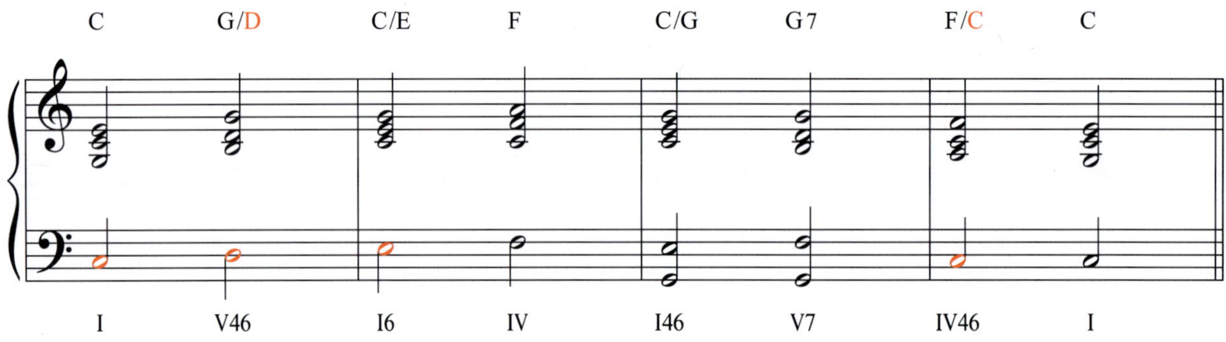

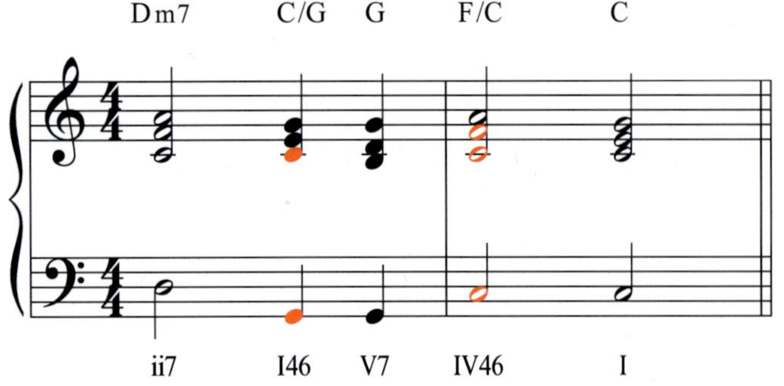

2전위 코드는 베이스와 1음, 3음이 각각 4도, 6도 간격을 이루기 때문에 클래식 화성학에서는 I46, IV46, V46처럼 표기합니다. 여기서 6이란 숫자에 주목하면 좋아요. 1전위와 2전위 모두 I6, I46처럼 숫자 6이 표기에 포함됩니다. 다음에 배울 코드 보이싱도 6도가 보이도록 잡아주면 아주 멋진 소리를 얻을 수 있어요.

2전위를 누르는 방법

　2전위 코드의 연주 방법은 왼손으로는 베이스 음을, 오른손으로는 코드의 원형을 그대로 눌러주는 것입니다. 2전위 코드는 5음이 중복되기 때문에, 아래 박스처럼 오른손의 5음을 생략해서 누르는 경우가 많습니다. 이렇게 하면 보다 깔끔한 사운드가 납니다.

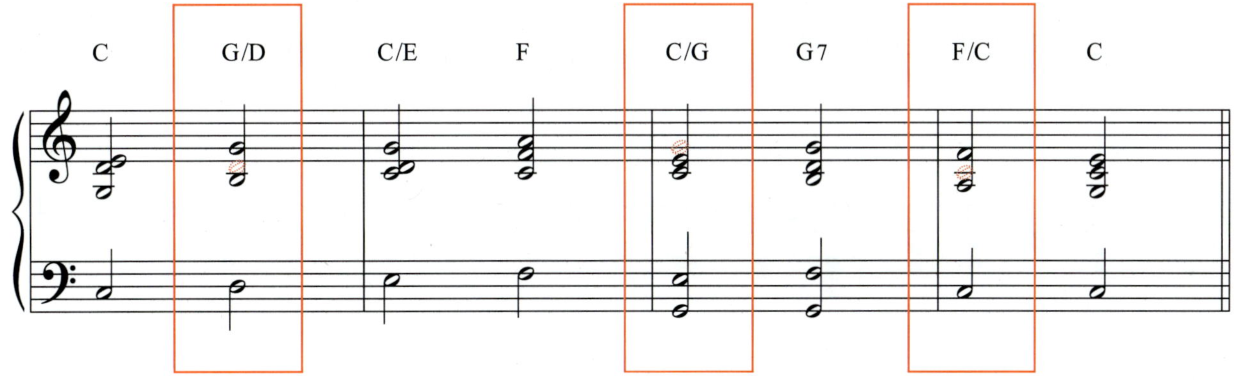

3전위 코드란?

3전위형 코드는 CM7/B, G7/F, D7/C처럼 코드의 7음이 베이스에 오는 독특한 형태입니다. 자주 볼 수 있는 코드는 아니지만, 잘 연주하면 아주 고급스럽고 예쁜 소리가 납니다. 처음에는 어려워 보일 수 있지만, 나오는 위치가 어느 정도 정해져 있기 때문에 코드 진행의 문맥을 잘 읽으면 쉽게 이해할 수 있습니다.

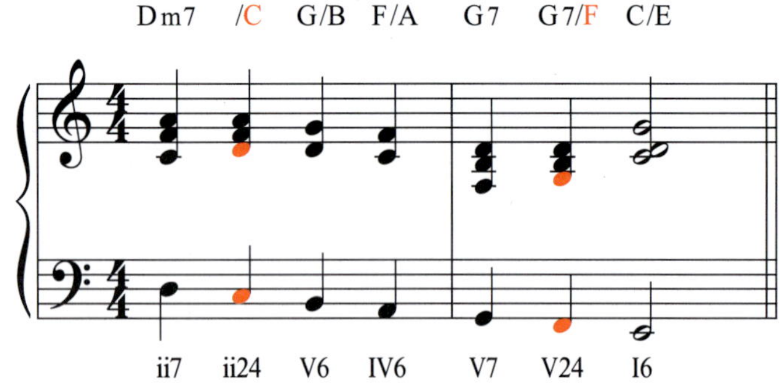

3전위는 베이스 음과 나머지 세 개의 음이 각각 2도, 4도, 6도를 이룹니다. 그래서 클래식 화성학에서는 'I24, V24'로 표기합니다.

계속 강조한 것처럼 전위 코드의 가장 중요한 목표는 코드 진행에서 '자연스럽게 베이스를 연결한다'입니다. 아래 악보의 C7/B♭은 앞에 나오는 C와 뒤에 나오는 A를 연결하는 역할을 합니다. 3마디의 G7/F도 같은 역할로 나옵니다.

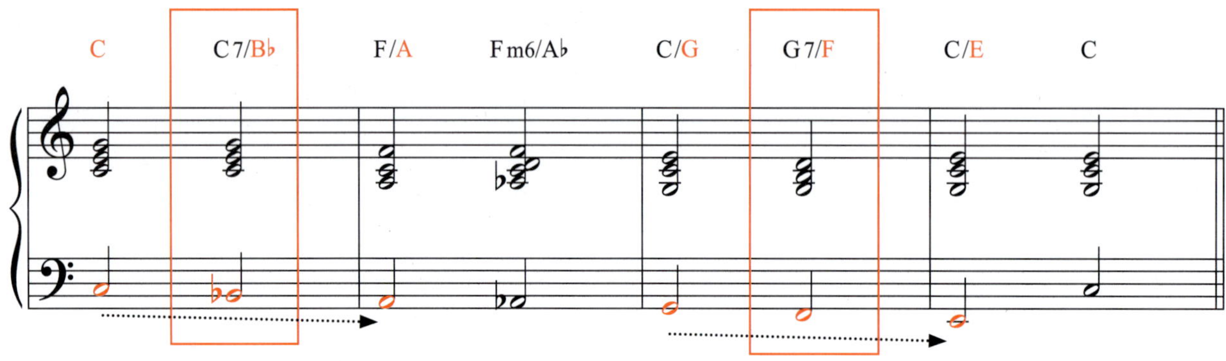

3전위 코드를 잡을 때 주의 사항

3전위 코드는 베이스와 코드의 간격이 더 멀어지기 때문에, 음의 배치를 잘못하면 어색하게 들립니다. 특히 7음이 베이스에 왔기 때문에 7th 코드를 잡던 습관대로 누르면 구성음을 빼먹기 쉽습니다. 다음 악보의 C7/B♭를 보면 그 어디에도

1음이 없습니다. 이렇게 되면 C7/B♭ 코드가 아니라 Edim 코드가 됩니다. 잘못하면 완전히 다른 코드를 누를 수도 있기 때문에 주의가 필요합니다.

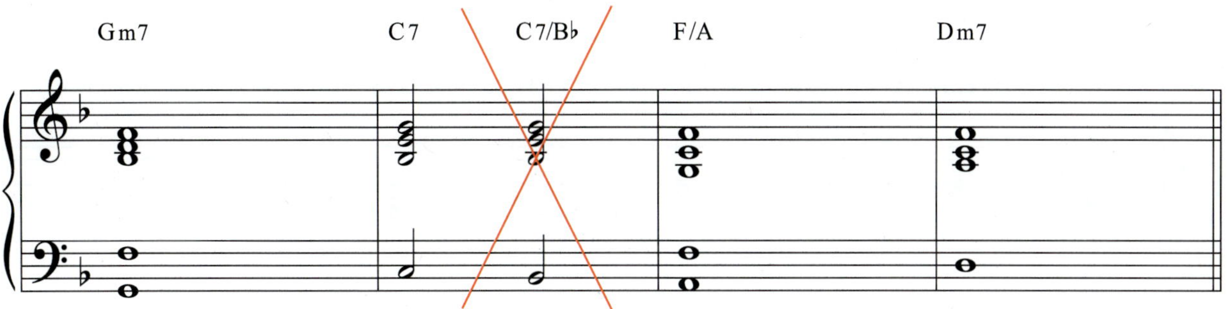

3전위는 왼손에 5음을 추가해 봅시다

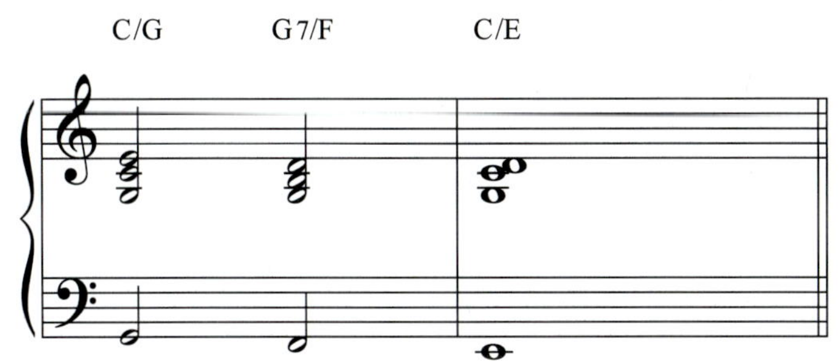

3전위는 왼손으로 베이스를 잡고, 오른손은 코드를 원형 그대로 잡아줍니다. 왼손으로 7음을 잡고 있으니, 오른손은 1, 3, 5음만 눌러도 코드가 완성됩니다.

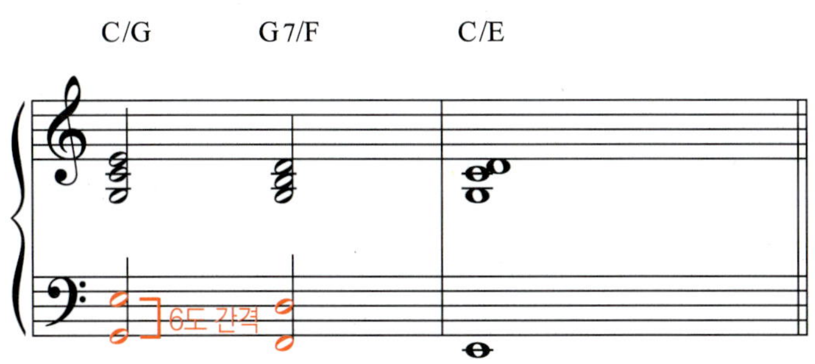

이때 왼쪽 악보처럼 왼손으로 5음을 함께 잡으면 6도 간격의 음이 생기면서 베이스를 튼튼하게 받쳐주어 좋은 소리가 만들어집니다.

2전위, 3전위 코드 연습

1. 아래 2, 3전위 악보를 반주해 보세요.

2. 코드 구성음이 없는 부분에 전위 코드를 그리고, 반주해 보세요.

①

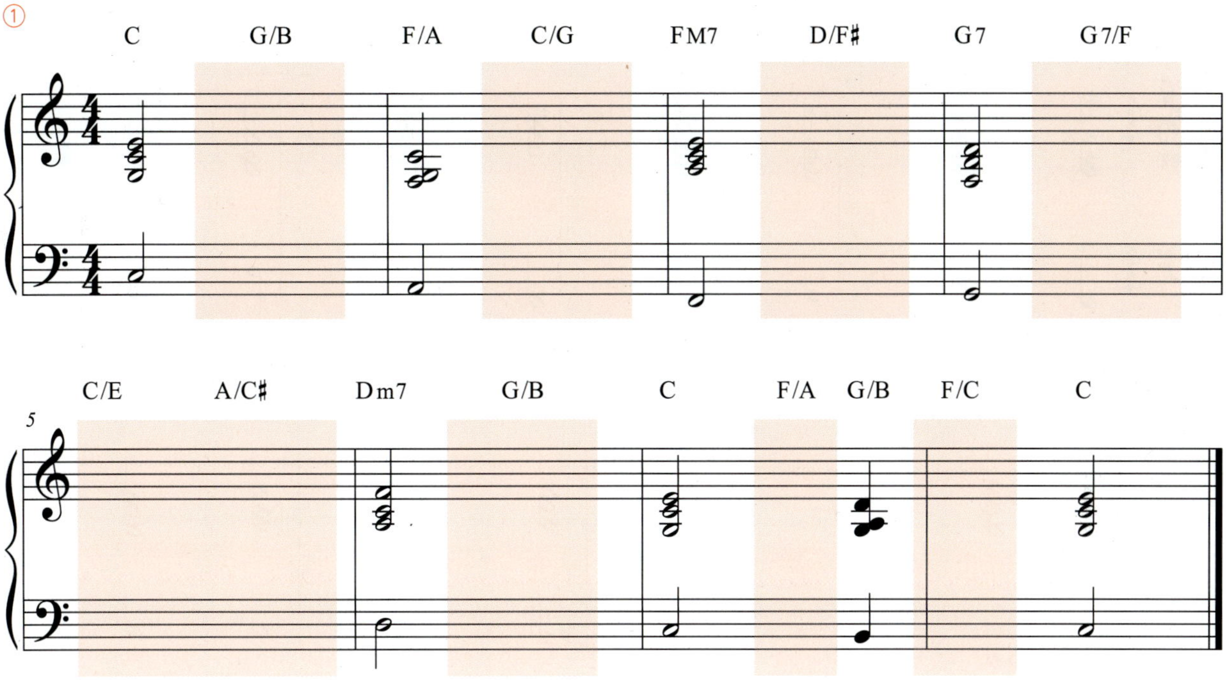

②

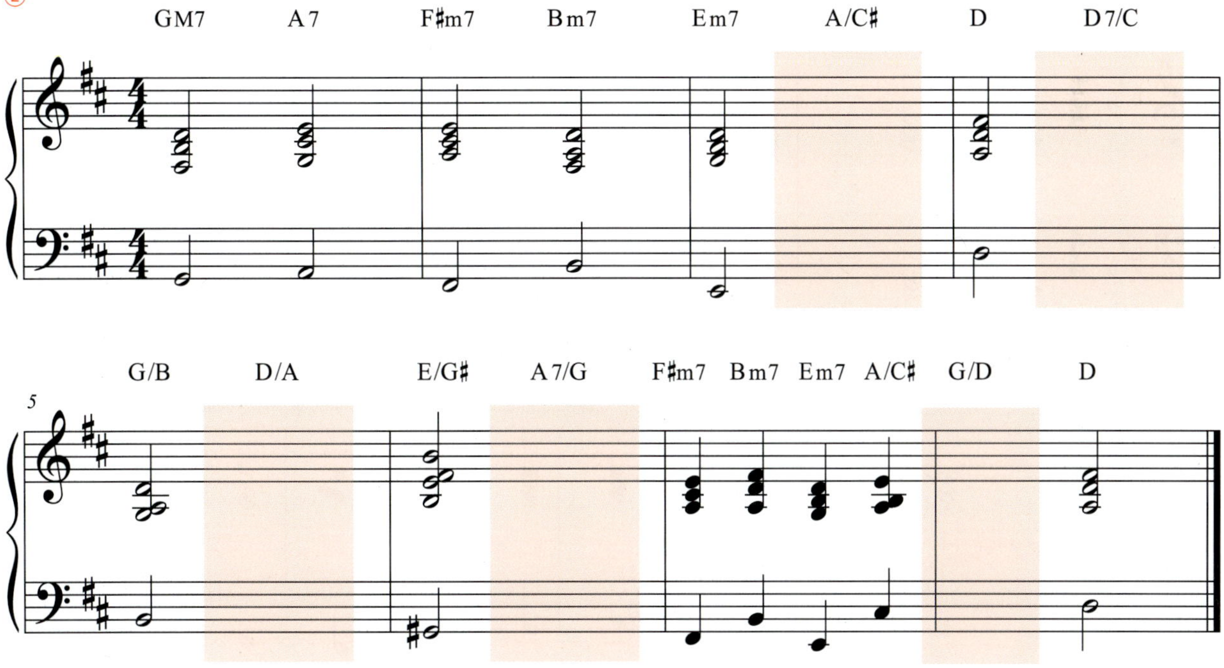

전위 코드 종합 연습

1. 아래 전위 악보를 반주해 보세요.

모범 답안

2. 아래 빈칸에 알맞은 전위 코드를 그려보세요.

①

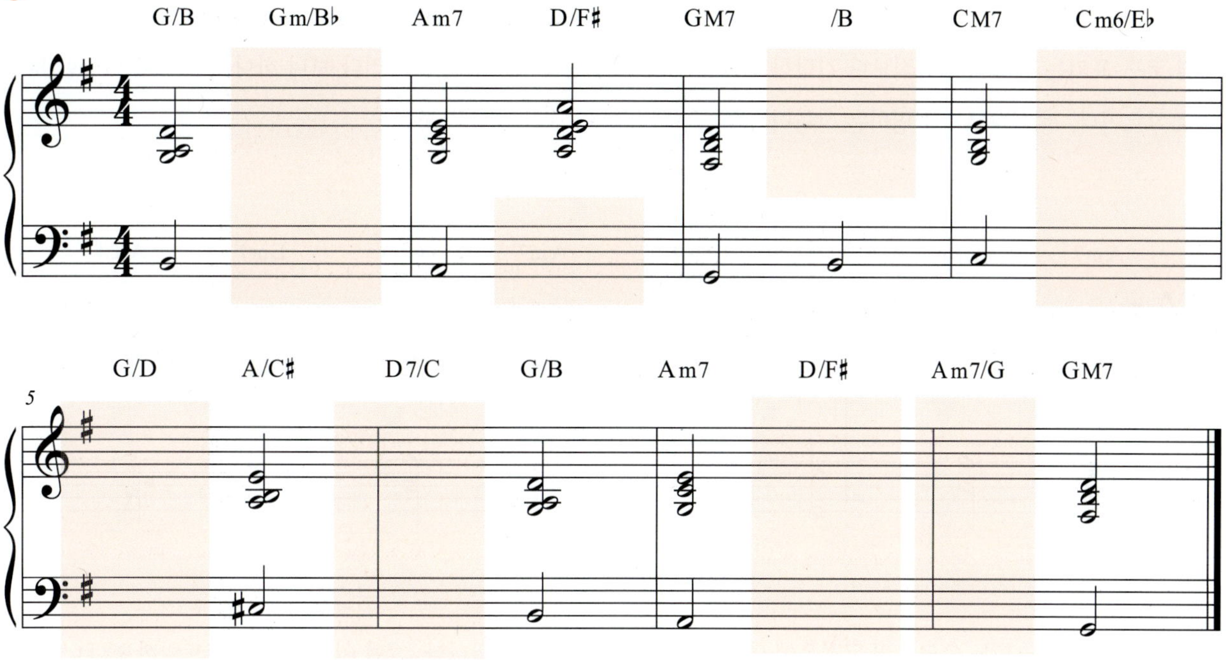

②

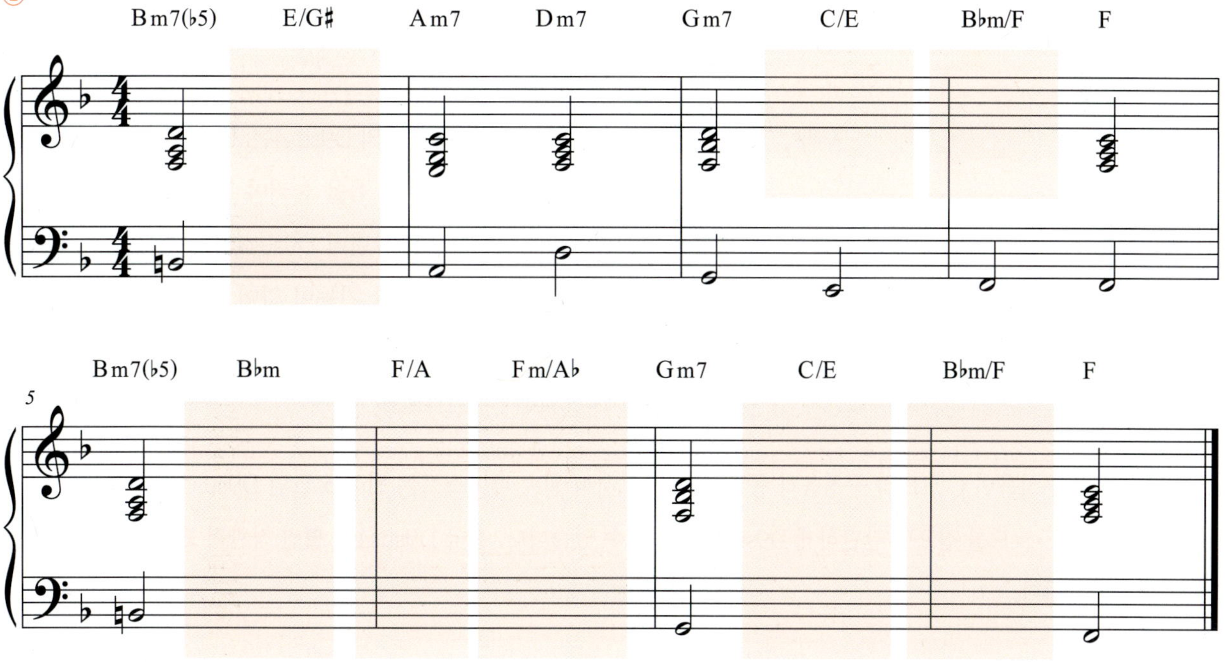

축약형 코드란?

먼저, '축약형 코드'는 정식 명칭이 아닙니다.(이해의 편의를 위해 제가 임의로 붙인 용어입니다.) 책의 처음에서 말씀드린 것처럼 코드 표기는 체계적인 목적보다 간단하게 표시하기 위해 만들어졌습니다. 그러다 보니 하나의 코드를 다양한 명칭으로 부르거나, 서로 다르게 설명하는 상황이 생겼습니다.

위 악보의 C/D 코드는 C 코드의 구성음에 D가 없으니 전위 코드는 아닙니다. 그럼 이 코드는 C 코드일까요? D 코드일까요? 앞에서 알아본 C/G 같은 전위 코드로 보면 C/D는 C 코드와 관련된 것처럼 보이지만, 실제로는 D 코드와 관계가 있습니다. 2번째 마디의 D/E도 전위 코드처럼 보이지만, E 코드와 관계가 있습니다.

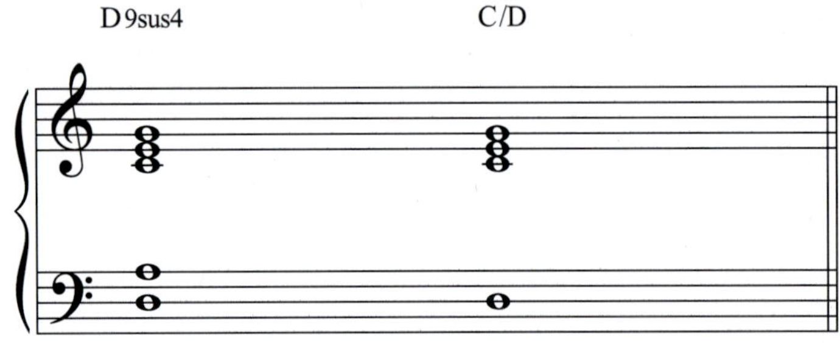

왼쪽 악보의 D9sus4는 표기가 복잡해서 초보자일수록 어떤 음을 눌러야 할지 한 번에 들어오지 않습니다. 그런데 D9sus4의 구성음을 쭉 쌓아올리고, 특별한 기능이 없어 생략 가능한 5음을 제외하면 4(솔), 7(도), 9(미)음이 남습니다.

즉 오른손의 구성음이 C 코드의 구성음과 동일합니다. 그래서 왼손 베이스로는 원래 코드인 D9sus4의 근음인 D를 누르고, 오른손은 C 코드를 잡으면 간단하게 D9sus4를 누를 수 있습니다. 결국 D9sus4를 훨씬 직관적 표기인 C/D로 간단하게 적은 것입니다.

결국, 실제로 C/D나 D/E는 아래 진행을 간단히 표기한 것으로 볼 수 있습니다.

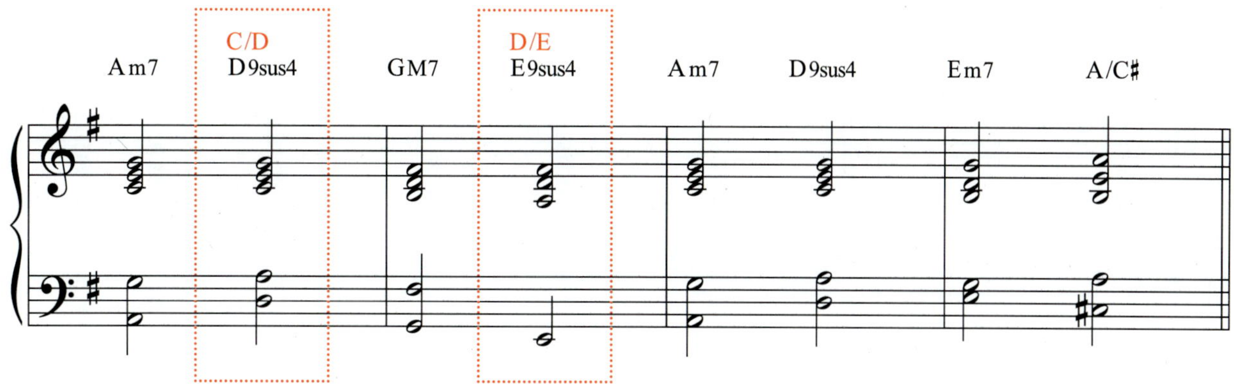

이렇게 축약형 코드를 사용하면 텐션 코드에 대한 이론적인 이해가 없더라도 텐션 사운드를 쉽게 낼 수 있는 장점이 있습니다.

축약형 코드 해석하기

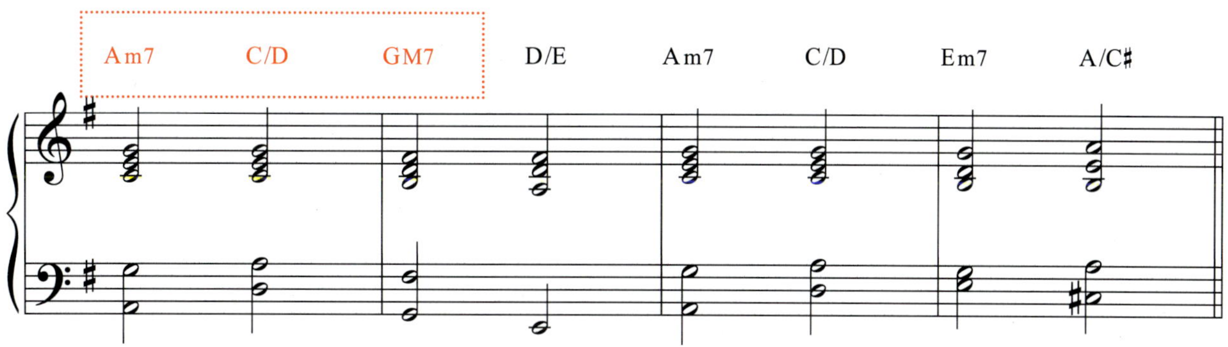

위 악보의 주황색 코드 진행은 G key의 2-5-1 진행입니다. 그런데 만약 C/D를, C 코드라고 읽으면 2-5-1이 아니라 2-4-1로 분석되며 코드 해석이 달라집니다. 따라서, 축약형 코드는 전위 코드와 다르게 슬래시 /○ 오른쪽 베이스를 메인 코드로 읽어야 정확한 코드 분석이 가능합니다.

반주를 하다보면 비슷해 보이는 코드들이 실제로는 다른 기능과 역할을 하는 경우가 있습니다.

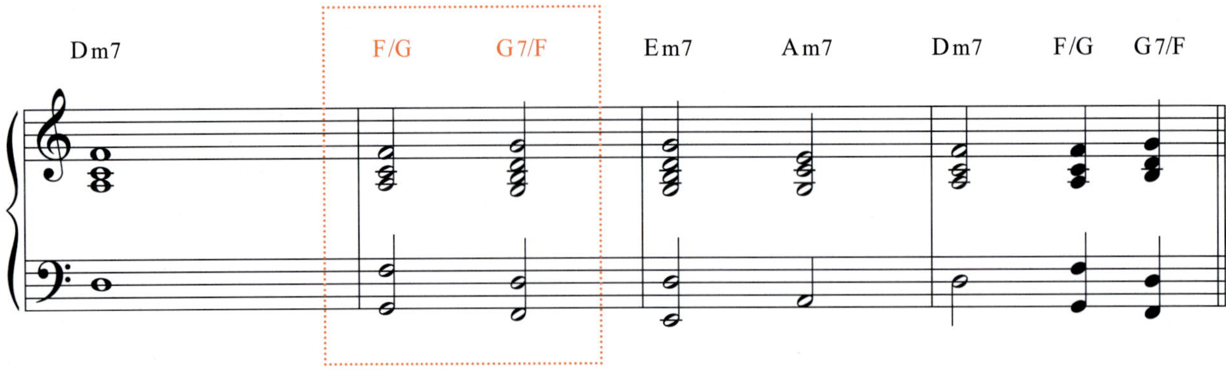

예를 들어, 2번째 마디의 F/G와 G7/F는 얼핏 보면 비슷해 보이지만, 실제 기능과 역할은 다릅니다. 이럴 때는 베이스 음을 기준으로 해석하는 것이 중요합니다. F/G 코드를 보면, F 코드에는 G음이 없습니다. 그래서 F/G는 G9sus4를 축약하여 적은 것입니다. G7/F는 G7의 7음이 F이니, G7의 3전위 코드입니다. 그래서 F/G, G7/F 둘 다 G 코드로 해석해야 합니다. 결국 G 코드를 다양하게 응용한 형태인 것이죠. 간혹 F/G를 G/F로 잘못 적기도 하지만, 원리만 알고 있다면 정확히 구분할 수 있습니다. 특히 V7을 IV/V로 표기하는 형태는 실제 반주에서 도미넌트 코드의 응용으로 매우 자주 나오는 형태이니 꼭 기억해 두기를 바랍니다.

'밥은 먹었어?'를 '밥은?'이라고 말해도 이해하는데 큰 지장이 없지만, 문맥에 따라 '밥은 멀쩡해?'나 '밥은 남았어?'처럼 다른 표현이 될 수도 있습니다. 가급적이면 정확한 표현을 먼저 알아두고, 그걸 기반으로 변형해 가는 것이 지름길이 됩니다. 지금까지 배운 내용을 표로 정리하면 다음과 같습니다. 의미를 잘 기억해 보세요.

	형태	베이스 중복	특이사항
기본 자리	C	△	오른손에서 1음 대신 2음 추천
1전위	C/E	X	오른손에서 3음 대신 2음 추천
2전위	C/G	O	오른손 코드 원형, 왼손에는 6도 간격 추천
3전위	CM7/B, C7/B♭	X	오른손 코드 원형, 왼손에는 6도 간격 추천
마이너 코드 전위	Cm/E, Cm/G, Cm7/B♭	O	오른손 코드 원형, 왼손에는 6도 간격 추천
축약형 코드	C/D	△	C 코드 아님, D9sus4 코드의 축약형 표기

전통 화성학 표기의 중요성

슬래시(/)가 붙은 코드들은 한 개의 코드 표기 안에 두 개 이상의 정보를 나타내기 위해 사용되기 시작했습니다. 예를 들어, C/E라는 코드가 있을 때, 왼쪽(C)은 오른손이 눌러야 할 코드를 의미하고, 오른쪽(E)은 베이스음을 나타냅니다. 이러한 표기 방식은 코드 진행을 더욱 직관적으로 이해하고 연주할 수 있도록 도와줍니다.

전통적인 클래식 화성학에서는 코드의 구조를 더욱 세분화하여 V24, I46 같은 방식으로 표기했습니다. 그러나 이러한 표기법은 이해하기 어렵고 복잡한 면이 있어, 초보자가 쉽게 접근하기 어려웠습니다. 그에 비해, 알파벳을 사용한 코드 표기는 훨씬 직관적이며, 초보자들도 쉽게 코드를 배울 수 있도록 도와줍니다.

지금까지 다양한 전위형과 코드 표기법을 살펴보았기 때문에, 처음 접하시는 분들께는 다소 혼란스러울 수도 있습니다. 하지만 대부분은 7th 코드의 구성음을 어떻게 배치하는지의 문제입니다. 쉽게 말해, 1, 3, 5, 7음의 위치를 찾는 과정과 같습니다. 이를 일종의 테트리스처럼 조합하는 개념으로 이해하면 보다 쉽게 접근하실 수 있습니다.

현대 음악에서는 전통적인 화성학을 배우는 것이 비효율적으로 보일 수도 있지만, 전통적인 화성학 표기법(V24, I46 등)은 매우 중요한 힌트를 제공합니다. 이 표기들은 단순한 기호가 아니라, 해당 코드가 조성에서 몇 번째 코드인지, 베이스와 나머지 구성음이 어떤 관계를 형성하는지를 분석하는 데 초점을 맞추고 있습니다.

알파벳으로 적힌 코드 표기는 매우 직관적이고 편리하지만, 코드의 관계성을 명확하게 보여주지는 않습니다. 예를 들어, C/E라는 코드만 보고는 조성 내에서 몇 번째 코드인지 즉각적으로 알기 어렵습니다. 또한, 베이스와 구성음이 어떤 관계를 이루고 있는지도 명확하게 드러나지 않습니다.

반면, 전통적인 클래식 화성학에서는 코드의 연결과 관계를 매우 중요하게 여깁니다. 이러한 방식으로 음악을 읽고 이해하는 연습을 해두면, 연주에서 key를 자유롭게 전환하거나, 즉흥적인 변주를 하거나, 다양한 스타일로 응용하는 데 더욱 유용하게 활용할 수 있습니다.

Practice
축약형 코드 연습

1. 축약형 코드에 동그라미를 치고 아래 악보를 반주해 보세요.

2. 코드 표기에 주의해서 아래 빈칸에 알맞은 코드를 그려보세요.

①

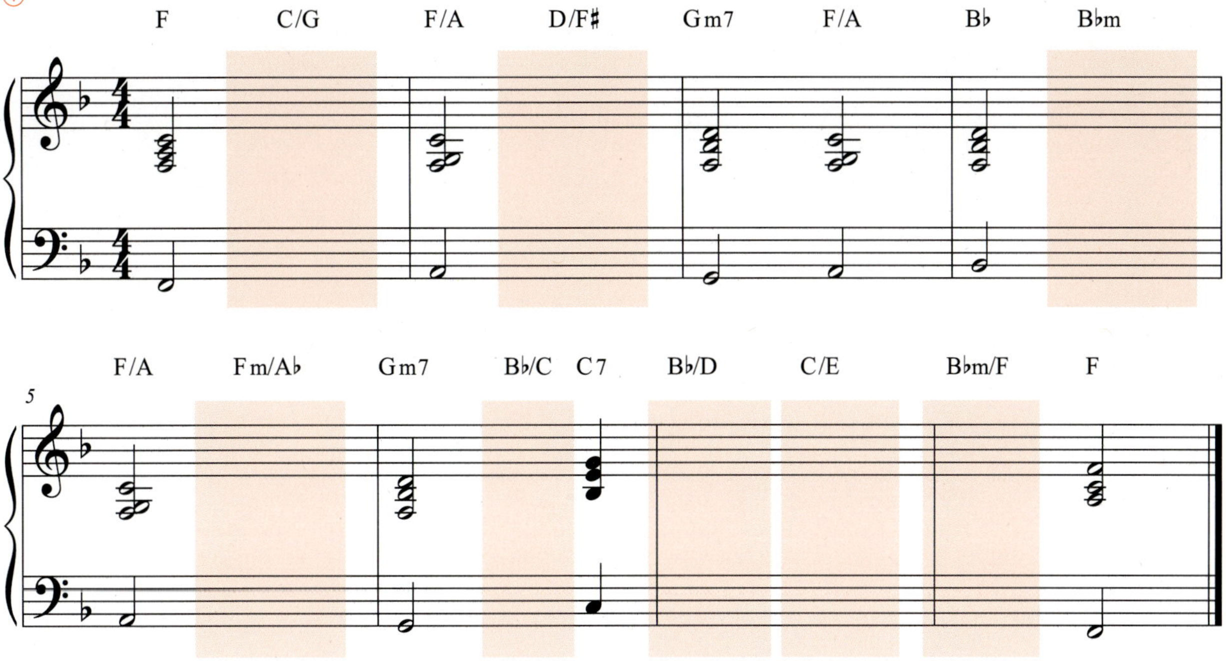

②

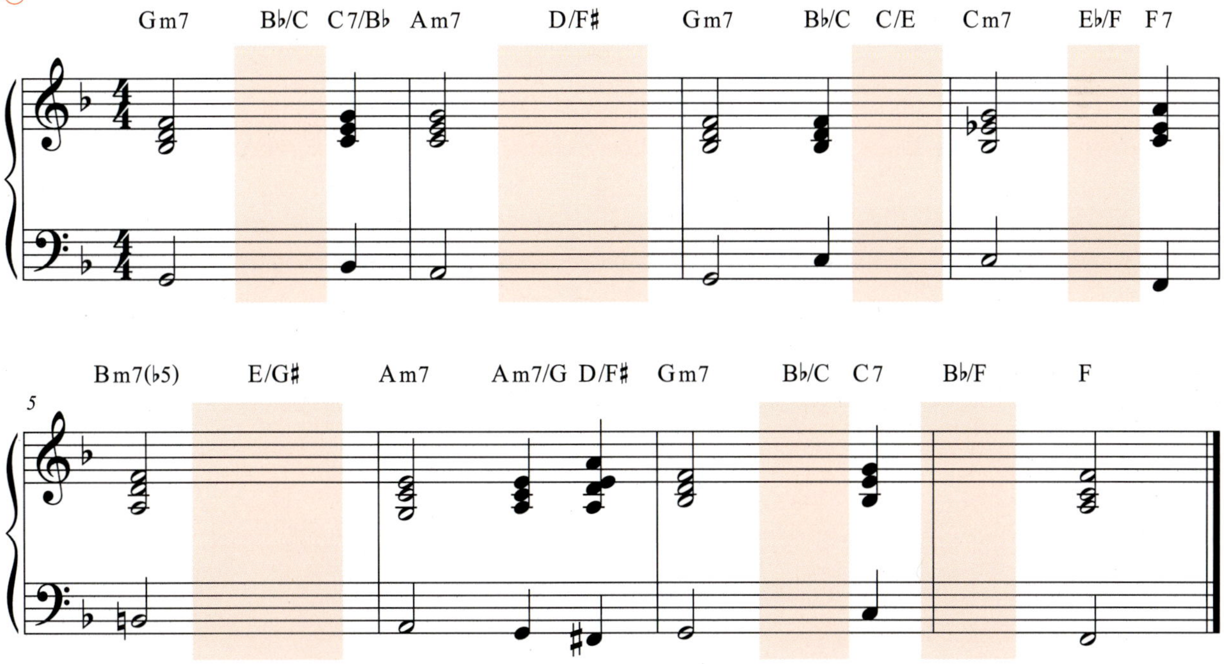

Part 4

보이싱 연습

4-1. 보이싱(Voicing)이란 대체 뭘까?

4-2. 코드 구성음을 숫자로 적어봅시다

4-3. 효율성을 높이는 보이싱 규칙

4-4. 탑 노트를 멜로디에 맞추기

4-5. 양손 보이싱

4-6. 2음을 활용한 보이싱

4-7. 보이싱에는 정답이 없습니다

보이싱(Voicing)이란 대체 뭘까?

반주를 하다보면 '보이싱이 좋아야 좋은 소리가 난다'는 이야기를 자주 듣습니다. 보이싱을 간단히 말하면 코드를 누르는 방식입니다. 앞에서 배웠던 코드 체인지나 전위 코드도 결국 보이싱 연습을 한거라고 볼 수 있죠. 보이싱이 중요하다 보니 좋은 보이싱을 위해서는 화성학을 알아야 한다는 말도 나옵니다. 어느 정도는 맞는 말이지만, 사실 너무 어렵고 복잡하게 알려진 부분도 있어요. 이번 파트에서는 보이싱에 대한 몇 가지 오해를 바로잡고, 보이싱의 기본 지식을 정리하겠습니다.

왜 Voicing이라고 부를까?

최초의 화성학(Harmony)은 합창, 즉 성부(Voice)를 위해 만들어진 이론입니다. 우리가 화음을 듣고 '환상의 하모니'라고 말할 때, 그 하모니는 이미 화성학의 개념을 말하고 있던 셈이죠. 가령 C 코드를 연주해야 할 때, 사람이 소프라노, 알토, 테너, 베이스까지 4명이라면 어떻게 해야 할까요? 코드의 구성음은 3개지만, 사람은 4명이니 도, 미, 솔 중 하나를 2명이 부르면 간단히 해결됩니다.

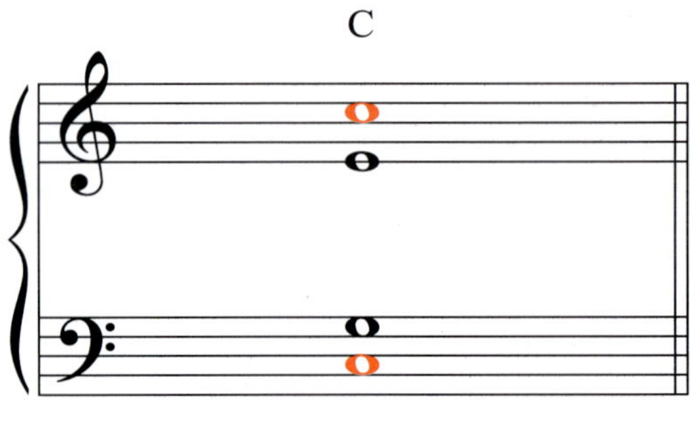

그럼 만약 C9 코드라면 어떨까요? C9 코드는 C, E, G, B♭, D 까지 5개의 구성음으로 이뤄져 있습니다. 사람이 4명인 만큼, 5개의 음 중 하나는 생략할 수밖에 없습니다. 이때 보통 중요도가 낮은 5음 솔을 생략하고, 나머지 중요한 음을 배치합니다. 이것이 화성학에서 말하는 성부, 즉 사람의 보이스를 배치하는 Voicing(보이싱)의 기본 원리입니다.

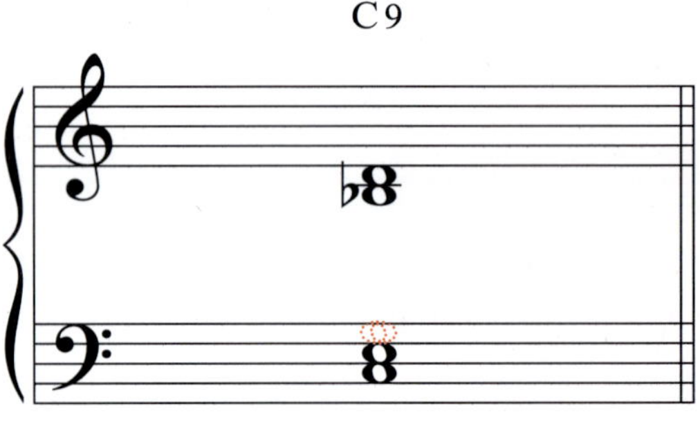

클래식 시대의 화성 실습은 인원수가 4명으로 제한되어 있는 만큼, 음의 개수나 연결, 중복 등 다양한 규칙이 많은 편입니다. 물론, 지금 우리는 피아노 반주를 위한 연습을 하는 만큼 훨씬 더 편하고 간단해졌습니다. 예전보다 생략하거나 허용되는 부분이 많아졌다고 생각하면 부담이 줄어들 거예요. 예를 들어, 피아노 반주에서 C, F, G 코드를 연주해야 한다고 생각해 봅시다. 앞서 연습한 대로, 미~미 사이 음역에서는 다음 악보처럼 누르는 것이 가장 기초적인 선택이 됩니다.

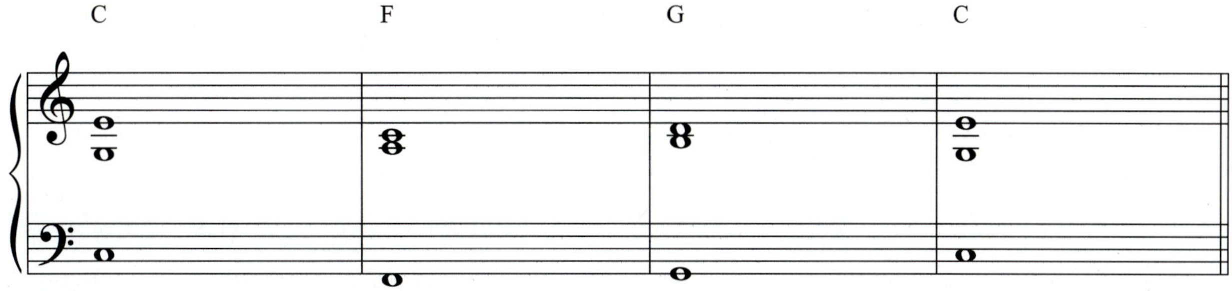

이것을 조금 더 보이싱 하면 왼손 베이스에 이미 코드의 1음이 있으니, 오른손으로 한 번 더 1음을 눌러줄 필요는 없습니다. 대신 오른손은 1음 대신 2음을 누르고, 저음에 5음을 보강하면 더욱 복합적이고 튼튼한 소리로 보이싱을 만들 수 있습니다.

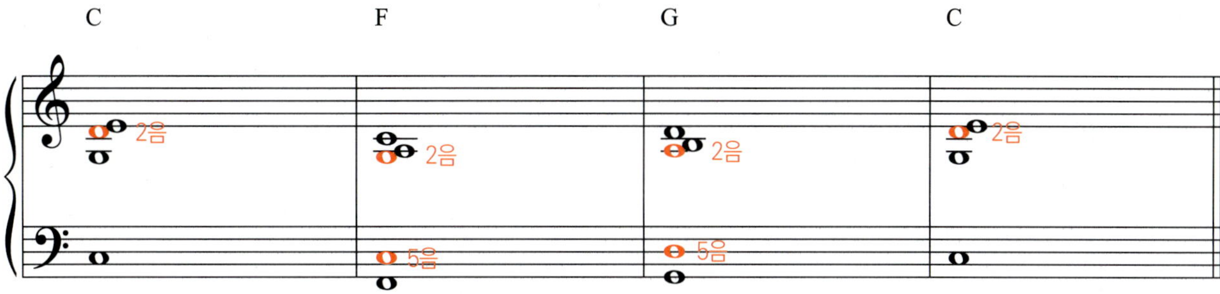

본래 위와 같은 악보는 Cadd2, Fadd2, Gadd2 같은 방식으로 표기해야 하지만, 반주의 재밌는 점은 코드의 기본 골격을 벗어나지 않는다면 반주자의 재량에 따라 어느 정도 코드 구성음을 변형해도 된다는 점입니다.

정리하면, 목소리(Voice)를 각자의 음역대와 자리에 배치하는 것이 보이싱(Voicing), 그 보이싱을 연결하는 방법에 대해 체계적으로 정리해 이론으로 만든 것이 화성학(Harmony)의 시작이라고 할 수 있어요. 지금의 코드 표기도 이것을 더 발전시키고 개량하는 과정에서 만들어진 것이라고 볼 수 있습니다.

코드 구성음을 숫자로 적어봅시다

숫자 적기, 이번 파트의 핵심 연습

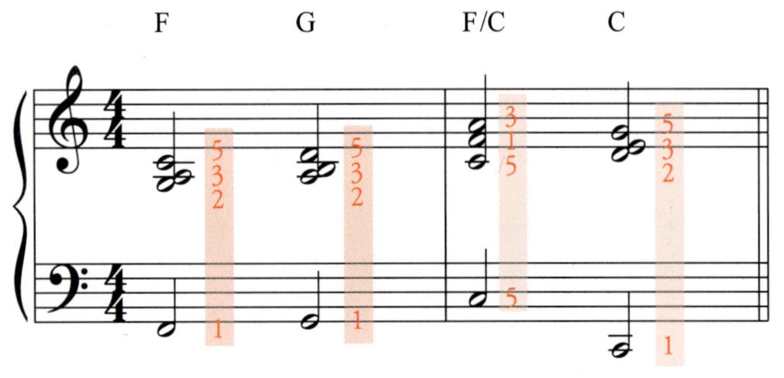

이번 파트의 핵심 연습은 왼쪽 악보처럼 코드의 구성음 옆에 숫자를 적으면서, 코드가 어떤 음들로 이루어져 있는지 분석하고, 나아가 보이싱을 직접 적어보는 것입니다. 악보를 보면서 '안다'고 생각하는 것과, 실제로 구성음을 배치하고 연주하는 것은 매우 큰 차이가 있어요. 특히 악보 보는 것에 익숙하다고 생각할수록, 직접 숫자를 적어 보며 익히는 것이 중요합니다. 최종적으로는 적지 않아도 연주할 수 있는 것이 목표입니다.

보이싱과 코드는 일종의 약속이기 때문에, 초반 단계에서 추천하는 배치와 모양들이 있습니다. 이 모양들은 알파벳이 완전히 달라져도 같은 규칙으로 반복되기 때문에, 이를 이해하면 연습의 효율이 크게 좋아집니다.

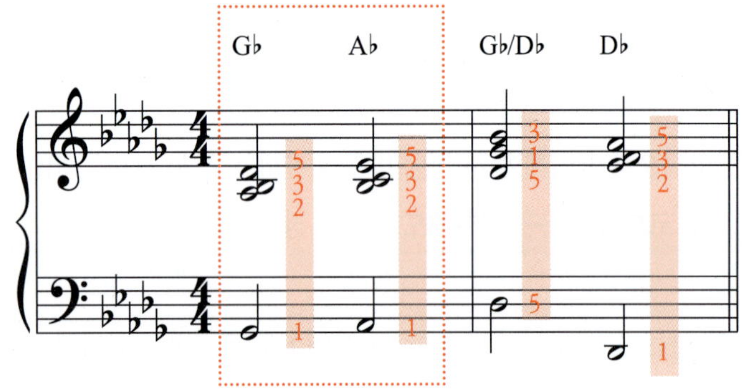

왼쪽 악보의 G♭, A♭ 두 개의 코드는 전혀 같은 음이 없지만, 밑에서부터 쌓인 구조를 보면 1, 2, 3, 5음으로 이루어진 동일한 보이싱입니다. 음이름으로만 보면 겹치는 음이 없어 보여도, 숫자의 관점에서 보면 같은 원리로 구성된 셈이지요. 왼손 1음, 오른손 2, 3, 5음으로 이루어진 같은 보이싱입니다. 이 규칙을 이해하기 위해서는 먼저 악보 옆에 숫자를 적으면서 분석하는 것부터 시작해야 합니다. 그러다 보면 자연스럽게 직접 배치하는 연습까지 연결됩니다. '안다'고 생각하는 것과, 코드 표기만 보고 손으로 직접 '적는 것'은 큰 차이가 있다는 것을 확인하게 될 거예요.

우리가 배울 보이싱은 일종의 '지도' 역할을 합니다. 좋은 규칙을 따라가면 그만큼의 소리를 만들 수 있다는 지도인 셈이지요. 처음부터 바로 꺼내서 연주하긴 어렵지만, 방향을 잡으면 손으로 바로 연주하는 것이 가능해집니다. 서두르지 말고, 정확하게 읽고 적는 연습부터 차근차근 시작해 봅시다.

코드 구성음을 숫자로 적어보기

1. 아래 보이싱에 맞춰 코드 구성음을 숫자로 적어보세요.

① Dm7　　G7　　CM7　　A7

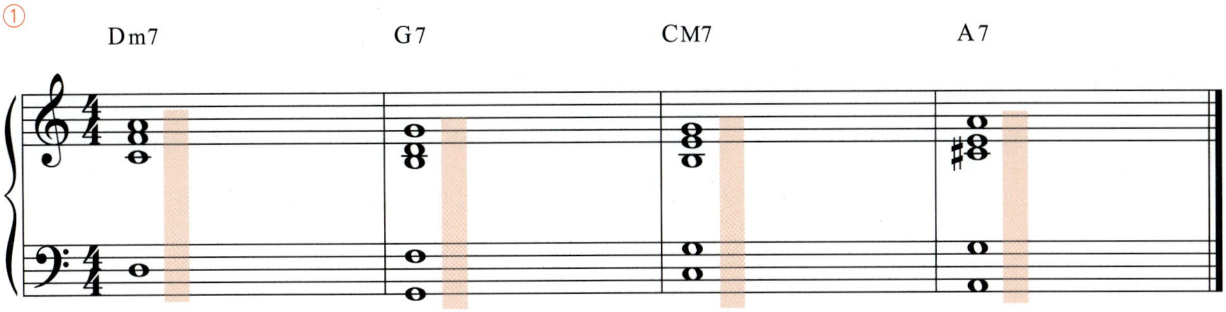

② C　G　Am7　Em7　FM7　C　Dm7　G7

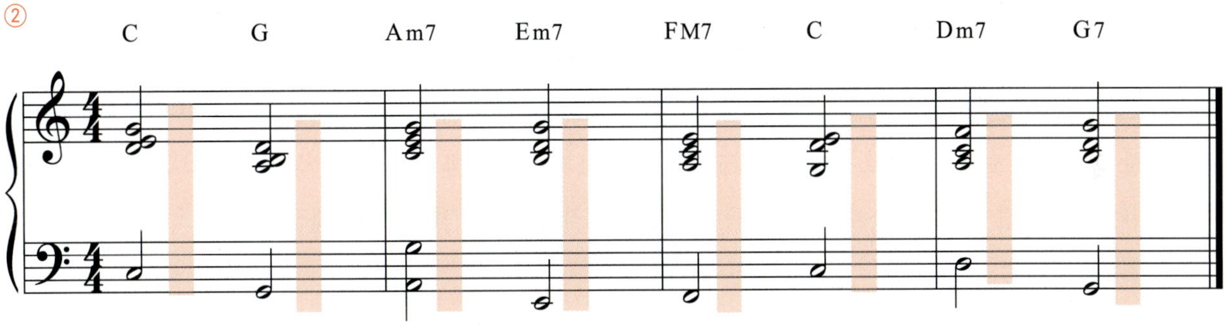

③ Dm7　C/E　FM7　D/F#　Gm7　C7　FM7

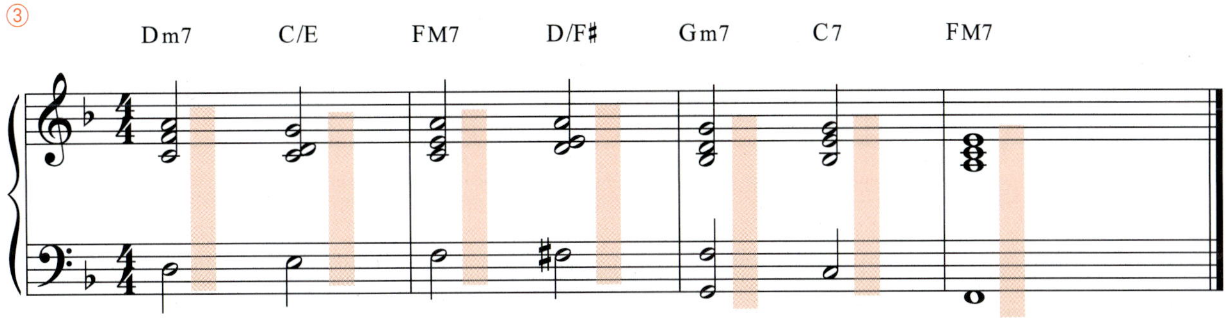

④ CM7　Cm6　Bm7　Em7　Am7　B7　Em7　Dm7　G7

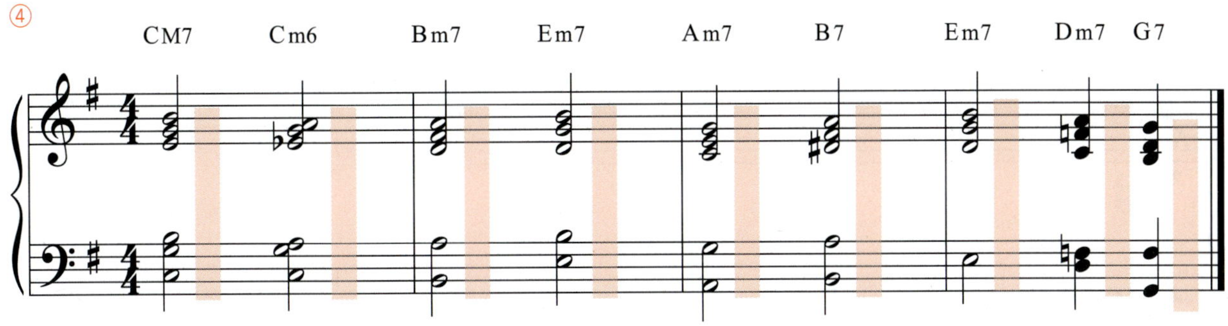

효율성을 높이는 보이싱 규칙

효율적인 보이싱을 위한 핵심 원칙

지금까지 코드 표기는 그 자체만으로도 상당한 정보를 담고 있다는 것을 알았습니다. 코드의 구성음을 모두 알려주니, 이제 남은 것은 그 구성음을 어떻게 배치할지 결정하는 것입니다. 우리가 연습할 피아노 보이싱의 목표는 '최소 음의 최대 효율'입니다. 이를 위해서는 손가락을 꼭 필요한 곳에만 쓰는 것이 중요합니다. 합창보다 음역대나 배치가 훨씬 자유로운 만큼, 그 자유로움을 잘 활용하는 것이 중요합니다. 하지만 이때도 기억해야 할 포인트가 있습니다.

1. 중간 음역대 활용하기

7th 코드의 구성음은 4개입니다. 이 4개를 효율적인 음역대에 정확히 배치하는 게 보이싱의 시작입니다. 흔히 보이싱을 연습할 때 코드를 모든 모양으로 잡아야 한다고 생각하기 쉽지만, 그렇게 시작하면 연습 분량이 너무 많아 지속하기 어렵습니다. 대신 중간 음역대, '미~미'에 해당하는 범위에서 시작하면 훨씬 연습이 단순해집니다.

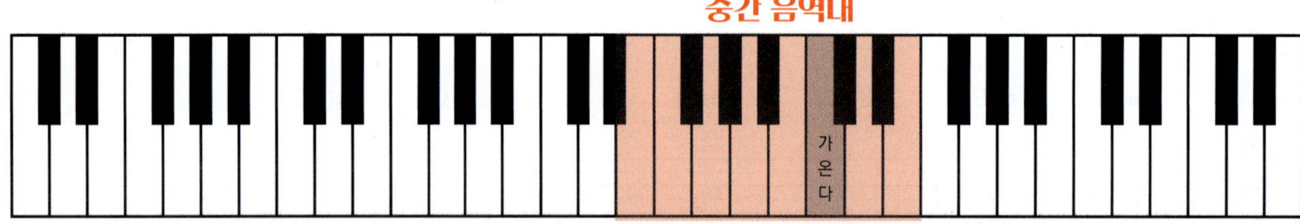

예를 들어 아래와 같은 CM7 보이싱이 있습니다. 이 4개의 보이싱 중에 중간 음역대인 '미~미'에 가까운 두 번째 보이싱이 가장 자연스럽고 안정적인 소리가 납니다. 이 음역대를 벗어나면 너무 높거나, 낮아지기 쉬워요.

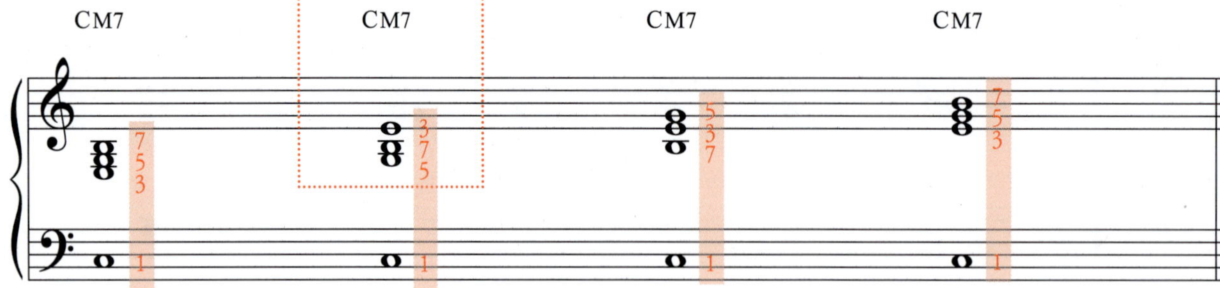

7th 코드가 아니더라도 마찬가지입니다. 중간 음역대를 잘 활용하면 구성음 3개만으로도 충분히 튼튼한 사운드를 만들 수 있습니다. 계속 강조하지만 보이싱 연습은 코드를 직접 그리면서 각 음 옆에 숫자를 적는 것이 중요합니다. 이렇게 하면 같은 음을 두 번 누르거나, 음을 빠뜨리는 실수를 줄일 수 있습니다.

아래 악보의 코드 보이싱은 음이 매우 낮아 보이지만, 높은 음자리표에 적어서 덧줄이 많이 붙었을 뿐입니다. 실제 소리를 들어보면 낮은 음이 아닙니다. 이런 보이싱을 자주 접하다 보면 덧줄이 붙은 악보도 익숙해질 수 있습니다.

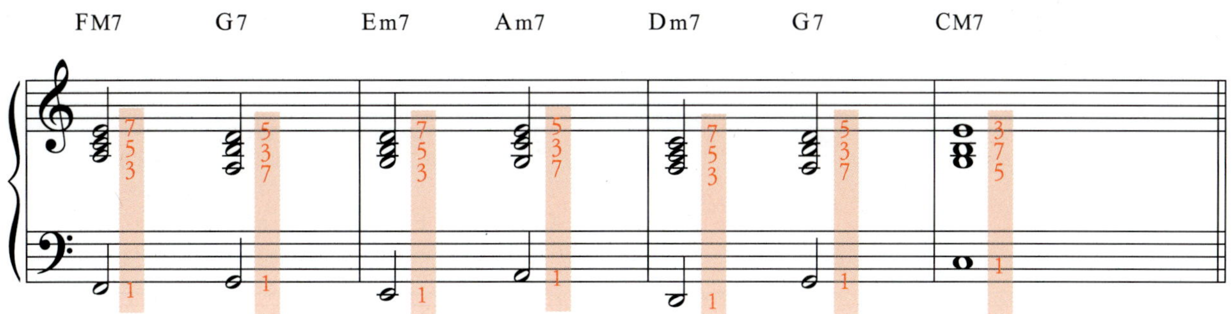

2. 오른손으로 1음을 누르지 않기

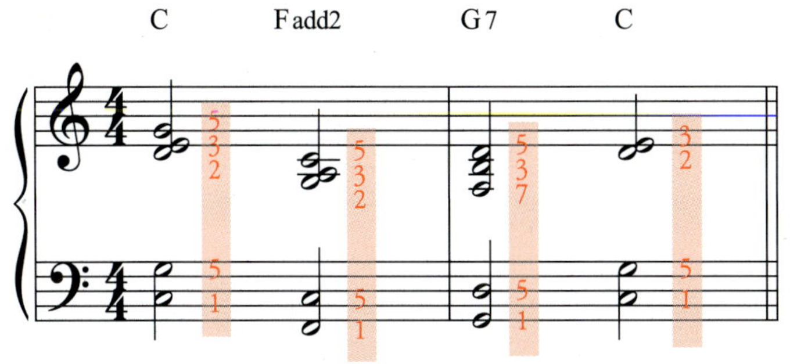

왼쪽 악보에서 보듯이 효율적인 보이싱에서는 오른손으로 1음을 거의 누르지 않습니다. 왼손 베이스에 이미 1음이 있으니 굳이 두 번 누를 필요가 없습니다. 또한 배음(Overtone) 현상 때문에 베이스의 한 옥타브 위에서 1음이 이미 울리고 있기 때문이기도 합니다. 오른손은 1음을 누르지 않아도 괜찮다는 규칙을 기억하면 더 효율적인 음의 배치가 가능합니다. 연습 문제로 확인해 보세요.

효율적인 보이싱 연습

1. 아래 코드 구성음을 숫자로 적어보면서, 어떻게 보이싱 했는지 확인해 보세요.

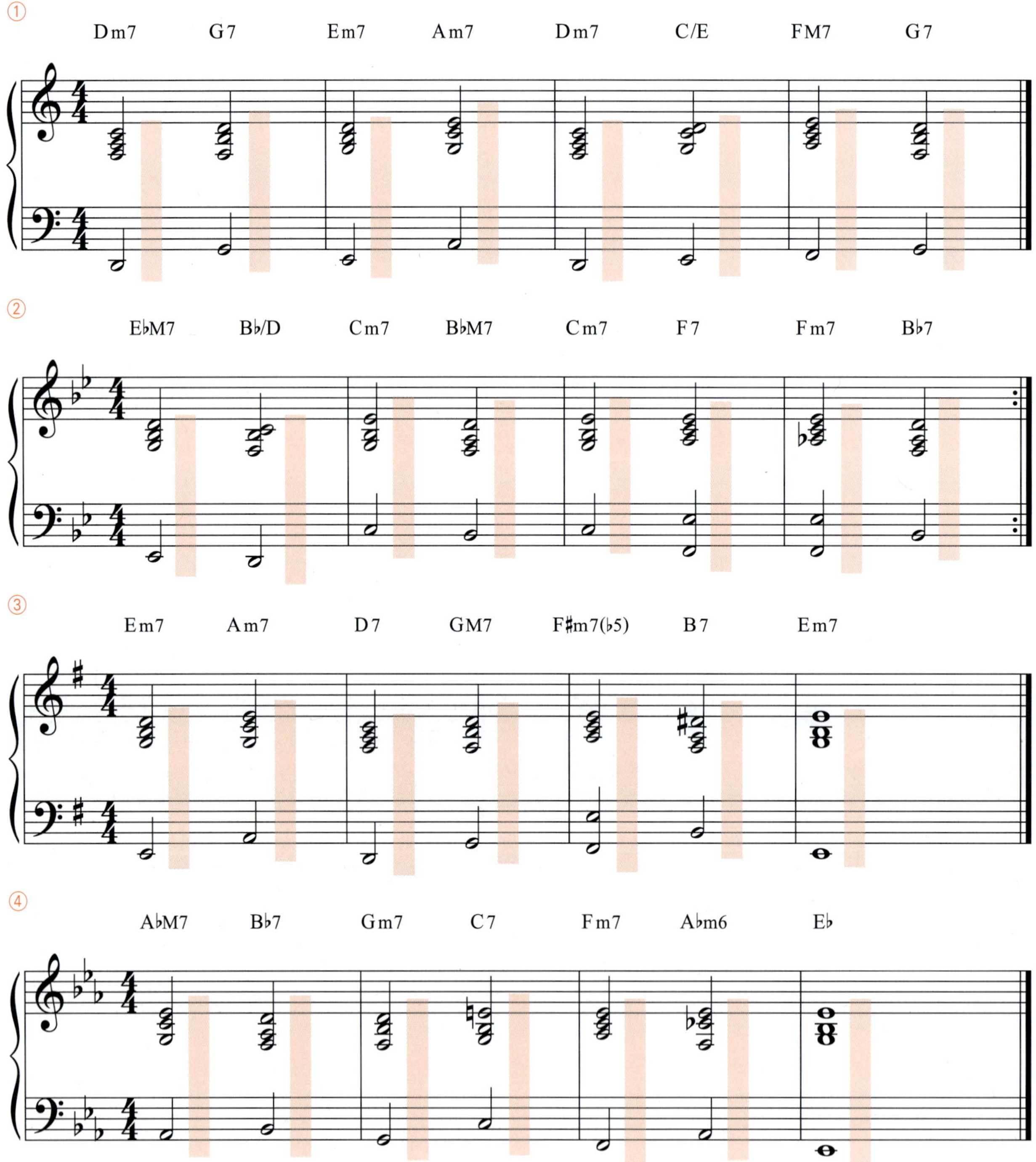

모범 답안

2. '미~미' 중간 음역대에 맞춰 코드를 보이싱 하세요.

①

Dm7 Em7 FM7 G7 Em7 A7 Dm7 G7

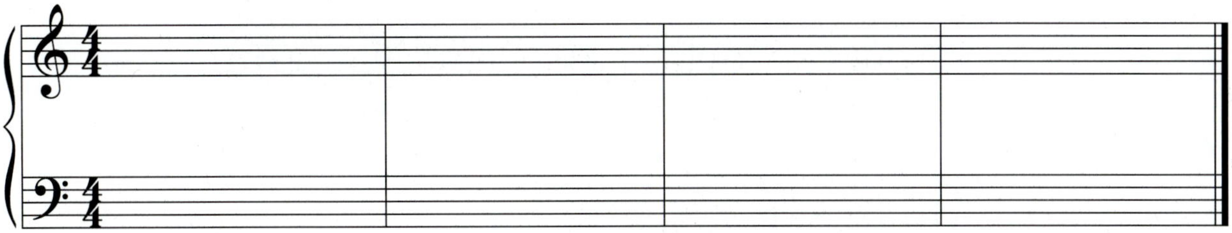

②

CM7 Am7 Dm7 Fm6 Em7 A7 Dm7 G7

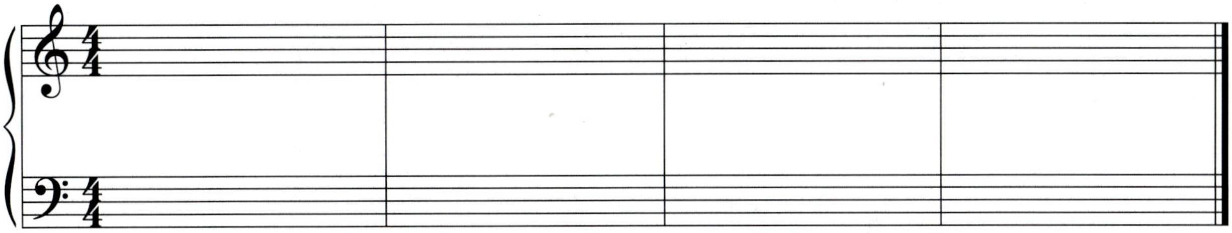

③

Bm7 Em7 A7 DM7 GM7 C♯m7(♭5) F♯7 Bm7

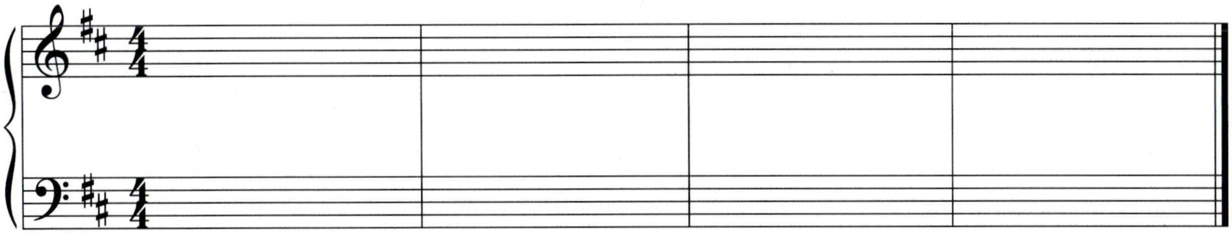

④

Dm7(♭5) G7 Cm7 B♭m7 E♭7 A♭M7 A♭m6 E♭M7

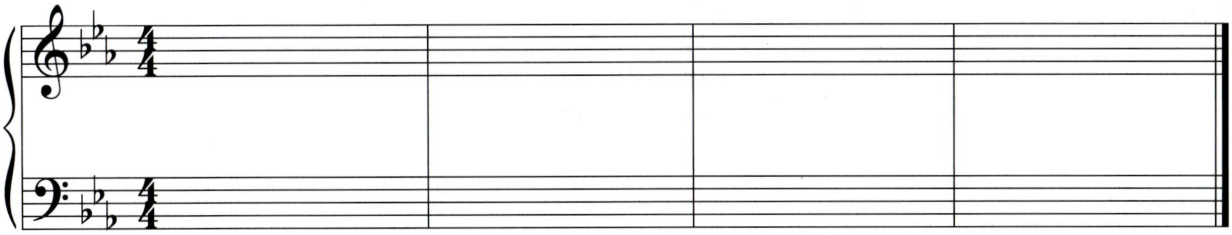

탑 노트를 멜로디에 맞추기

지금까지는 주로 코드 구성음이 나와 있는 악보로 연습했지만, 여러분이 실제로 반주할 때 보는 악보는 주로 아래처럼 멜로디와 코드만 적혀있습니다. 이렇게 멜로디와 코드만 적힌 악보를 '리드 시트(Lead Sheet)'라고 하는데, 양손 악보에 비해 간결하지만, 많은 정보를 함축하고 있습니다.

반주자는 리드 시트의 코드 표기와 멜로디를 보면서 다음 3가지 핵심 정보를 파악할 수 있습니다. ① 코드의 구성음, ② 베이스 음, ③ 탑 노트(Top Note)로 잡으면 좋은 음입니다. ①과 ②는 지금까지 연습한 내용입니다. 이번에는 탑 노트(Top Note)로 오면 좋은 음을 알아보겠습니다.

가장 잘 들리는 음, 탑 노트

탑 노트(Top Note)란, 코드를 잡을 때 가장 위쪽에 오는 음을 말합니다. 탑 노트는 다른 코드 구성음보다 잘 들리기 때문에, 코드 보이싱을 할 때 탑 노트를 멜로디 음에 맞추면 전체적인 반주 소리가 자연스럽고 선명해집니다. 물론 멜로디가 항상 탑 노트가 될 수는 없지만, 멜로디가 코드 보이싱의 탑 노트를 결정하는 데 중요한 힌트를 제공한다고 보면 됩니다. 탑 노트만 잘 잡아주어도 곡의 특징이 잘 드러나고, 보컬이 노래를 부르기도 쉬워집니다.

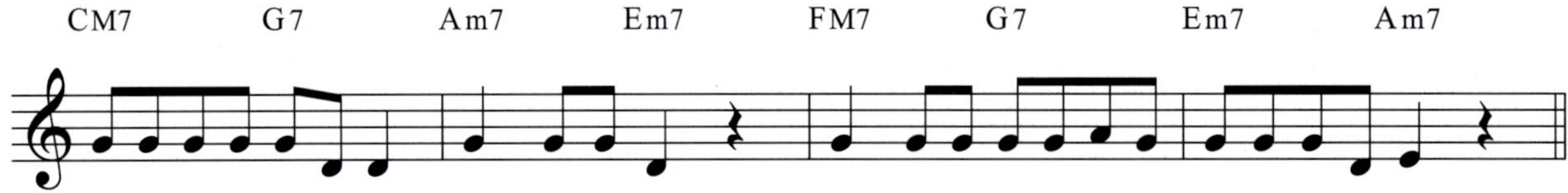

위에 나온 리드 시트의 멜로디에 맞춰 탑 노트를 잡으면 다음과 같습니다.

　한 가지 주의할 점은 합주를 하는 경우 탑 노트를 지나치게 많이 따라가는 보이싱은 멜로디를 연주하는 피아노 독주처럼 들릴 수 있습니다. 따라서 건반으로 적절히 멜로디를 살리면서 중간 음역대로 보이싱을 구성하면 좋습니다. 특히 멜로디가 급격히 도약하거나 너무 높은 음역이 나오는 노래의 경우, 멜로디를 무조건 따라가기보다 적절한 보이싱으로 중심을 잡으며 안정감이 있도록 반주하면 좋습니다.

　이런 탑 노트의 원리를 익혀두면, 리드 시트만 있어도 자연스럽고 곡의 특징을 잘 살리는 반주 구성 능력이 크게 좋아집니다.

탑 노트 보이싱 연습

1. 빈 칸에 주어진 음이 탑 노트가 되도록 보이싱을 채운 후 반주해 보세요.

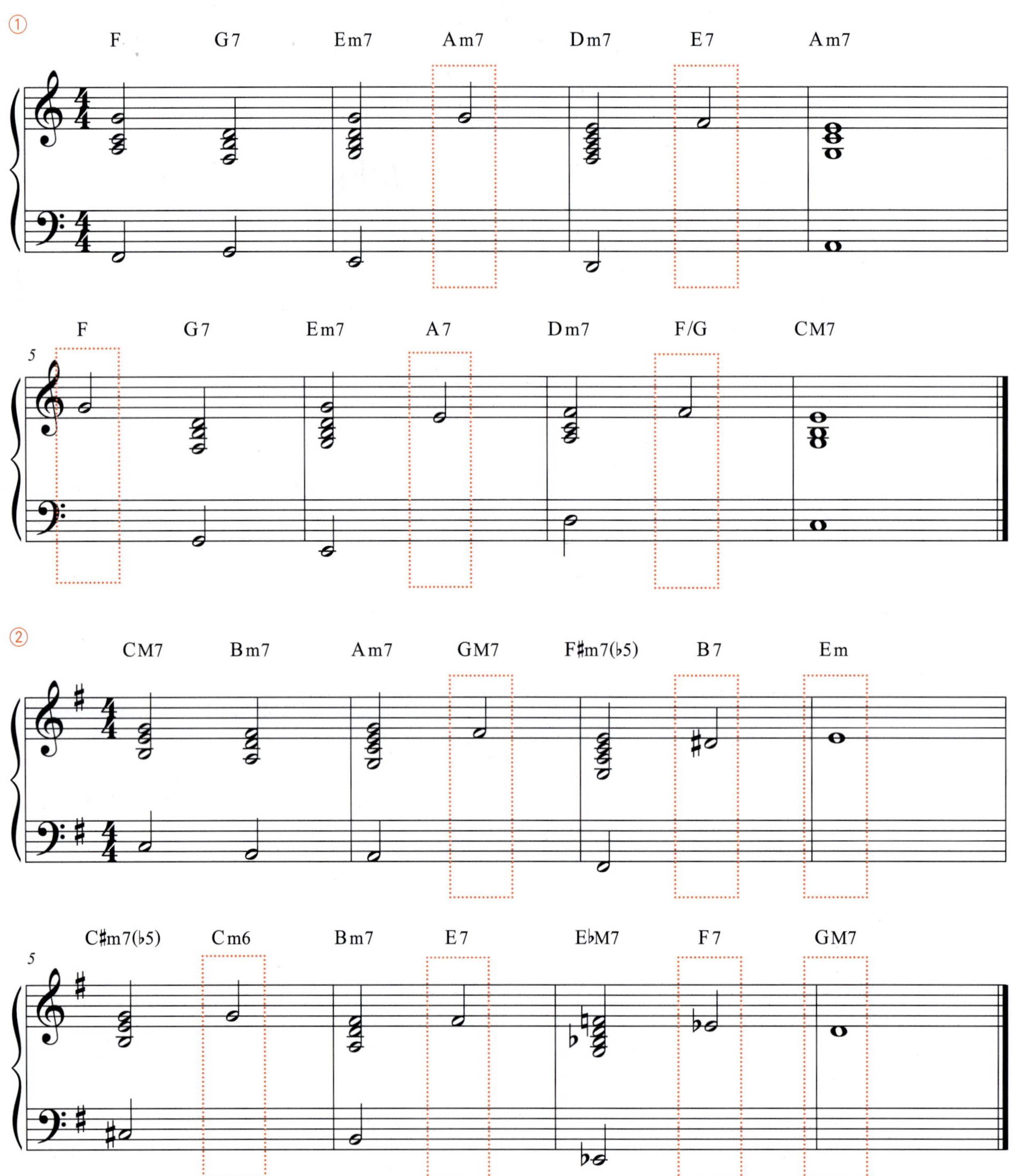

2. 주어진 음을 탑 노트로 하는 보이싱을 그린 후. 코드 구성음을 숫자로 적어보세요.

①

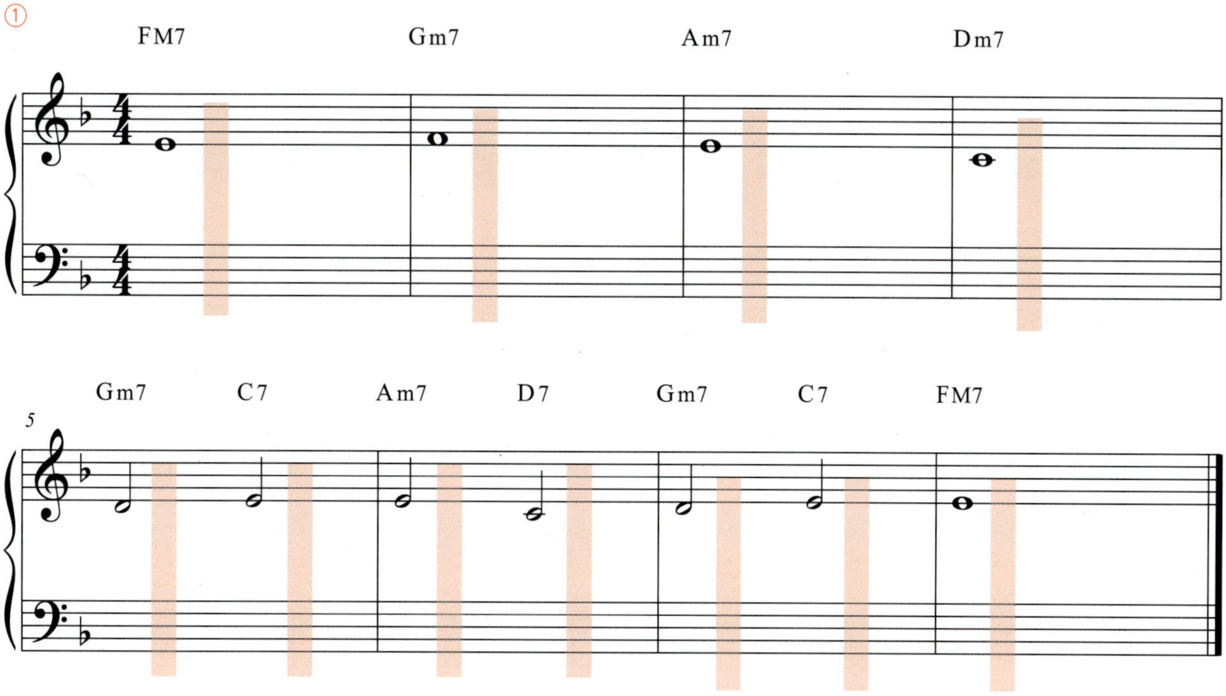

②

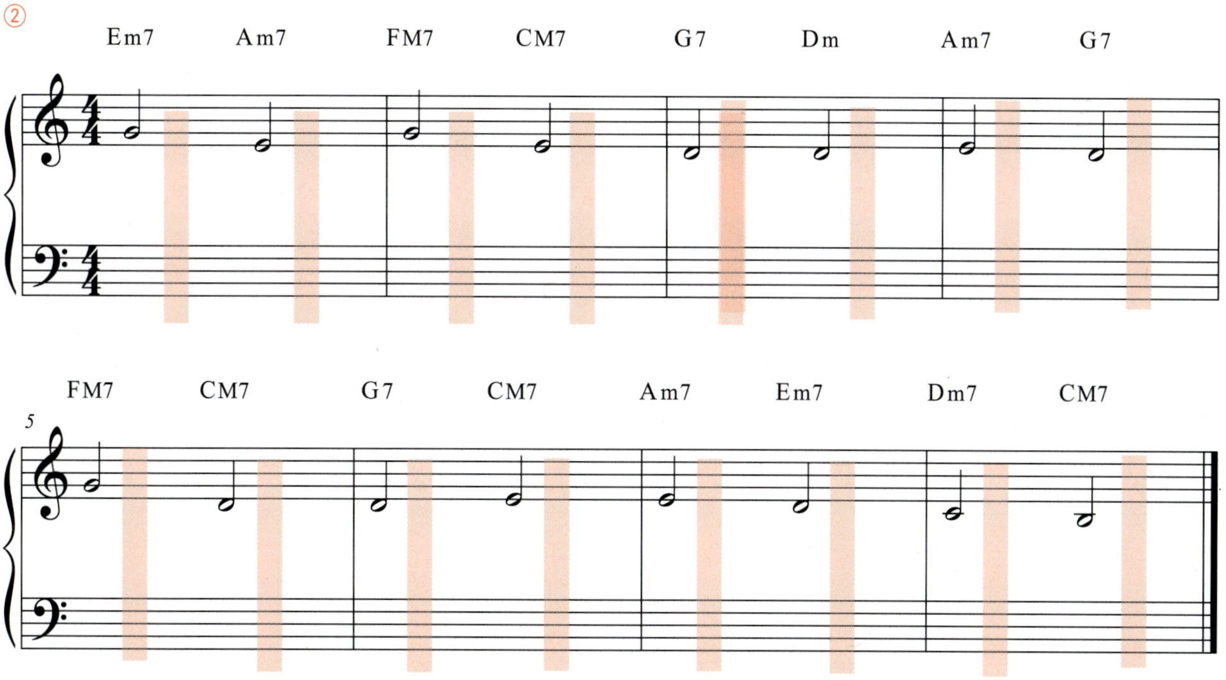

양손 보이싱

3화음은 1, 5 / 7화음은 1, 7로 잡아보세요

 왼손은 일반적으로 1음만 누른다고 생각하기 쉽지만, 경우에 따라 5음이나 7음을 함께 누르는 것도 좋은 방법입니다. 이렇게 왼손으로 두 개의 음을 누르면, 오른손의 부담이 줄어들고 전체적으로 소리를 채우는 효과도 생깁니다.

 3화음은 주로 1음과 5음, 7th 코드는 1음과 7음을 왼손으로 잡습니다. 이렇게 2개의 구성음을 왼손으로 잡을 경우, 오른손은 훨씬 여유가 생겨서, 확장된 구성음을 사용하거나 남는 손가락으로 멜로디를 연주하는 것도 가능합니다. 아래 악보처럼 주로 피아노 한 대의 역할이 중요한 발라드 장르에서 많이 사용하는 방식입니다.

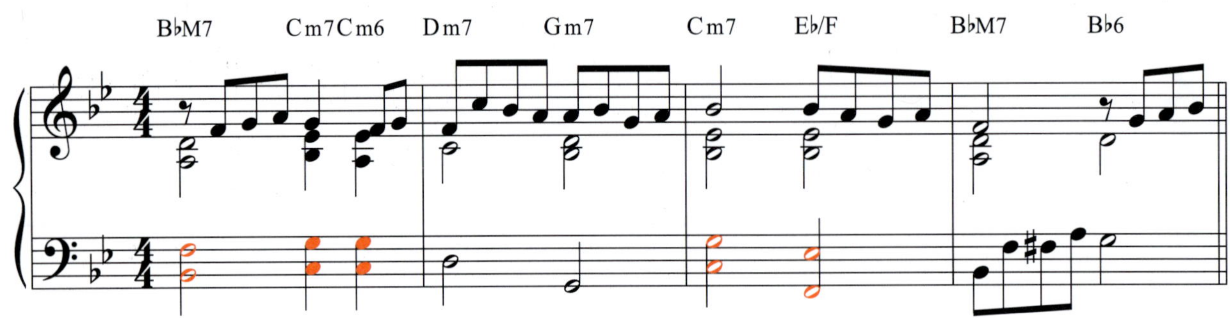

전위 코드의 양손 보이싱

전위 코드는 가장 밑에 3음이나 5음처럼 1음에 비해 불안정한 음이 옵니다. 그래서 밑에서 6도 간격을 만들어서 안정적인 사운드로 기초를 잡아주는 것이 좋습니다. 예를 들어 아래 C/E처럼 왼손 베이스로 /E를 잡고 그 위로 6도 간격인 C를 같이 잡는 것입니다.

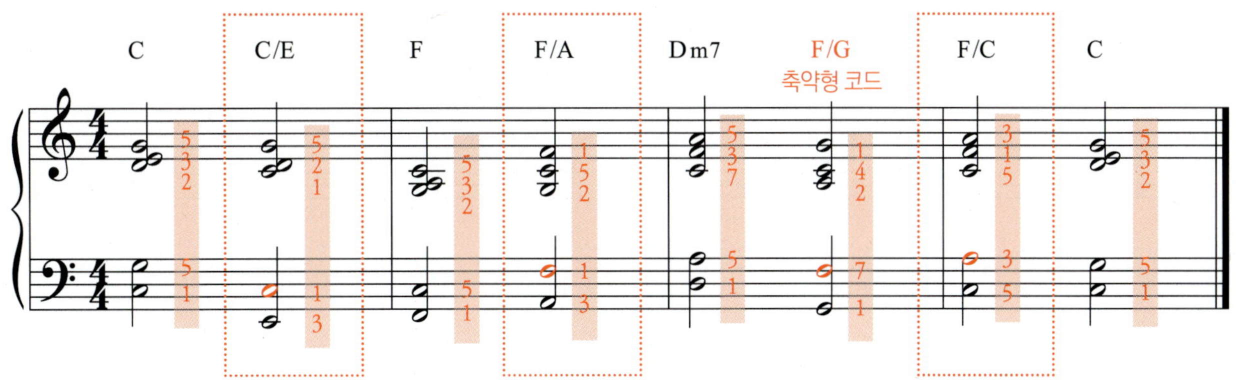

한 가지 주의할 점은 F/G 같은 축약형 코드는 표기만 전위 형태일 뿐, 실제로는 G9sus4와 같아서 7th 코드처럼 왼손으로 1음과 7음을 잡아주는 것이 좋습니다.

왼손으로 옥타브를 잡는 것은 피해주세요

반주를 처음 배우는 많은 분들이 왼손으로 옥타브 차이가 나는 1음을 동시에 누르는 경우가 있습니다. 그러나 특별한 의도가 없는 한, 이런 옥타브 보이싱은 효율이 떨어지고 전체 음역이 불필요하게 넓어집니다. 따라서 옥타브 대신 1+5음이나 1+7음을 누르는 습관을 들여보세요. 물론 곡의 분위기나 특정한 스타일을 살리기 위해 의도적으로 옥타브를 동시에 누르는 경우도 있지만, 기본적인 연습 단계에서는 1+5음 또는 1+7음으로 왼손을 누르는 게 좋습니다.

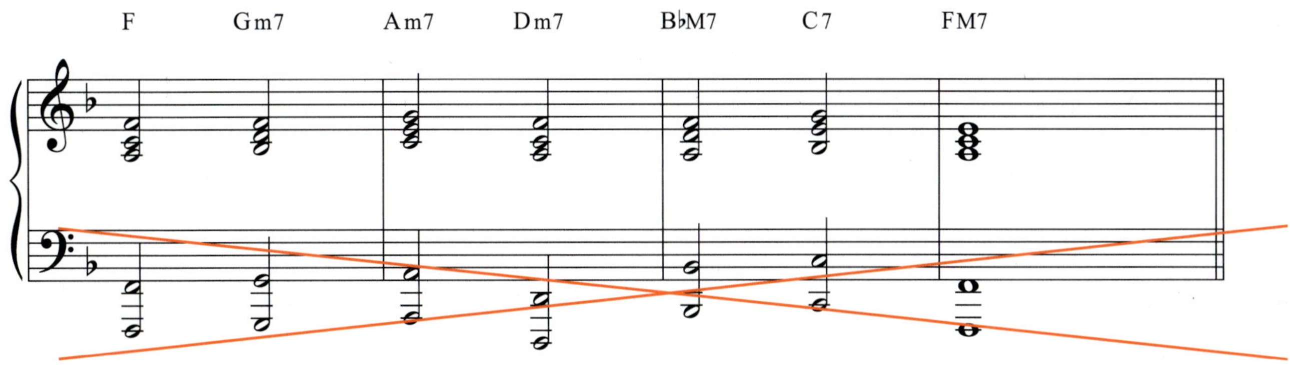

양손 보이싱 연습

1. 빈 칸에 주어진 음이 탑 노트가 되도록 양손 보이싱을 채운 후 반주해 보세요. 구성음을 숫자로 적습니다.

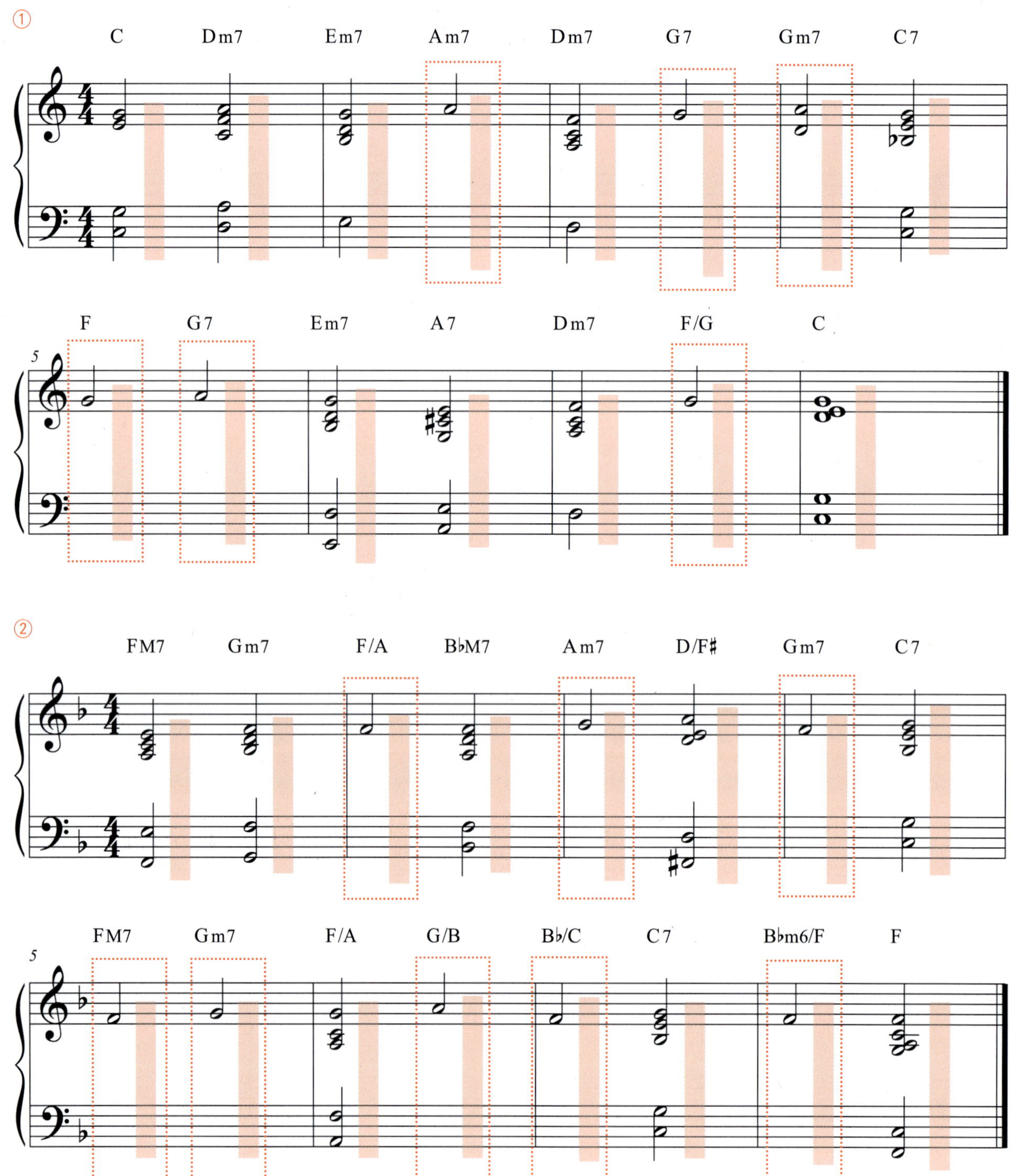

2. 주어진 음을 탑 노트로 하는 양손 보이싱을 그리고, 구성음을 숫자로 적어보세요.

①

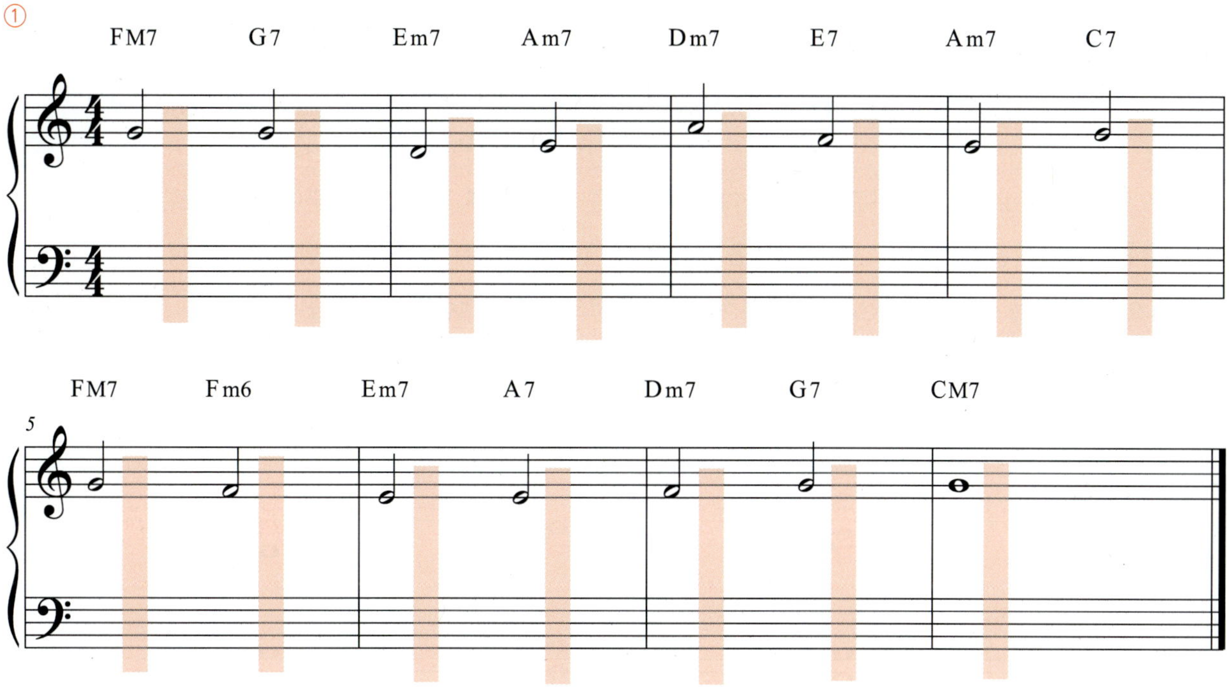

②

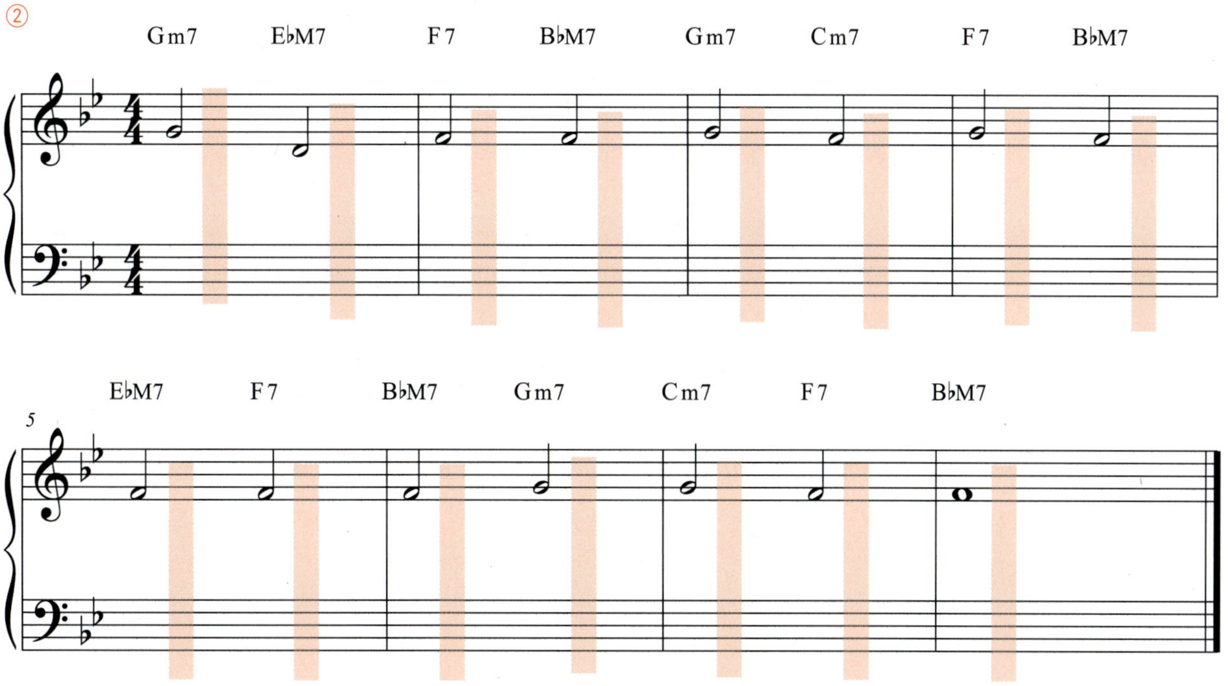

2음을 활용한 보이싱

메이저 코드에는 add2를 추가합시다

add2 또는 add9은 가장 흔하게 사용되는 텐션(Tension)입니다. 표기 그대로 2음이나 9음을 추가하는 코드로 2음과 9음은 결국 같은 음으로 옥타브 차이만 있을 뿐입니다. 대중음악에서는 보다 직관적인 add2 표기가 자주 사용됩니다.

왼손으로 1음을 누르면 자연스러운 옥타브 간격의 배음이 울리기 때문에, 오른손으로 굳이 1음을 중복해서 누르지 않아도 됩니다. 이때 남은 손가락으로 아래처럼 1음 대신 2음을 눌러주면 풍부한 사운드를 만들 수 있습니다. 단순한 조합이지만, 이렇게 2음을 추가하는 것만으로도 기본적인 메이저 코드가 훨씬 세련된 느낌을 줍니다.

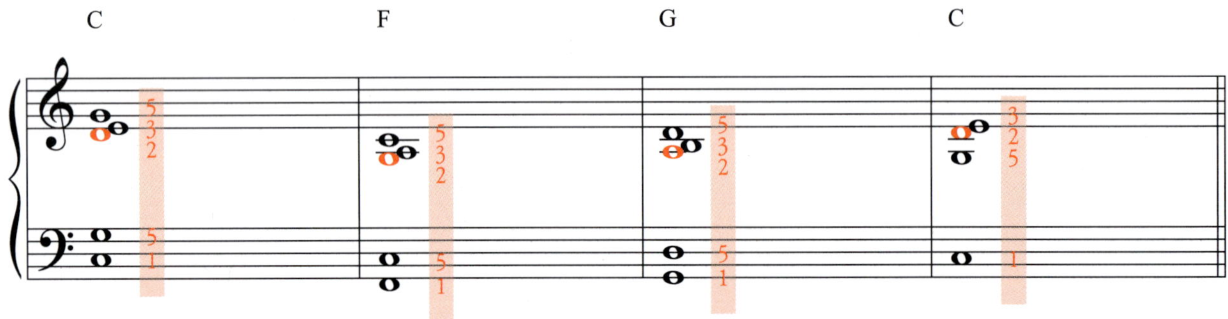

위 악보를 보면 여러 구성음을 누르면서도 1음은 딱 한 개만 사용하고 있습니다. 이런 음의 효율적인 배치를 만드는 것이 보이싱의 목표입니다. 참고로 마이너 코드는 2음을 사용할 때 주의해야 합니다. 스케일과 어울리지 않아서 부딪치는 경우가 있기 때문입니다. 이에 대해서는 텐션 파트에서 다룹니다.

1전위 코드는 3음 대신 2음을 잡습니다

전위 코드에서 배운 내용이지만, 한 번 더 정리하고 가겠습니다. 1전위 메이저 코드는 베이스가 3음이기 때문에 오른손으로 3음을 잡을 필요가 없습니다. 계속 말씀드린 음의 중복으로 인해 보이싱의 효율성이 떨어지기 때문입니다. 따라서 오른손에서는 3음 대신 2음을 눌러주면 좋습니다. 주의할 점은 1전위 코드의 왼손에는 1음이 없으니, 오른손에서는 1음을 반드시 눌러줘야 합니다.

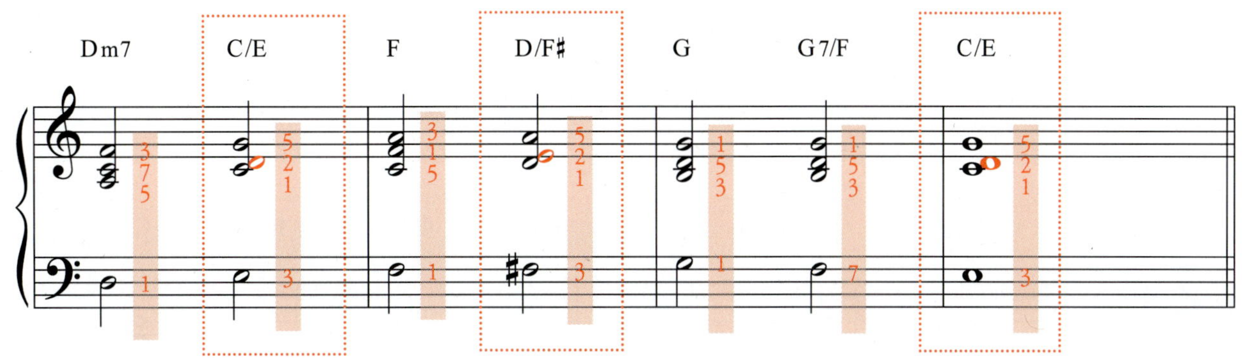

앞에서 본 메이저 코드에 2음을 추가한 것처럼 1전위 코드도 3음은 베이스로 딱 하나만 배치되어 있습니다. 결과적으로 3(왼손) + 1, 2, 5(오른손)로 보이싱하는 것입니다. 이를 1전위 코드의 보이싱 공식처럼 기억해두면 실전에서 빠르게 적용할 수 있습니다. 이처럼 보이싱에서 불필요한 음의 중복을 피하고, 꼭 필요한 음을 중심으로 구성하는 것이 좋은 소리를 만드는 핵심입니다.

2음 추가 보이싱 연습

1. 빈 칸에 주어진 음이 탑 노트가 되도록 양손 보이싱을 채운 후 반주해 보세요. 구성음을 숫자로 적습니다.

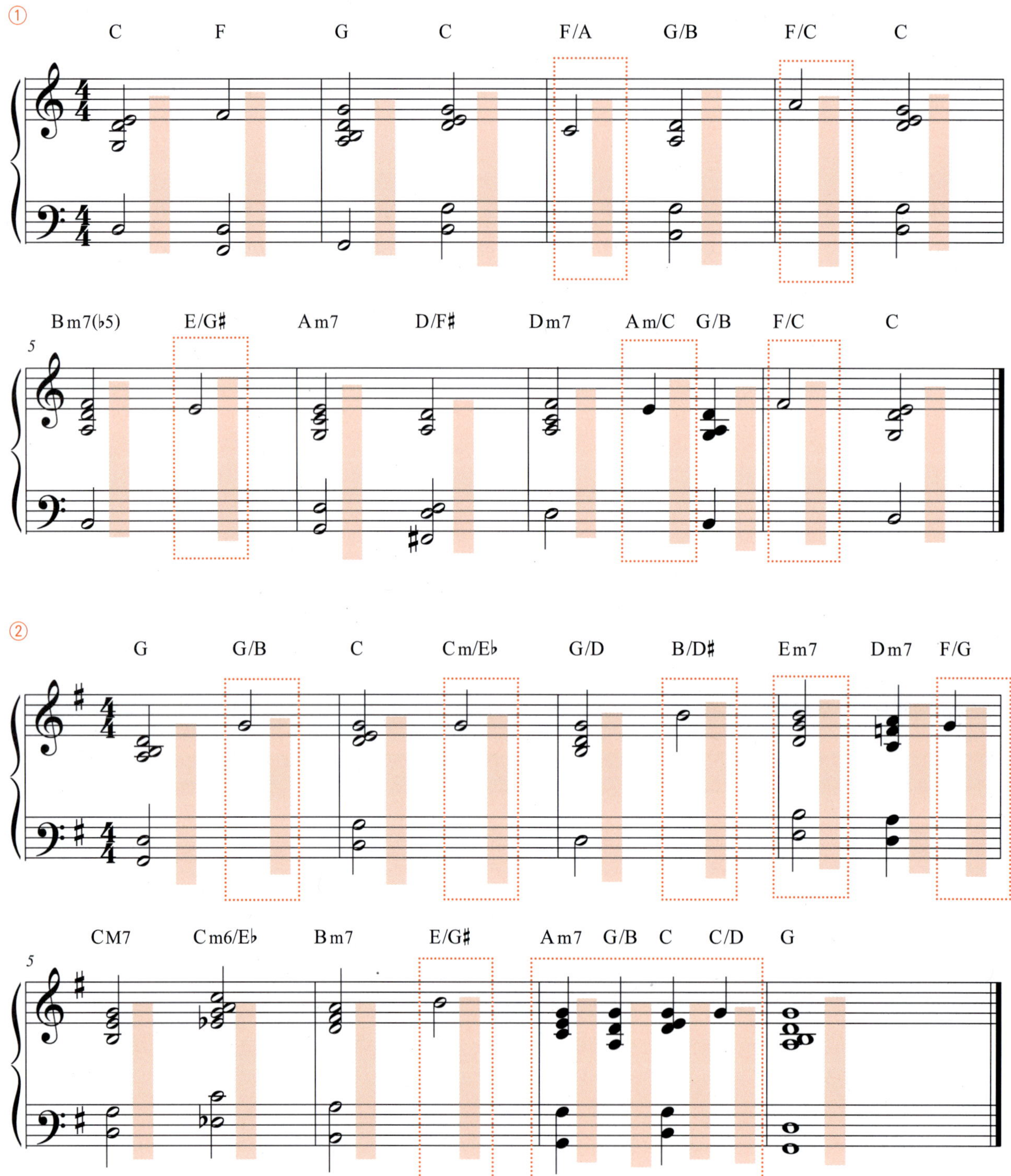

모범 답안

2. 주어진 음을 탑 노트로 하는 보이싱을 그린 후, 코드 구성음을 숫자로 적어보세요.

①

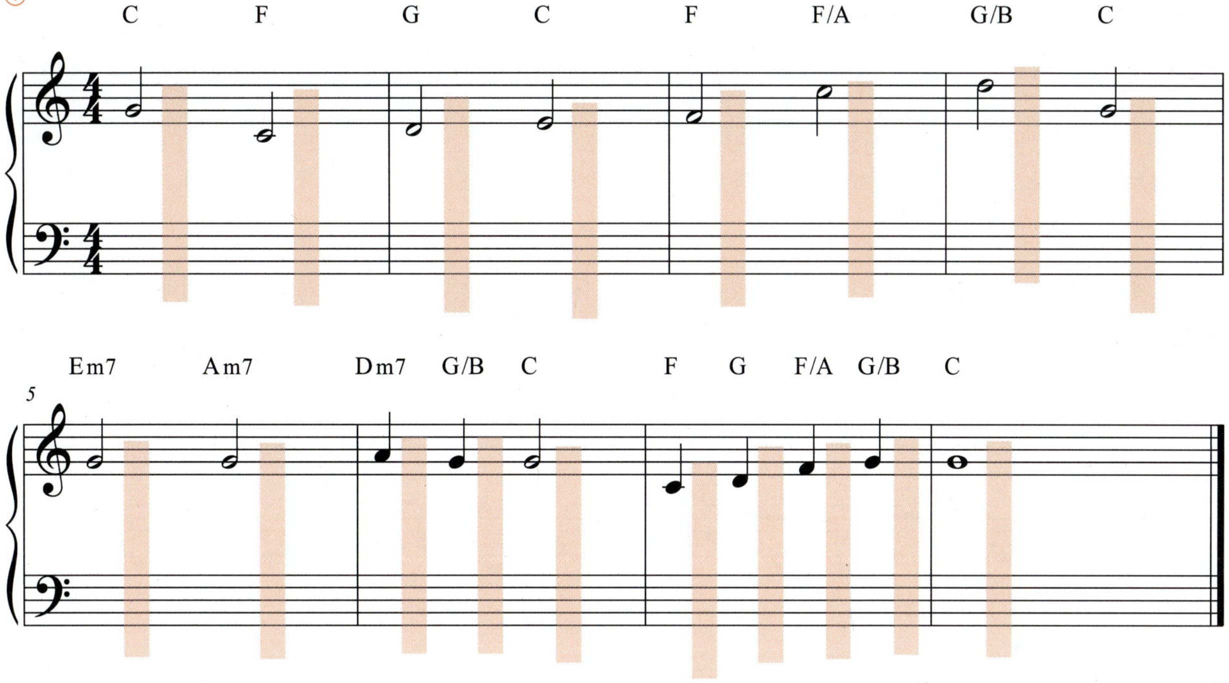
C F G C F F/A G/B C
5
Em7 Am7 Dm7 G/B C F G F/A G/B C

②

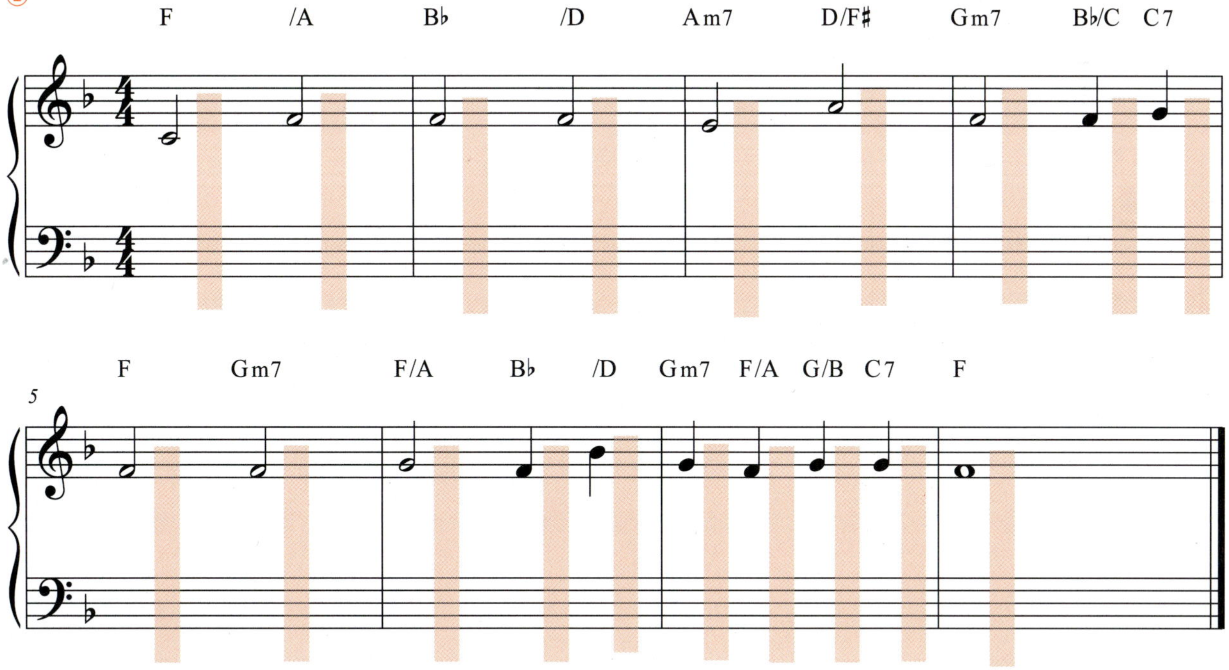
F /A B♭ /D Am7 D/F♯ Gm7 B♭/C C7
5
F Gm7 F/A B♭ /D Gm7 F/A G/B C7 F

보이싱에는 정답이 없습니다

탄탄한 기본기가 있어야 자신만의 스타일을 만들 수 있습니다

'예쁜 보이싱', '깔끔한 보이싱' 같은 추상적인 표현은 배우는 단계에서는 다소 혼란스러울 수 있습니다. 사람마다 예쁘고 깔끔하다고 느끼는 기준이 다르기 때문입니다. 대신 음정과 숫자라는 명확한 기준을 기반으로 효율적인 배치를 익히면 자연스럽게 좋은 소리가 나는 보이싱의 방향을 찾을 수 있습니다. 물론 익숙해진 후에는 어느 정도 규칙에서 벗어난 자신만의 자유로운 표현도 가능합니다. 기초가 튼튼하면 다양한 응용과 창의적인 표현을 할 수 있기 때문입니다.

이렇게 효율적인 보이싱을 찾는 연습은 좋은 반주를 만드는 데 있어 일종의 '지도' 역할을 합니다. 아래 악보처럼 보이싱을 그대로 펼치거나, 간단히 리듬만 더해도 멋진 반주로 완성될 수 있기 때문이지요.

처음에는 다소 어렵게 느껴질 수 있지만, 오선지와 펜을 사용해 한 음씩 적고 직접 눌러보는 습관을 들이면 점점 자신만의 보이싱 스타일을 찾아갈 수 있습니다. 매일 조금씩 꾸준히 연습하다 보면, 어느 날 분명히 달라진 사운드를 느끼게 될 거예요.

보이싱 종합 연습

1. 주어진 음을 탑 노트로 하는 보이싱을 그리고, 코드 구성음을 숫자로 적은 후 반주해 보세요.

① 

② 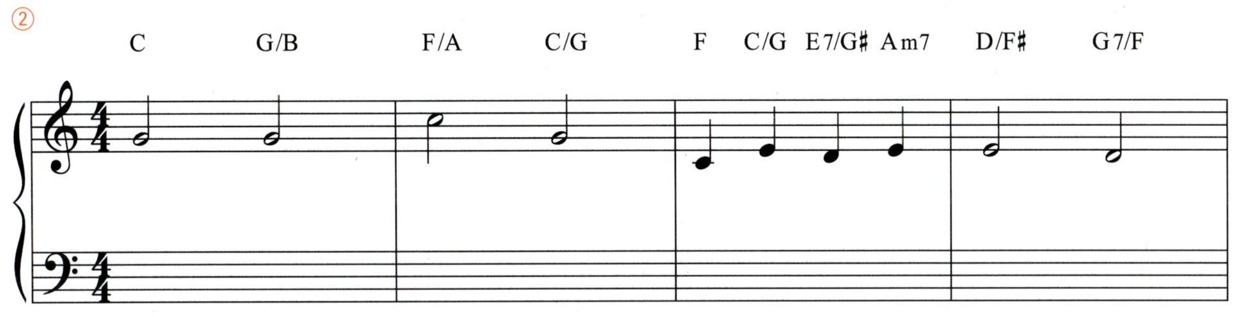

보이싱 종합 연습

2. 주어진 음을 탑 노트로 하는 보이싱을 그리고, 구성음을 숫자로 적은 후 반주해 보세요.

모범 답안

③

Gm7 F/A B♭M7 G/B F/C A/C♯ Dm7 G7
5
Gm7 F/A B♭M7 Am7 D♭M7 E♭7 B♭m6/F F

④

A♭M7 B♭7 Gm7 C/E Fm7 G7 Cm7 B♭m7 E♭7
5
A♭M7 A♭/B♭ E♭/G Cm7 F/A A♭/B♭ B♭7 EM7 E♭M7

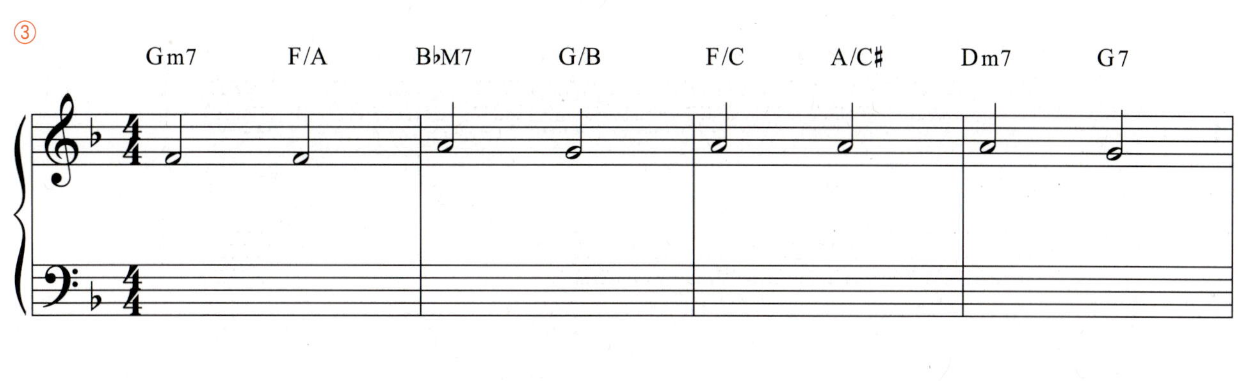

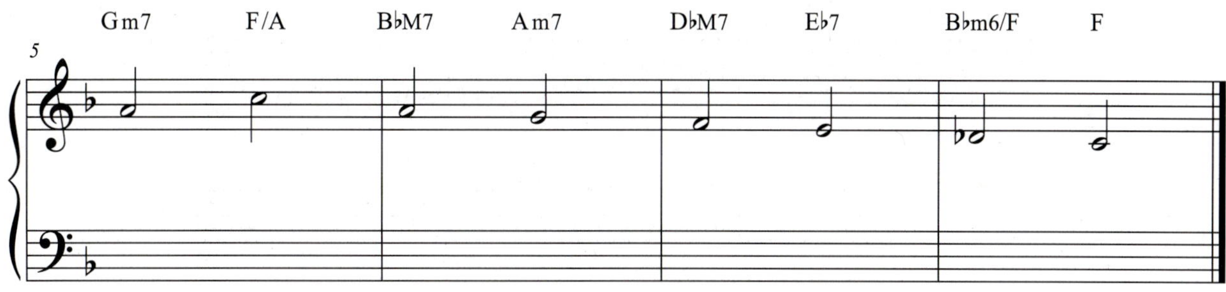

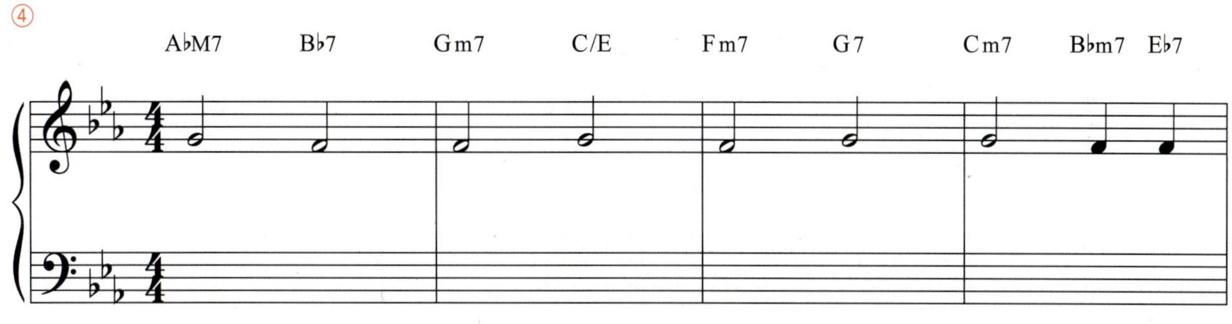

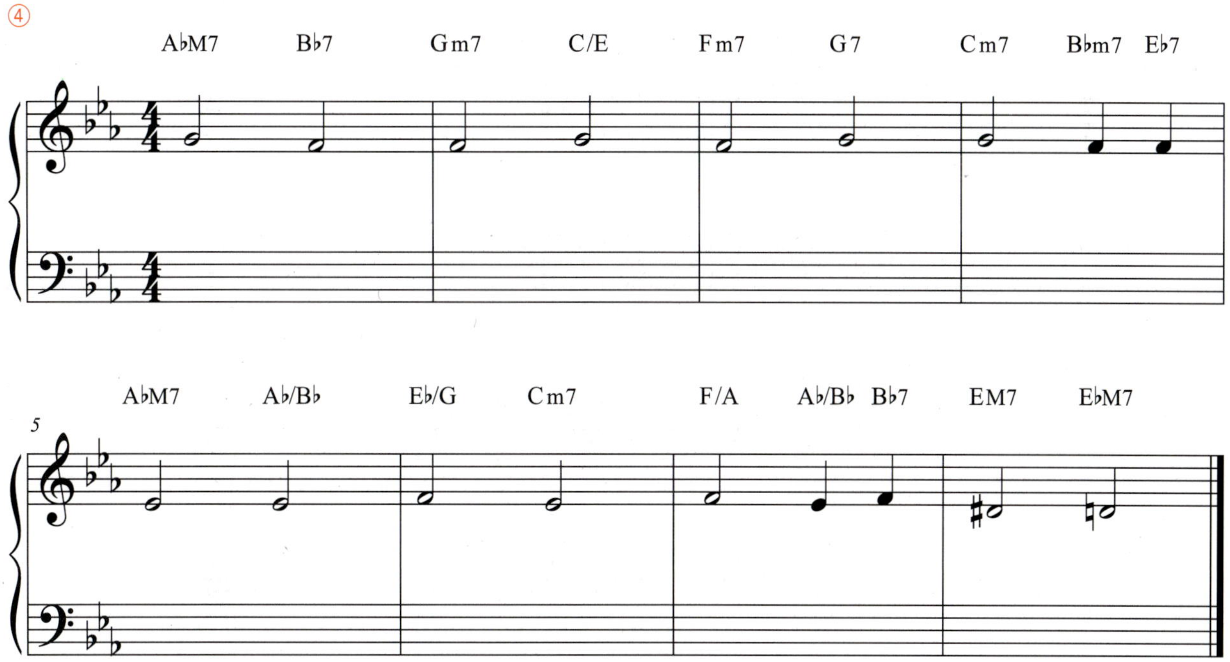

Part 5

반주와 리듬의 연관성

5-1. 나는 정말 박치일까?

5-2. 기초 중의 기초, 기본 중의 기본 4 Beat

5-3. 아르페지오의 시작, 8 Beat

5-4. 쪼개진 리듬 만들기, 16 Beat

5-5. 스트레이트가 아닌 바운스, 셔플(Shuffle) 리듬

나는 정말 박치일까?

반주와 리듬, 그 대표적인 오해들

흔히 '나는 박치야'라고 말하는 분들이 많습니다. 단어 그대로 박자 감각이 거의 없다는 이야기지요. 하지만 간단한 테스트를 해보면, 대부분은 실제로 큰 오해라는 것을 알 수 있습니다. 음악에서 리듬을 구성하는 요소는 크게 두 가지입니다. 하나는 일정한 박자를 유지하는 능력, 또 다른 하나는 그 박자를 더 세밀하게 나누는 능력입니다. 만약 정말로 박치라면, 이 두 가지 능력이 모두 현저하게 떨어지는 경우입니다.

가장 간단한 리듬감 테스트는 시계를 활용하는 방법입니다. 스톱워치를 켜고 화면을 보면서 10초까지 센 다음, 화면을 안 보고 다시 1분을 세는 것입니다. 시계를 멈췄을 때, 1분에 가까울수록 정확한 박자 감각이 있는 것이죠. 그런데 이렇게 해보면 5초 이상 차이 나는 사람은 매우 드뭅니다. 1분을 60으로 나눈 60 BPM(Beat Per Minute)이 사람의 심장 박동과 비슷한 속도이기 때문입니다. 즉, 사람은 특별히 의식하지 않아도, 일정한 박자를 유지하는 셈이지요.

그럼에도 많은 분이 박치라고 느끼는 원인은 이런 리듬을 직접 연주하거나, 악보를 보고 합주나 노래를 해본 경험이 부족하기 때문입니다. 어렵다기보다는 단지 '낯선' 것에 가까워요. 하지만 반주는 눈으로 보는 공부보다는 몸으로 체득하는 과정인 것을 기억한다면, 충분히 할 수 있을 거예요. 이미 정확한 메트로놈이 몸속에서 계속 뛰고 있으니까요. 60 BPM을 악보로 표현하면 아래처럼 됩니다.

4분음표를 한 마디에 4번 ♩ = 60 속도로 누르니, 결과적으로 1초에 1번 음표를 연주하는 것입니다.

이때 만약 8분음표로 바뀌어서 한 마디에 8번을 친다면 1초에 2번 연주하게 됩니다. 이렇게 일정한 박자 안에서 얼마나 세밀하게 나누어 연주하느냐의 차이만 있을 뿐입니다. 정확한 원리만 알고 있다면 누구든지 충분히 리듬감을 기를 수 있습니다. 반주에서 리듬 연습은 '정확한 박자를 유지하는 것'과 '박자를 나누는 것'이라는 두 가지 개념만 기억해도 연습 방향을 잘 잡을 수 있습니다.

그럼 코드 반주의 기본 리듬이자 가장 중요한 리듬인 4 비트(4 Beat)부터 알아보겠습니다.

기초 중의 기초, 기본 중의 기본 4 Beat

4 Beat 리듬이란?

4 Beat란, 4분음표 중심의 반주를 말합니다. 4분음표는 이름 그대로 한 마디를 사분(四分), 네 개로 나눈 음표입니다. 저는 어릴 적에 4분음표가 2분음표보다 짧은 것이 이해가 되지 않았는데, 한자를 보고 그 의미를 정확히 알 수 있었습니다. 건반 반주에서 가장 기본이자 중요한 리듬 연습은 4 Beat로 코드를 누르는 것입니다. 정확한 구성음을 잘 배치했다면, 4 Beat만으로도 효율적이고 튼튼한 사운드를 만들수 있습니다.

4 Beat 반주는 아래처럼 오른손을 이용해 4분음표 중심으로 코드를 누릅니다. 단순하고 깔끔한 주법이라 활용도가 매우 높습니다. 음악 전체의 골격을 담당할 뿐만 아니라, 코드의 구성음이 동시에 울리는 힘 있는 반주이기도 합니다. 단조롭게 느껴질 수 있지만, 정확한 박자와 강세를 유지하는 것만으로 다른 악기나 보컬이 편안하게 연주할 수 있는 기반이 됩니다. 여리게 치면 도입부에서, 세게 치면 후렴구에서 두루 잘 어울립니다.

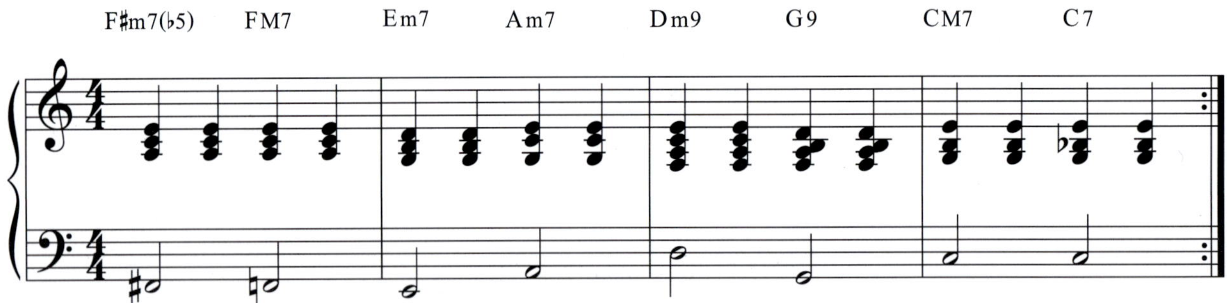

4 Beat 리듬의 강세

우리가 흔히 듣는 대중음악의 대부분은 4/4 박자 구조로 이루어져 있고, 1박과 3박에 강세를 주는 '강-약-중강-약'의 구조입니다. 이때 강박은 '쿵', 약박은 '짝'이라고 표현할 수 있어요. 2박과 4박은 상대적으로 약한 박자이지만, 스네어나 피아노가 이 부분에 약한 강세를 주며 리듬의 균형을 맞춰줍니다.

반면 스윙 재즈나 R&B처럼 리듬 중심의 장르는 2박과 4박을 크게 강조하는 경우가 많습니다. 이처럼 강세의 배치에 따라 음악의 분위기와 흐름이 전혀 다르게 느껴질 수 있습니다.

1박		2박		3박		4박	
		짝				짝	
쿵				**쿵**	**쿵**		

록 음악 강세

1박			2박			3박			4박		
			칩						**칩**		
치					치	치					치

스윙 재즈의 강세

4 Beat 반주는 단순하지만 전체 음악의 골격을 잡고, 타악기나 보컬이 안정적으로 표현할 수 있도록 도와주는 든든한 반주의 형태입니다.

왼손 리듬 응용

4 Beat 반주는 왼손으로 리듬을 응용할 수 있습니다. 가장 흔한 방법은 근음을 한 번만 누르거나, 두 번으로 나눠 누르는 것입니다. 특히 합주 상황에서는 이 두 가지 방식만으로도 훌륭한 리듬이 됩니다.

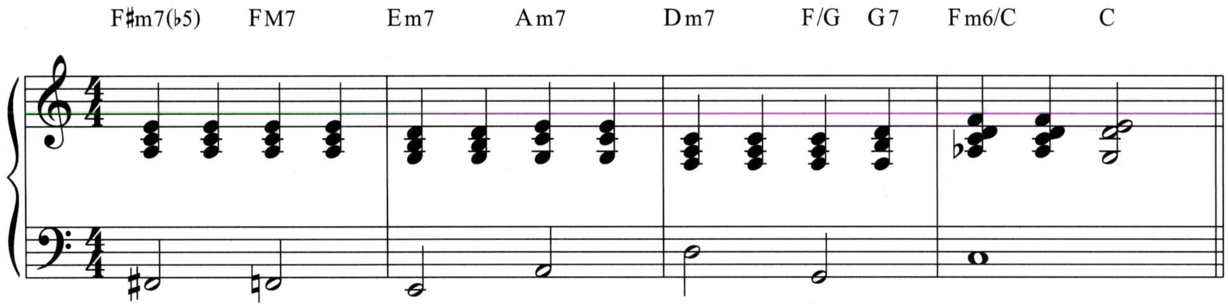

또한 아래처럼, 다양하게 왼손 리듬을 나눠 누를 수도 있습니다. 특히 빌드 업할 때 왼손 리듬을 응용하게 됩니다.

4 Beat 왼손 리듬 응용

이런 리듬 응용은 송 폼이나 반주자의 해석에 따라 선택이 가능합니다. 하지만 왼손 리듬 응용이 4 Beat 반주의 핵심은 아닙니다. 오히려 정확한 강세와 박자를 잘 유지하는 것이 왼손의 응용보다 더 중요합니다.

메트로놈을 이용해서 박자감 유지하기

제가 생각하는 4 Beat 반주 연습에서 가장 중요한 것은 정확한 박자 감각입니다. 아무리 코드 소리가 예쁘고 좋은 라인이 곳곳에 있어도, 정박보다 빨라지거나 느려지는 반주는 합주를 어렵게 만듭니다. 특히 초보자는 코드가 바뀌는 타이밍에 박자를 놓치기 쉬우며, 어느 정도 익숙해진 사람이라도 조급해져서 음악의 템포가 점점 빨라지는 경우가 자주 발생합니다. 시작할 때와 끝날 때의 속도가 완전히 달라지는 경우도 종종 있지요. 그래서 메트로놈이나 드럼 트랙을 들으며 연습하는 것이 매우 효과적입니다.

그리고 리듬 연습 초반에는 특히 페달 사용을 최대한 줄이는 것이 좋습니다. 반주를 하면서 페달에 의존하게 되면, 손을 빨리 떼는 습관이 생기기 쉽기 때문입니다. 반면 페달 없이 손가락만으로 음을 충분히 유지하는 연습을 하면, 나중에 음의 길이를 자유롭게 조절하는 데 큰 도움이 됩니다. 예를 들어, "밥 먹었어"라는 문장도 끝을 올리느냐 내리느냐에 따라 질문이 되기도 하고 대답이 되기도 하듯, 건반을 언제 어떻게 떼느냐도 음악적 표현에서 매우 중요한 요소입니다. 8분음표 길이에 맞춰 뗄 수도 있고, 그보다 더 길거나 짧게 뗄 수도 있습니다. 단순히 박자를 맞추는 것을 넘어서, 곡의 분위기와 흐름에 맞춰 건반에서 손을 떼는 타이밍까지 고려해야 4 Beat 반주가 살아납니다.

이번 파트의 연습은 특히 드럼 비트를 들으며 해야 합니다. 연습 악보 왼쪽의 QR 코드에 접속해서 드럼 비트를 틀어 놓고 정확한 박자로 연습하기 바랍니다.

Practice
4 Beat 리듬 연습

1. QR 코드에 접속해서 드럼 비트를 들으면서 아래 악보를 4 Beat로 연습해 보세요.

①

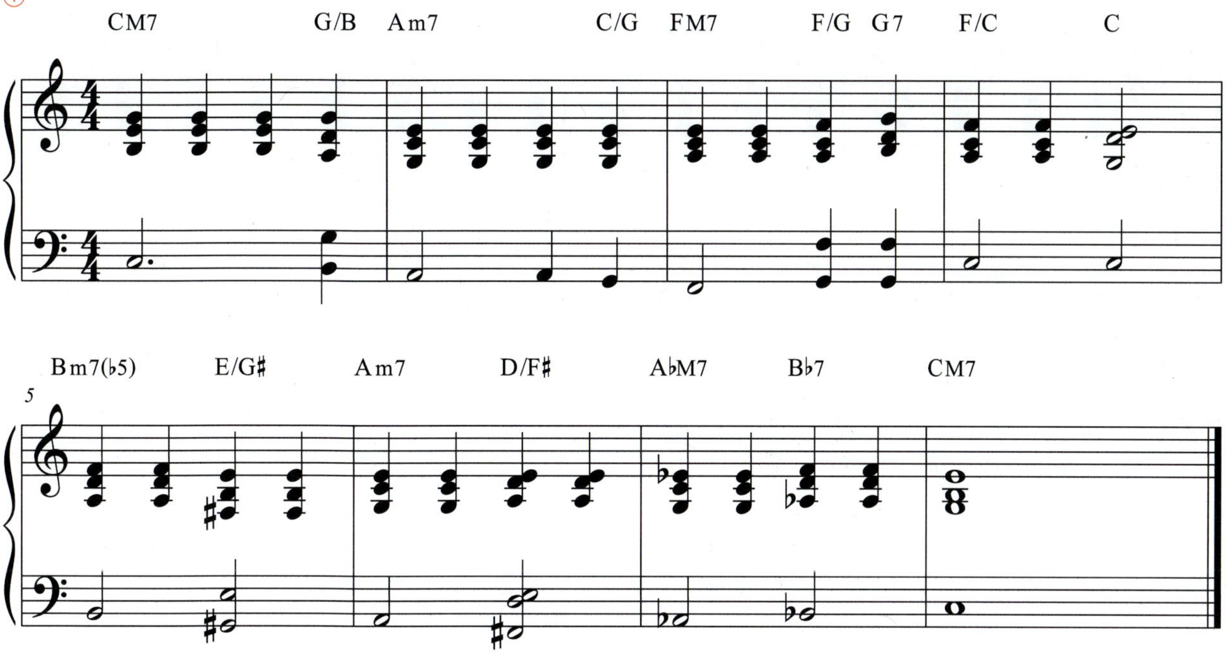

②

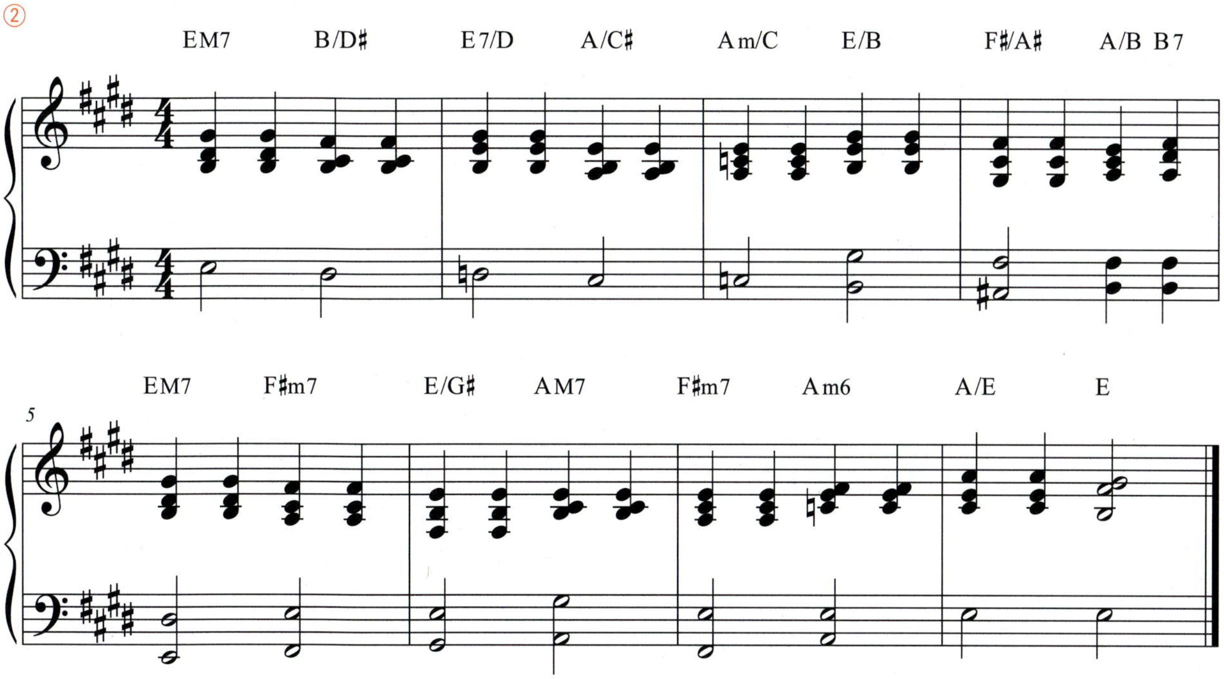

Practice
4 Beat 리듬 연습

1. 왼손 리듬 변화에 주의하면서 반주해 보세요. 드럼 비트를 들으며 Bpm 60, 80, 110으로 연습합니다.

①

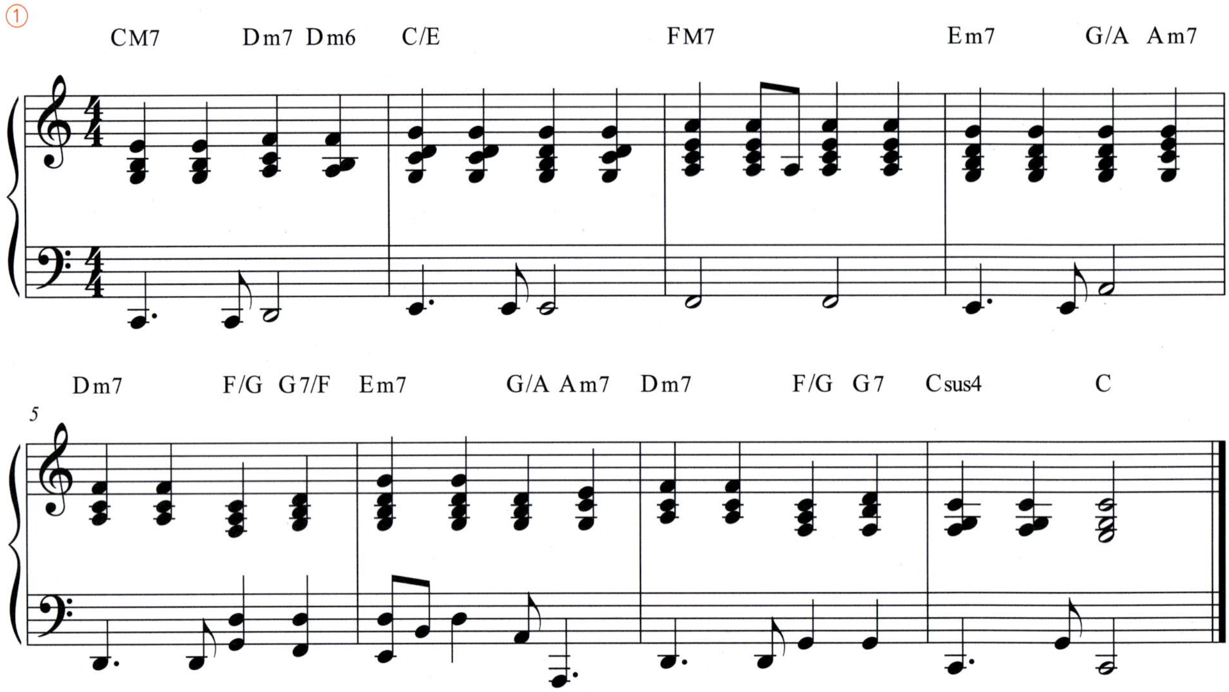

②

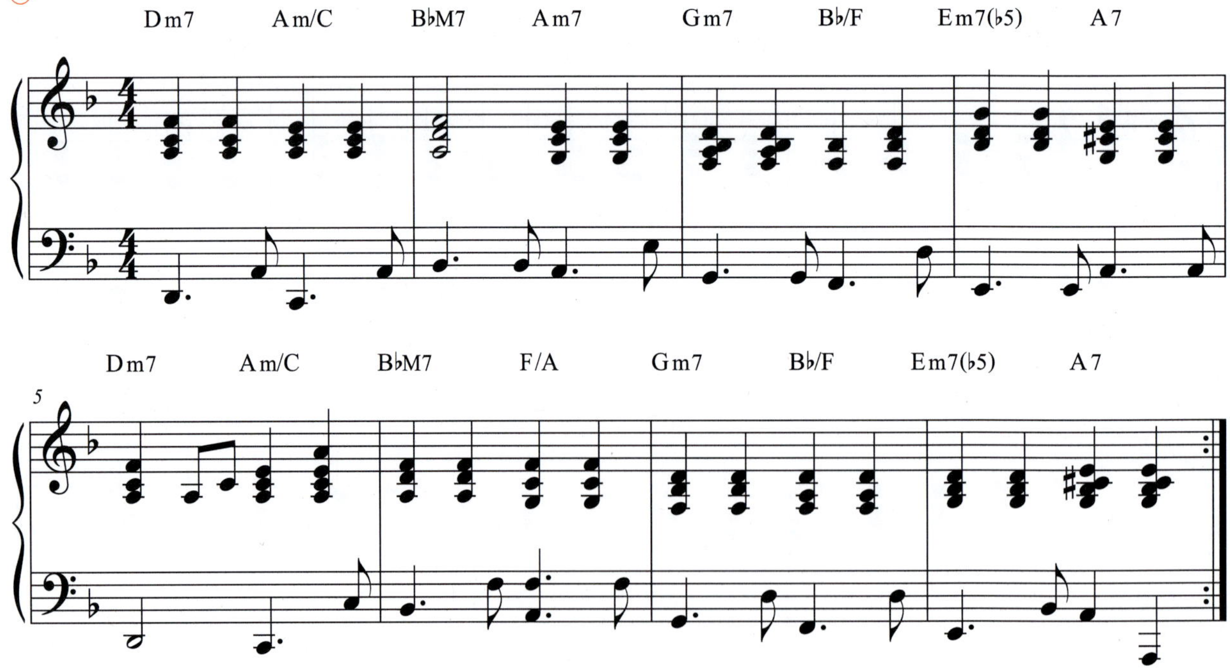

네 걸음의 시작

아르페지오의 시작, 8 Beat

8 Beat는 팔분(八分)음표가 중심이 되어 한 마디를 8개로 나눈 리듬 구조입니다. 4 Beat에 비해 더 세분화된 리듬을 만들 수 있어, 보다 자유롭고 다채로운 연주가 가능합니다. 8 Beat 역시 음을 동시에 누르는 방식으로 연주할 수 있지만, 코드 반주에서는 주로 아르페지오 형태로 많이 사용됩니다.

아르페지오란?

'펼침 화음'을 의미하는 아르페지오(Arpeggio)는, 코드의 구성음을 순서대로 하나씩 펼쳐서 연주하는 기법입니다. 이렇게 음을 순차적으로 나열해 연주하면 보다 화려하고 유연한 소리를 낼 수 있습니다. 보통은 왼손으로 연주하지만, 오른손으로 활용하는 것도 얼마든지 가능합니다.

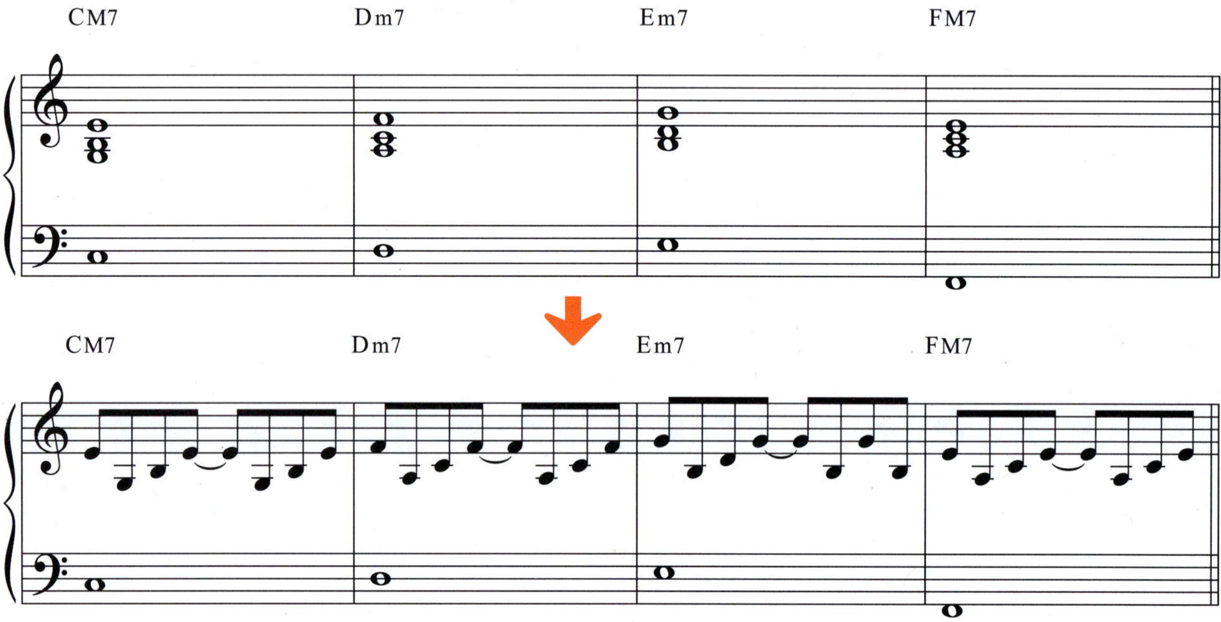

아르페지오를 만드는 방법

아르페지오를 만들 때 정해진 순서가 있는 것은 아니지만, 처음에는 코드의 높은음을 시작점으로 삼는 패턴으로 연습해보는 것이 좋습니다. 헷갈리지 않고 선명한 라인을 따라가기 쉬우며, 청각적으로도 안정된 인상을 주기 때문입니다. 즉, 잘 들리는 탑 노트를 시작으로 음을 아래로 펼치고 다시 위로 올라가는 구조가 기본입니다.

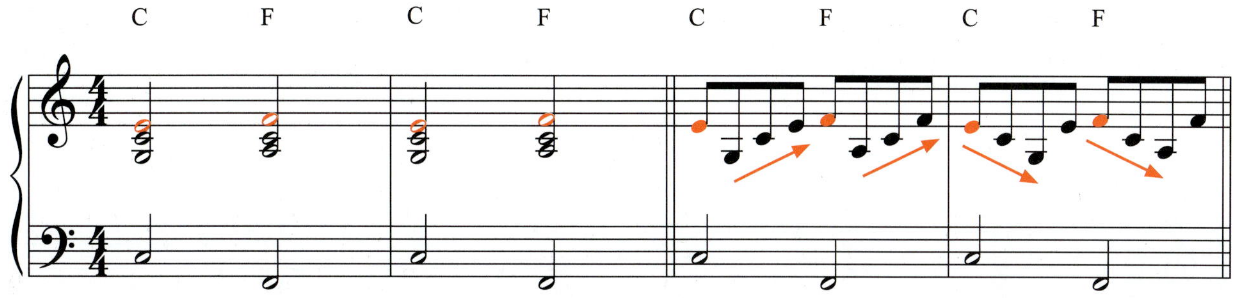

위 악보는 동시에 누르는 코드를 아르페지오로 펼쳐본 것입니다. 자리바꿈한 코드의 탑 노트로 시작하여 아래 음부터 차례로 누르고 다시 탑 노트로 마무리하는 방식입니다. 아래 악보처럼 4 Beat와 아르페지오를 조합하는 것도 아주 좋은 반주법입니다. C/E처럼 전위 코드의 경우 베이스 음을 가장 먼저 눌러줍니다.

158 대신 157 또는 159를 눌러봅시다

가장 흔한 아르페지오 주법은 아래처럼 왼손으로 코드의 1-5-8음을 펼치는 형태입니다. 그러나 8음에 해당하는 도는 밑에서 한 번 연주한 음이기 때문에 효율성 면에서는 좋지 않습니다. 배음(Overtone)으로 이미 울리고 있는 음이기도 하고요. 물론 8음을 연주한다고 해서 틀린 것은 아닙니다.

그래서 8음 대신 근처에 있는 7음이나 9음을 사용하면 좋습니다. 중복 음도 아니면서, 음악적으로는 더 많은 긴장감과 개성을 주기 때문입니다. 가요 반주에서 특히 자주 활용되는 정말 유용한 주법입니다.

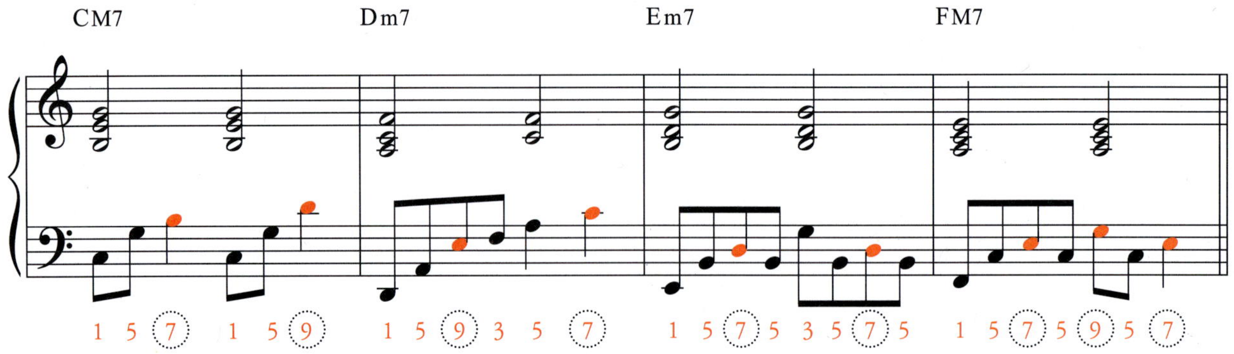

오른손 4 Beat + 왼손 아르페지오

아래 악보처럼 오른손으로는 4 Beat를 눌러주고, 왼손으로는 아르페지오 형태로 8 Beat를 연주하는 방식도 매우 유용합니다. 두 주법의 장점을 결합한 방식으로, 안정적인 리듬감과 풍성한 사운드를 동시에 얻을 수 있습니다. 글로만 보면 복잡해 보일 수 있지만, 실제로는 양손으로 하나의 코드를 나누어 연주하는 것이기 때문에 충분히 단순하고 익히기 쉽습니다.

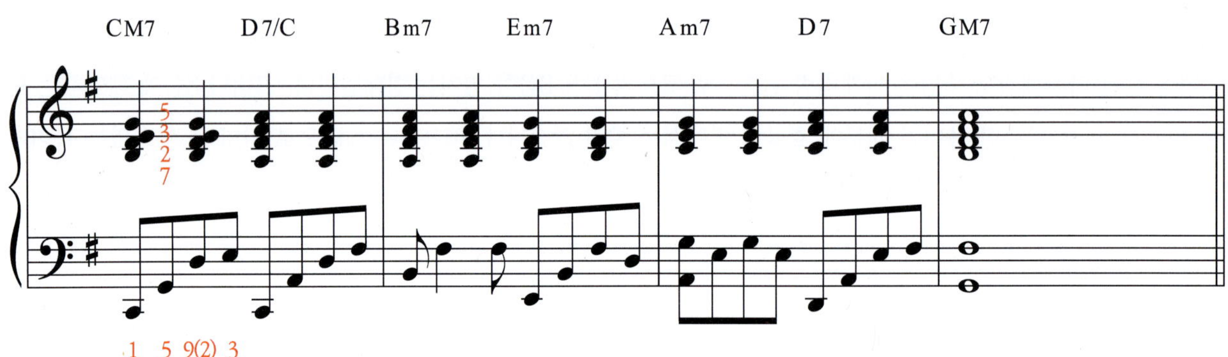

양손 연결

조금 익숙해지면, 왼손의 아르페지오 라인을 오른손으로 자연스럽게 이어가는 것도 좋은 연습 방법입니다. 예를 들어 9, 11, 13과 같은 텐션음을 아르페지오로 펼쳐서 오른손에서 마무리하거나 강조하는 식으로 사용하면 훨씬 더 확장된 보이싱이 됩니다. 숫자에 기반한 화성 이해가 반주 실전에서도 자연스럽게 확장되는 셈입니다.

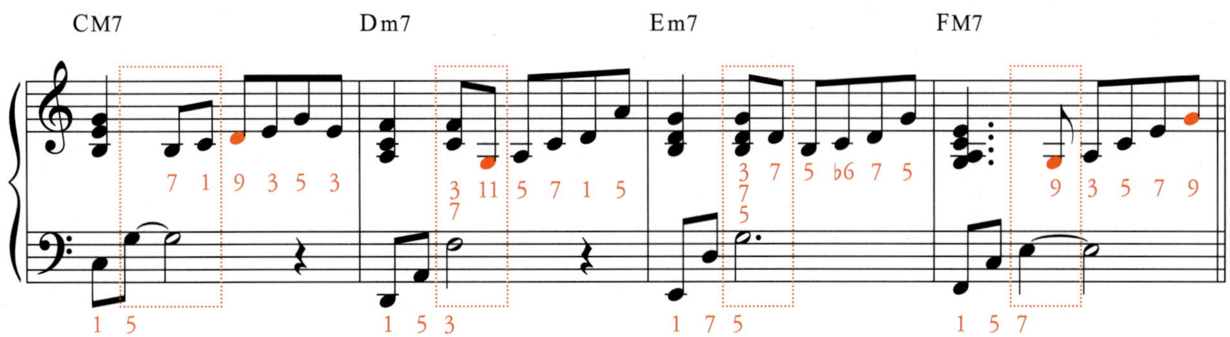

이런 아르페지오 방식은 4 Beat처럼 박 단위로 묶는 형식이 아니기 때문에, 훨씬 더 유연하고 편안하게 흘러가는 느낌의 반주를 만들 수 있습니다. 자유로운 흐름과 감성적인 표현이 필요한 곡에 특히 잘 어울리는 방식입니다.

8 Beat 리듬 연습

1. 먼저 첫 마디처럼 구성음을 적고 8 Beat 아르페지오를 연습해 보세요.

아르페지오 스텝

박터틀 작곡

16 Beat란?

16 Beat에서의 16분음표는 한 마디를 16개로 쪼갠 리듬 단위입니다. 8분음표보다 더 세분화된 길이로, 빠르고 섬세한 리듬을 만들어낼 수 있습니다. 8 Beat처럼 아르페지오 형태로도 반주할 수 있습니다.

우리가 흔히 상상하는 16 Beat는 위 악보처럼 높낮이가 다양하고 화음이 복잡하게 들어간 것일 수 있지만, 이러한 방식은 오히려 멜로디를 방해하는 결과를 낳을 수 있습니다. 피아노 반주의 가장 중요한 목적은 보컬이나 주요 악기를 받쳐주는 것입니다. 따라서 오히려 아래처럼 간결하고 반복적인 리듬으로 중심을 잡아주는 편이 좋습니다.

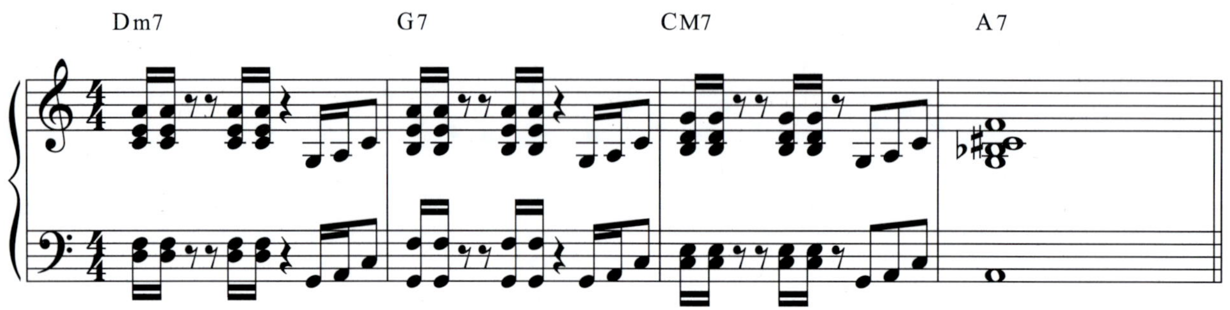

16 Beat 연습법

16 Beat는 처음부터 복잡한 패턴을 만들기보다는, 간단한 패턴부터 시작하는 것이 좋습니다. 중요한 점은, 아무리 세분화된 음표라도 여전히 4분음표 단위로 묶인다는 사실을 기억하는 것입니다. 한 마디 안에 4분음표가 네 번 반복되고, 각각의 4분음표가 16분음표 4개로 나뉜다고 이해하면 됩니다. 예를 들어 아래 2박자 패턴을 생각해 봅시다. 표를 보면서 왼손과 오른손으로 무릎을 가볍게 두드려보세요. 이 단순한 동작이 바로 16 Beat 패턴 연습의 출발점입니다.

1박				2박			
오			오			오	
	왼	왼		왼	왼		왼

피아노도 해머가 현을 때리는 타악기와 원리가 비슷합니다. 16 Beat 리듬은 타악기적인 원리를 적극적으로 활용한다고 생각하면 쉽습니다. 여기서 강세 음은 오른손이 담당한 구간입니다. 위의 표를 악보로 옮기면 아래 같은 형식이 되지요.

오른손이 리듬의 뼈대를 담당하기 때문에, 왼손이 비어 있어도 큰 차이가 없습니다. 왼손이 가볍게 쳤던 공간을 상대적으로 저음이라 생각하면, 아래처럼 코드의 구성음을 채워주는 것이 가능합니다. 음표의 개수는 늘어났지만, 강세가 들어가는 음의 위치는 그대로 유지되고 있습니다. 결국 16 Beat 연주의 핵심은 많은 음을 넣는 것이 아니라, 정확한 위치에 안정적인 리듬을 유지하는 것입니다. 이것을 반드시 기억하세요.

16 Beat 아르페지오

　16 Beat 아르페지오도 기본 원리는 8 Beat 아르페지오와 같습니다. 다만 음표 수가 많아졌기 때문에, 위아래로 지나치게 오르내리기보다는 일정한 리듬 패턴을 유지하는 것이 좋습니다.

　이렇게 아르페지오를 만들다 보면, 짧은 멜로디 패턴이 반복되는 형식이 자주 등장하게 됩니다. 이와 같은 반복되는 리듬 패턴을 '리프(Riff)'라고 부릅니다. 좋은 리프를 만드는 감각은 곡을 들을 때 '이 노래에 리프가 있는가?'를 유심히 살펴보는 것부터 시작합니다. 자주 듣고 관찰하는 습관을 들여 보세요. 훌륭한 반주 감각을 기르는 밑거름이 됩니다.

Practice
16 Beat 리듬 연습

1. 리듬 패턴에 주의하면서 아래 16 Beat 아르페지오를 연습해 보세요.

Practice
16 Beat 리듬 연습

1. 정확한 박자와 음의 길이에 주의하면서 아래 16 Beat 반주를 연습해 보세요.

일단 쪼개보는 16 Beat

박터틀 작곡

스트레이트가 아닌 바운스, 셔플(Shuffle) 리듬

바운스 리듬이란?

리듬은 크게 스트레이트와 바운스(Bounce) 리듬으로 나뉩니다. 스트레이트 리듬은 이름 그대로 반듯하고 고른 박자로, 아래처럼 8분음표를 균등하게 연주합니다.

반면 바운스 리듬은 마치 공이 통통 튀는 느낌처럼, 리듬의 간격이 불규칙하게 들립니다. 대표적인 바운스 리듬인 셔플(Shuffle)은 8분음표를 아래처럼 3연음의 느낌으로 연주합니다. 얼핏 보면 아래처럼 부점 리듬과 매우 닮아보이지만, 실제 리듬의 길이는 약간 다릅니다.

숫자 3이 주는 리듬감

셔플 리듬 표기에 대해서는 많은 설이 있습니다. 그중에서 우리는 3이라는 숫자에 주목할 필요가 있습니다. 클래식은 크게 4/4 박자처럼 짝수 박자와 3/4 박자처럼 3박자 계열로 나뉩니다. 4/4 박자는 일명 '흔한 박자(Common Time)'라고 불릴 만큼 보편적인 박자이고, 3/4 박자는 왈츠 같은 춤곡에 주로 사용합니다. 지금은 상상이 잘되지 않지만, 왈츠가 유행하던 시기에 3박자는 격이 낮은 음악이라고 여겨졌습니다. 4/4박자는 사람의 걸음처럼 대칭과 균형이 맞는 조화로운 음악이고, 쿵짝짝 쿵짝짝 하는 3/4 박자는 상대적으로 격이 떨어지는 음악으로 봤던 것이죠.

재밌는 것은 국악 장단도 3박자와 비슷한 모습을 하고 있다는 점입니다. '덩기덕 쿵더러러러'하는 굿거리 장단은 12/8 박자를 하고 있지만, 비슷한 3박자의 골격을 갖고 있습니다. 접점이 거의 없는 먼 서양과 동양에서 서로 비슷한 장단이 만들어진 것은 노래를 하거나 연주를 하면서 본능을 따라 자연스럽게 만들어진 것이 아닐까 하고 추측하고 있지요.

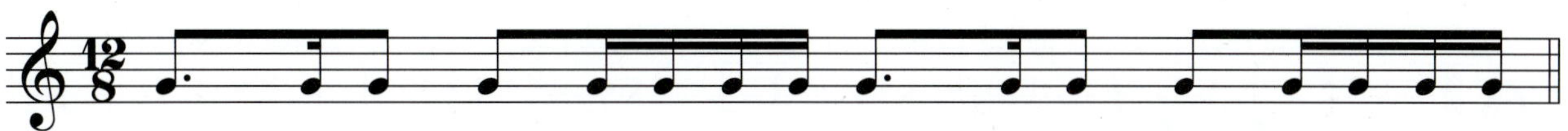

그러다 사람들은 8분의 12박자에서 가운데 음 하나를 빼면 더욱 흥겨운 연주를 할 수 있다는 사실을 발견하게 됩니다.

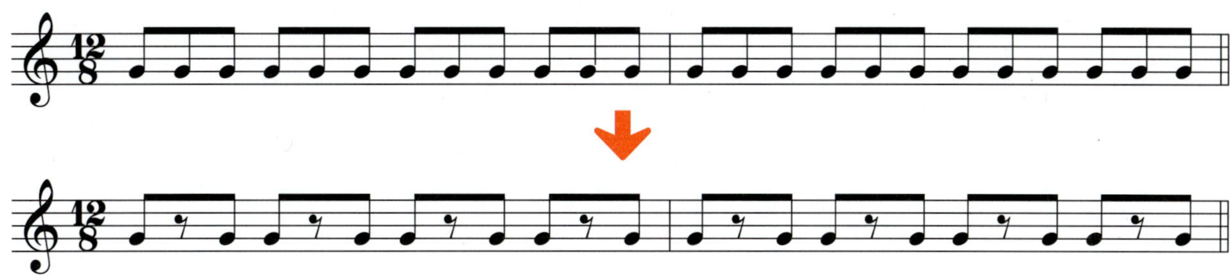

이렇게 가운데 구성음이 하나 빠지는 것이 카드 뭉치에서 카드를 하나 빼서 섞는 것과 닮았다고 해서 셔플(Shuffle) 리듬이라고 하게 됩니다. 이런 리듬은 나중에 스윙이나 알앤비처럼 다양한 장르에 영향을 주게 됩니다. 이 리듬을 4/4박자에서 표현하면 아래처럼 되는 것이죠.

셔플 리듬이 잘 표현된 대표적인 가요는 버스커 버스커의 '벚꽃 엔딩'이나 신형원의 '개똥벌레' 같은 곡입니다. 두 곡을 들어보면서 셔플 리듬을 잘 느껴 보세요.

Practice
셔플 리듬 연습

1. 셔플 리듬에 주의하며 아래 악보를 연습해 보세요.

들썩들썩 셔플

Part 6

텐션 코드 반주법

6-1. 텐션(Tension) 코드의 등장 배경

6-2. 다이아토닉 코드와 어울리는 텐션 찾기

6-3. 이게 무슨 뜻이야? ♯9, ♯11, ♭13

6-4. 사용 가능하지만 실제로 거의 쓰지 않는 텐션음

6-5. 같은 도수에서 사용 가능한 텐션음은 바뀌지 않습니다

6-6. 조금 특이한 방법으로 텐션을 표기한 코드

심화 학습 3 - 잘못된 코드 표기가 많아진 이유 ①

텐션 코드란?

텐션 코드란, 7음 위로 확장된 9, 11, 13음 등을 포함한 코드를 말합니다. 이 텐션음들은 재즈나 대중음악에서 자주 사용되며, 세련되고 풍부한 사운드를 만들어 줍니다. 하지만 ♭9, ♯11, ♭13처럼 복잡한 표기로 초보자에게는 어렵게 느껴지기도 합니다.

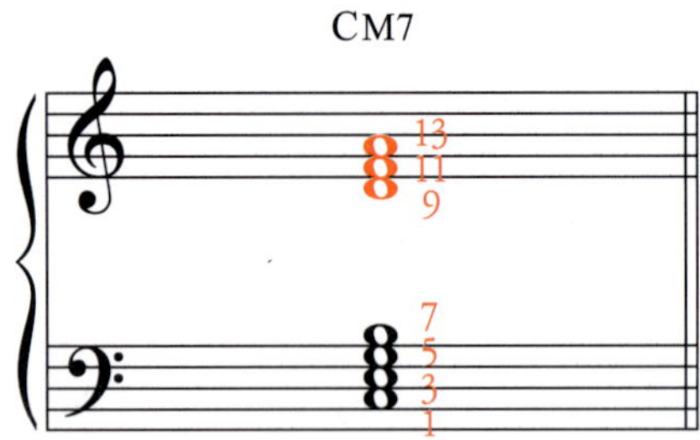

이러한 텐션(Tension)음은 사실 익스텐션(Extension)음의 일부입니다. 익스텐션은 '확장'이라는 의미인데, 가령 CM7 코드를 위로 쌓아 올리면 왼쪽과 같은 모양이 나옵니다. CM7 위로 9, 11, 13음(왼쪽 악보의 높은 음자리표)이 등장했죠. 이 3개의 음이 C를 기준으로 익스텐션음입니다. 코드 구성음인 1, 3, 5, 7음을 벗어나 확장된 9, 11, 13음까지 가능성이 생긴 것이지요.

하지만 이렇게 확장된 음을 모두 사용할 수는 없습니다. 기존의 코드 구성음과 불협화음이 나는 텐션음은 사용하지 않는 것이 일반적입니다. 예를 들어 CM7의 11음(F)은 3음(E)과 반음 차이로 불협이 생기기 때문에 사용하지 않습니다. 반면 9음(D), 13음(A)이 CM7에서 사용 가능한 텐션음입니다. 참고로 9, 11, 13음은 2, 4, 6음과 옥타브만 다른 음이기 때문에 텐션에서 -7을 해서 계산하는 것도 좋은 요령입니다. 하지만 중요한 점은 텐션은 위로 확장된 음이라는 개념으로 접근해야 합니다. 2, 4, 6으로 생각하면 헷갈리기 쉬우니 주의하세요.

Part02~03에서 연습한 add2와 텐션 9의 차이도 이 개념으로 이해할 수 있습니다. add2는 코드에 7음을 포함하지 않지만, 텐션 9은 7음을 포함한 코드입니다. 따라서 텐션 코드는 기본적으로 7화음을 기반으로 합니다.

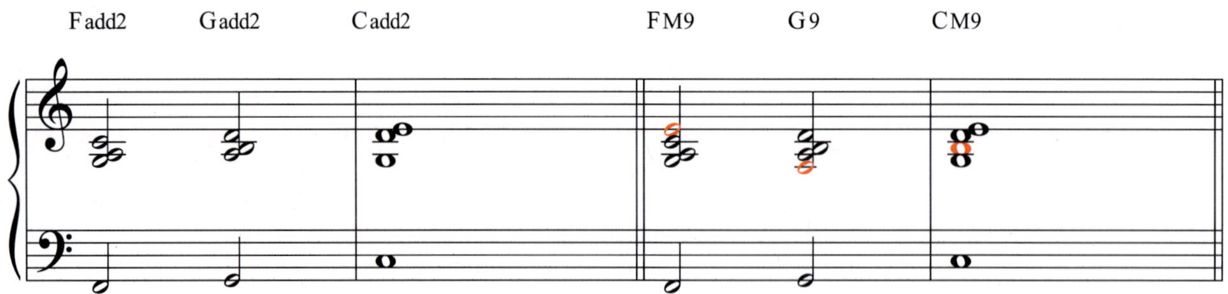

텐션을 정확히 이해하기 위해서는 스케일과 3도 확장 개념을 함께 알아야 합니다. 코드는 결국 3도씩 쌓아 올리는 구조이기 때문에, 텐션도 이 구조 속에서 등장합니다. 숫자가 높아질수록 복잡하게 느껴질 수 있지만, 기본 구조를 이해하면 훨씬 수월하게 다가갈 수 있습니다.

가이드 톤 : 텐션음 배치의 기준

텐션음을 안정적으로 사용할 수 있는 이유는 코드의 '가이드 톤(Guide Tone)'이 자리를 잡아주기 때문입니다. 가이드 톤은 코드의 성격을 결정하는 핵심 음인 3음과 7음을 말합니다. 텐션음은 보통 이 가이드 톤 사이 혹은 그 위에 위치하며 사운드를 장식합니다. 따라서 텐션 코드를 처음 연습할 때는 가이드 톤을 먼저 잡고, 텐션음을 넣는 방식으로 연습하면 효율적입니다. 보통은 가이드 톤을 오른손으로 잡지만, 아래 Gm9-C13-FM13처럼 양손을 활용하는 경우도 있습니다.

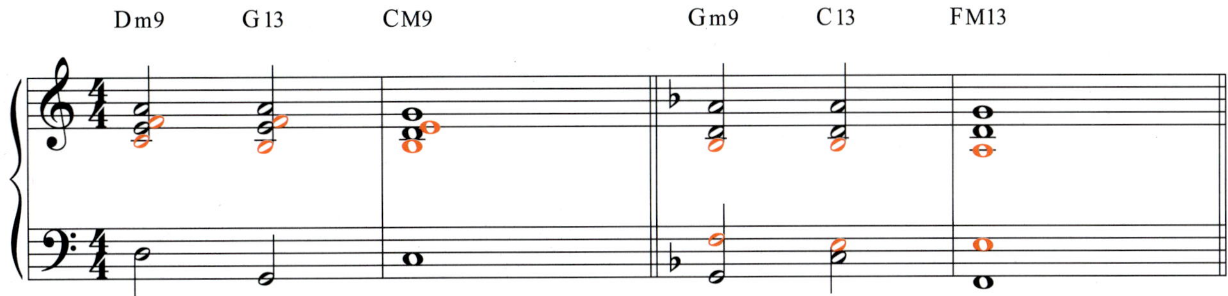

이때 가이드 톤은 중간 음역대(미~미 사이)에 위치시키는 것이 좋습니다. 너무 낮거나 높으면 중심이 비어 있는 소리가 날 수 있기 때문입니다. 안정적인 사운드를 만들고 싶다면, 가이드 톤은 중음역에 두고 텐션음을 위로 쌓아 올리는 구조를 연습하세요.

음악을 '감'이나 '느낌'이라고 설명하면 너무 모호하고 어려워집니다. 일정한 퀄리티를 낼 수 없을 뿐만 아니라, 그 기복도 커지지요. 대신 텐션 코드의 배치 원리를 알아두면 안정적이고 고른 소리를 꾸준히 낼 수 있습니다. 3도씩 위로 익스텐션(Extension) 된 음 중 일부가 텐션(Tension)이다. 기억합시다!

가이드 톤&텐션 연습

1. 왼쪽은 가이드 톤, 오른쪽은 텐션 악보입니다. 가이드 톤을 먼저 누른 후, 텐션 코드를 눌러보세요. 이때 텐션 코드 옆으로 숫자를 적으며 텐션음의 위치가 어디인지 확인하기 바랍니다.

모범 답안

⑤ Em7   A 7   DM7   Em9   A 13   DM13
⑥ Fm7   B♭7   E♭M7   Fm9   B♭13   E♭M13
⑦ Bm7   E 7   AM7   Bm9   E 13   AM13
⑧ B♭m7   E♭7   A♭M7   B♭m9   E♭13   A♭M13

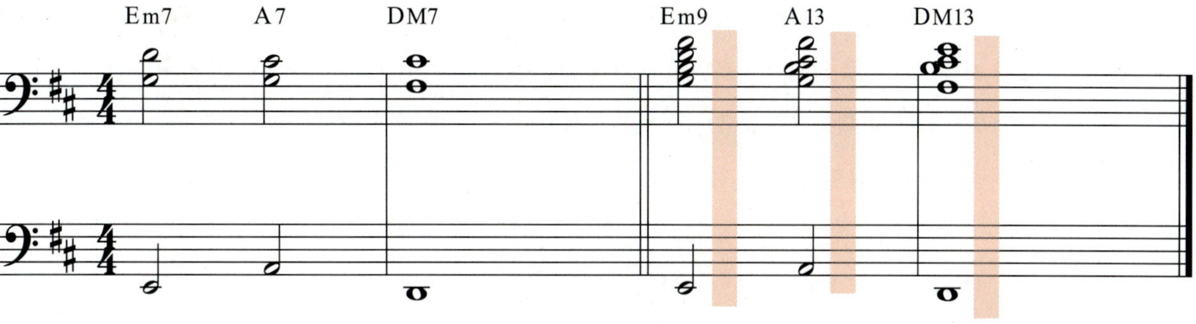

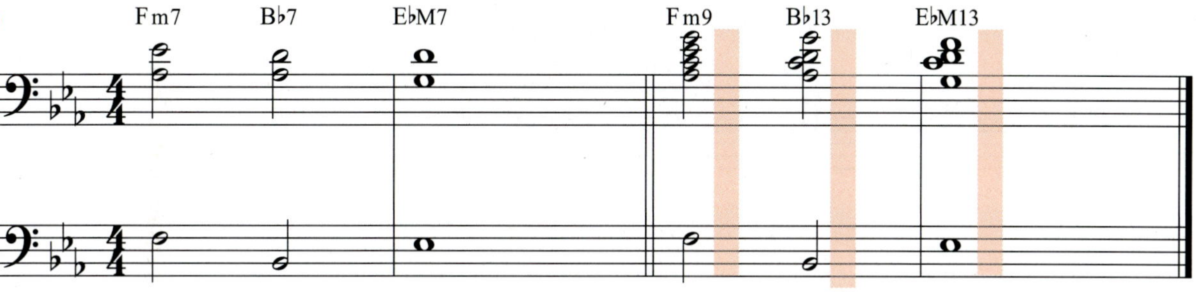

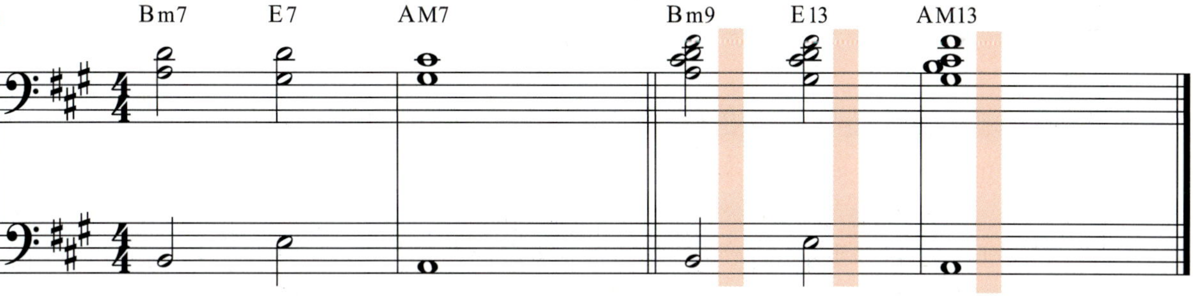

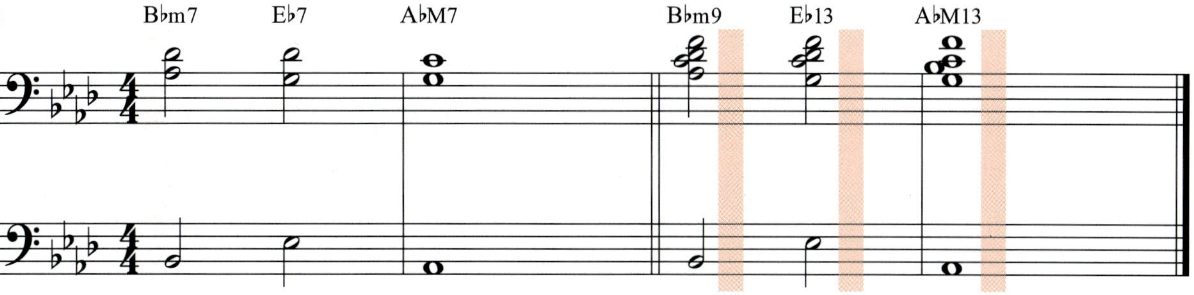

다이아토닉 코드와 어울리는 텐션 찾기

다이아토닉과 텐션

다이아토닉 코드 7개에 사용할 수 있는 텐션을 먼저 익혀두면, 다른 조성에서도 같은 원리를 쉽게 적용할 수 있습니다. 코드의 종류는 많아 보여도 실제로 일정한 구조와 질서가 있기 때문입니다. 먼저 1도부터 7도까지 다이아토닉 7th 코드 구성음 위로 3도 간격의 음을 쭉 확장하면 9, 11, 13음이 등장합니다. 이 중 일부는 사용할 수 있는 텐션이 되고, 일부는 기존 코드 구성음과 충돌하여 사용할 수 없게 됩니다.

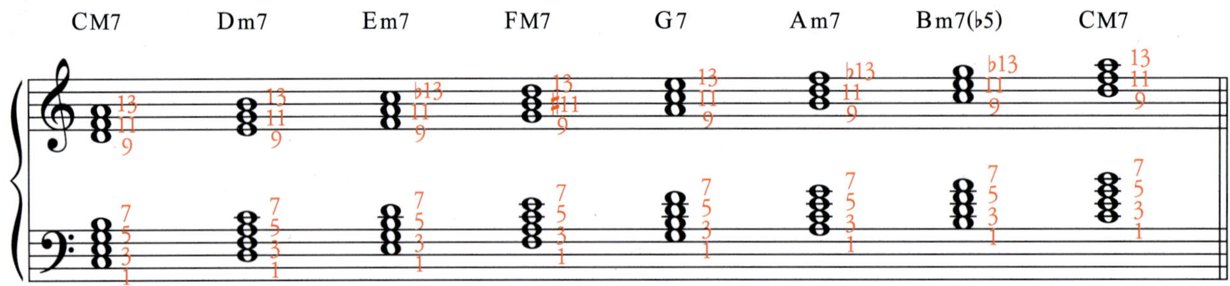

처음 보면 음표가 엄청 많아서 복잡해 보이지만, 두 가지 핵심 조건만 기억하면 정리가 쉬워집니다.

조건 ① 9 텐션은 1음으로, 11 텐션은 3음으로, 13 텐션은 5음으로 해결한다.

조건 ② 사용 가능한 텐션은 해결하는 코드와 Major 9th 간격이다.

먼저, 텐션 9음(2음)은 1음으로, 11음(4음)은 3음으로, 13음(6음)은 5음으로 해결하려는 성질이 있습니다. 숫자가 커지면 어려워 보이지만, 실제로는 해결음과 가까운 음들입니다.

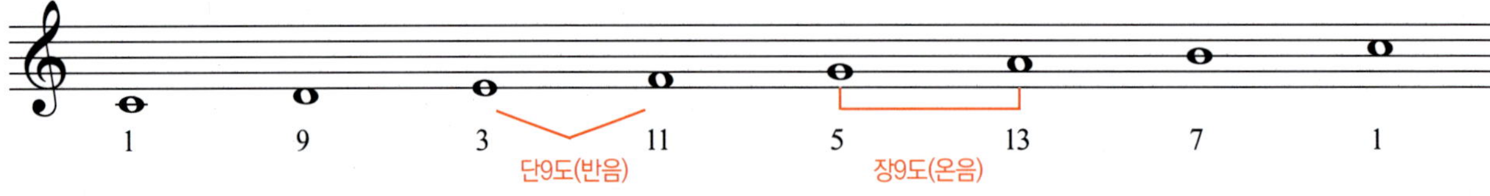

해결하는 음과 Major 9th(장9도, 온음) 차이가 나느냐 따라 사용 가능한 텐션인지 아닌지 구분이 됩니다. 해결음과 Minor 9th(단9도, 반음) 간격으로 부딪치는 음은 사용이 어렵습니다. 가령 CM7의 4음(11음)은 3음과 반음 간격이어서 불협화음이 생기지만, 13음은 5음과 온음 간격이어서 사용이 가능합니다.

결과적으로 7개의 다이아토닉 7th 코드들에서 사용될 수 있는 텐션은 아래와 같습니다.

도수	C Major key		사용 가능한 텐션	
1도	CM7	9		13
2도	Dm7	9	11	
3도	Em7		11	
4도	FM7	9	#11	13
5도	G7	9		13
6도	Am7	9	11	
7도	Bm7(♭5)		11	

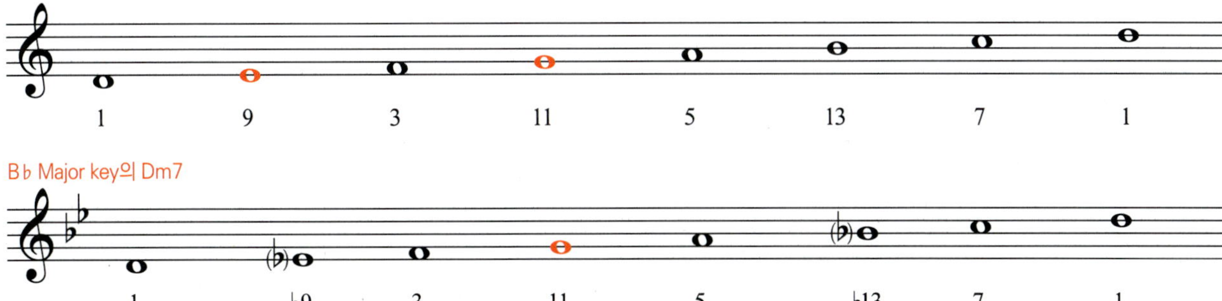

이 원리를 기억하면 메이저 계열은 9, 13, 마이너 계열은 11이 무난한 텐션인 것을 알 수 있습니다. 단, 이 기준은 코드 이름이 아니라 조성과 코드의 역할(도수)을 기준으로 판단해야 합니다. 예를 들어, C Major key에서의 Dm7은 2도이므로 9, 11 모두 사용 가능하지만, B♭ Major key에서 Dm7은 3도이기 때문에 11만 사용하는 것이 적절합니다.

결국 텐션 연습은 코드 이름 자체가 아니라, 그 코드가 어떤 조성에서 몇 도에 위치하는가에 따라 결정된다는 점을 꼭 기억하세요. 이는 텐션을 보다 음악적으로, 실전적으로 활용하는 데 중요한 기준이 됩니다.

결론적으로 각 다이아토닉 7th 코드에 사용할 수 있는 무난한 텐션은 아래와 같이 간단하게 정리할 수 있습니다.

① M7 코드 : 9, 13 사용 가능, ② m7 코드 : 11 사용 가능, ③ 7 코드(Dominant 7) : 9, 13 사용 가능

1. 주어진 텐션음의 위치를 확인한 후, 건반으로 연주해 보세요.

⑤ EbM13   F13   Dm11   Gm11   Cm9   F13   BbM13
⑥ AbM13   Bb13   Gm11   Cm11   Fm9   Bb13   EbM13
⑦ DM13   E13   C#m11   F#m11   Bm9   E13   AM13
⑧ AM13   B13   G#m11   C#m11   F#m9   B13   EM13

임시표가 붙어 있는 텐션음 읽는 법

　텐션을 공부할 때 많은 분들이 ♭9, #11처럼 임시표가 붙은 표기를 어려워합니다. 특히 코드 표기에는 임시표가 붙어 있는데 악보에 적힌 코드 구성음에는 임시표가 붙지 않는 경우 혼란스러워합니다. 이때 꼭 기억해야 하는 건 ♭9, #11 같은 표기는 음에 임시표가 붙은 것을 표시한 것이 아니라, 메이저 스케일의 구성음만으로 텐션을 표현하기 어려운 경우 음 간격을 나타내기 위해 사용한다는 점입니다. C Major key의 4도인 FM7을 살펴봅시다.

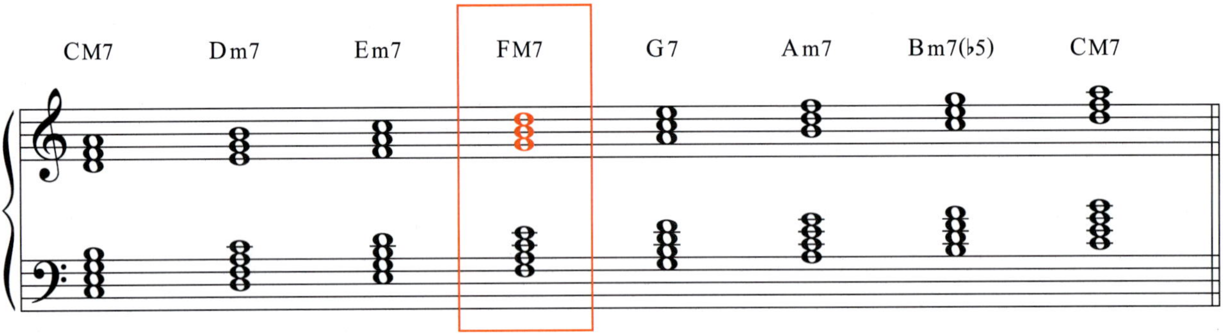

　FM7의 기본 구성음은 파, 라, 도, 미입니다. 여기에 텐션으로 쌓을 수 있는 음은 솔(9), 시(11), 레(13)입니다. 이 세 음은 모두 FM7에서 사용 가능한 텐션입니다. 표기는 각각 9, #11, 13이됩니다. 여기서 음에는 #이 없는데 '시'는 #11로 표기되는 것이 헷갈립니다.

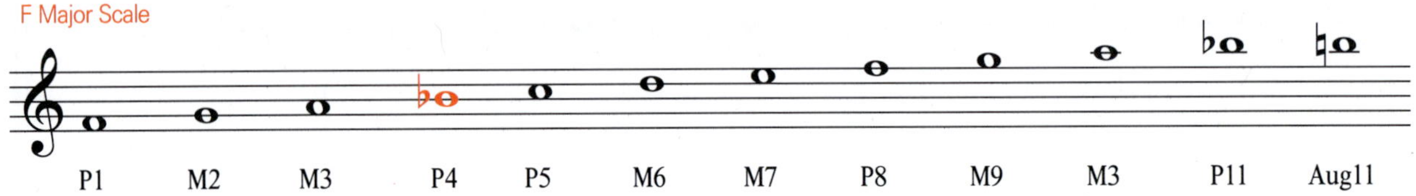

　#11은 F Major Scale의 4번째 음인 B♭에 #이 붙었다는 이야기입니다. F를 기준으로 11음은 B♭이니 그냥 B는 #이 붙어야 하는 것이죠. 기본 스케일(Major Scale)에서 #만큼 반음 증가했다는 이야기입니다. 이런 차이를 #11로 표기하는 것입니다. 결론적으로 ♭9이나 #9 같은 표기는 실제로 음에 임시표가 붙는다는 의미보다는, 메이저 9도가 반음 줄어들거나, 반음 늘어났다는 의미로 이해해야 합니다. Minor 9th나, aug 9th라고 적는 게 어려우니 ♭9, #9 같은 식으로 간략하게 적은 것이지요.

　즉, 텐션은 메이저 스케일을 기반으로 위로 쌓아 올린 구조이며, 임시표는 그 음이 기본이 되는 메이저 스케일에서 얼마나 벗어났는지를 알려주는 기호라는 점을 이해하면, 텐션 표기를 훨씬 명확하게 해석할 수 있습니다.

Practice
임시표가 붙은 텐션 연습

1. 임시표가 붙은 텐션에 주의하면서 아래 악보를 연주해 보세요.(반음씩 상행하는 코드입니다.)

사용 가능하지만 실제로 거의 쓰지 않는 텐션음

IIm7 코드에서 잘 사용하지 않는 텐션 13

Dm7 코드의 13음인 '시'는 5음인 라와 Major 9th 간격이라 사용 가능한 텐션음이지만, 실제 반주에서는 잘 사용하지 않습니다.

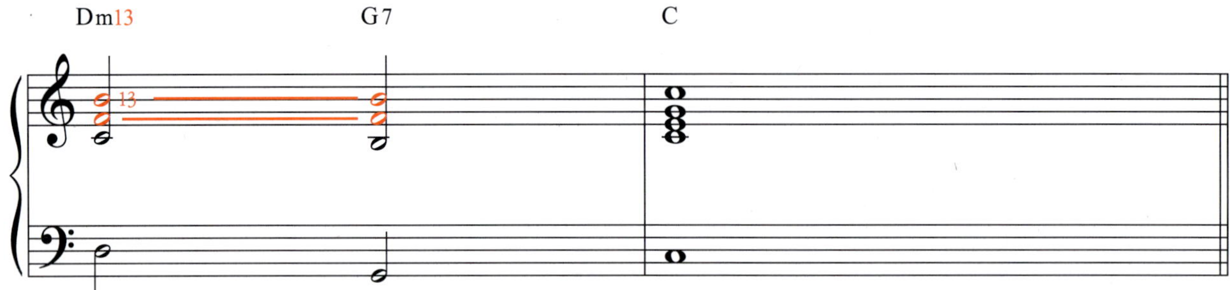

Dm7 코드를 보면 C Major 스케일의 4음인 'F(파)'가 있습니다. 약한 긴장감을 주는 음이라, F 코드도 '예비'의 기능을 합니다. 그러나 13 텐션음인 '시(B)'가 들어오면 강한 긴장감을 주는 스케일 7번째 리딩 톤을 포함하는 코드가 되면서 코드의 역할이 '예비'에서 도미넌트 코드가 담당하는 '긴장'으로 바뀌게 됩니다. 그러면 '예비-긴장-해결'이라는 코드 진행이 '긴장-긴장-해결'이 되는 것이죠. 이런 이유로 특별한 의도가 없다라면 IIm7의 13음은 텐션으로 사용하지 않는 것이 좋습니다.(작곡가나 반주자의 특별한 의도가 있다면 쓸 수 있습니다.)

7도 코드에서 잘 사용하지 않는 텐션 ♭13

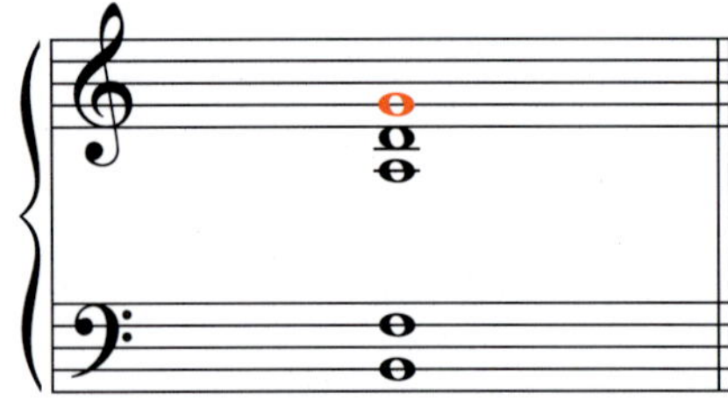

Bm7(♭5) 코드의 ♭13 텐션인 '솔' 역시 ♭5음 '파'와 Major 9th 간격이라 사용 가능한 음이지만, 실제 반주에서는 거의 사용하지 않습니다. 만약 이 음이 있다면 도미넌트 코드인 G9/B(솔레미라/시)와 같은 역할이 되기 때문입니다.

두 개의 예외적인 규칙 모두 도미넌트 코드인 5도 V7과 관계가 있습니다. 조성 음악에서 가장 중요한 역할인 도미넌트 모션의 긴장을 만드는 것이 V7 코드인 만큼, 다른 코드가 V7의 역할을 방해하지 않도록 해주는 것이라고 생각해야 합니다.

같은 도수에서 사용 가능한 텐션음은 바뀌지 않습니다

도수와 텐션

지금까지는 이해를 돕기 위해 주로 C key를 중심으로 설명했지만, 사용 가능한 텐션음은 조성이 달라져도 변하지 않습니다. 예를 들어, C key에서 아래와 같이 텐션음을 추가한 코드 진행이 있다고 해봅시다.

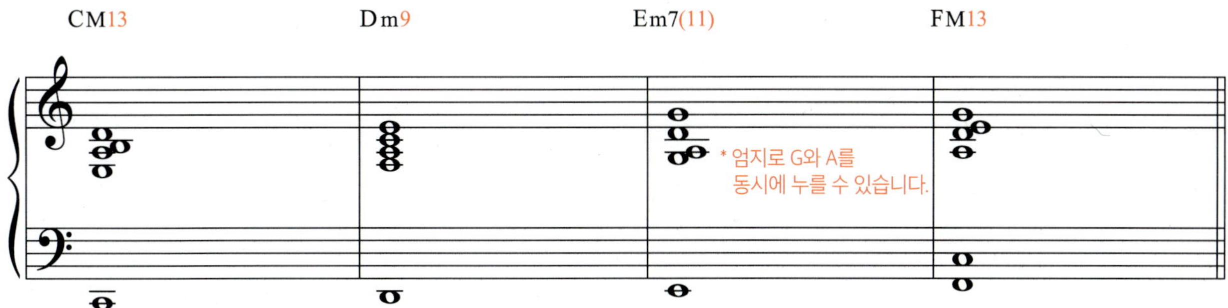

다이아토닉의 순서대로 1, 2, 3, 4도 코드인 CM7, Dm7, Em7, FM7 코드 진행입니다. 이 진행에서 사용할 수 있는 텐션음은 조성이 달라져도 동일합니다. 위의 진행을 G key의 1, 2, 3, 4도 진행으로 바꾸면 아래와 같습니다.

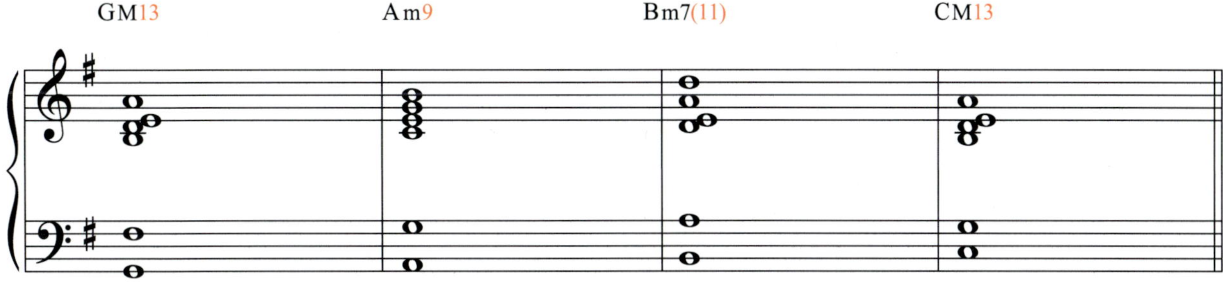

이처럼 코드를 다이아토닉 도수 기준으로 생각하면, 텐션을 확장하는 데 큰 도움이 됩니다. CM7처럼 조성이 달라도 겹치는 코드가 자주 등장하기 때문에, 연습을 거듭하다 보면 자연스럽게 체득하게 됩니다.

또한, 악보에 특별한 텐션 표기가 없더라도 연주자의 재량에 따라 텐션음을 더하거나 생략하는 것이 가능합니다. 물론 곡의 장르나 분위기에 어울리는 방향으로 넣는 것이 중요합니다. 음이 많아질수록 각각의 소리는 덜 부각되므로, 처음부터 모든 텐션을 다 넣겠다는 생각보다는, 필요한 소리를 정확히 선택하는 것이 훨씬 좋은 접근입니다.

텐션 종합 연습

1. 주어진 텐션 코드를 보고 텐션음을 추가로 적고, 건반으로 연주해 보세요.

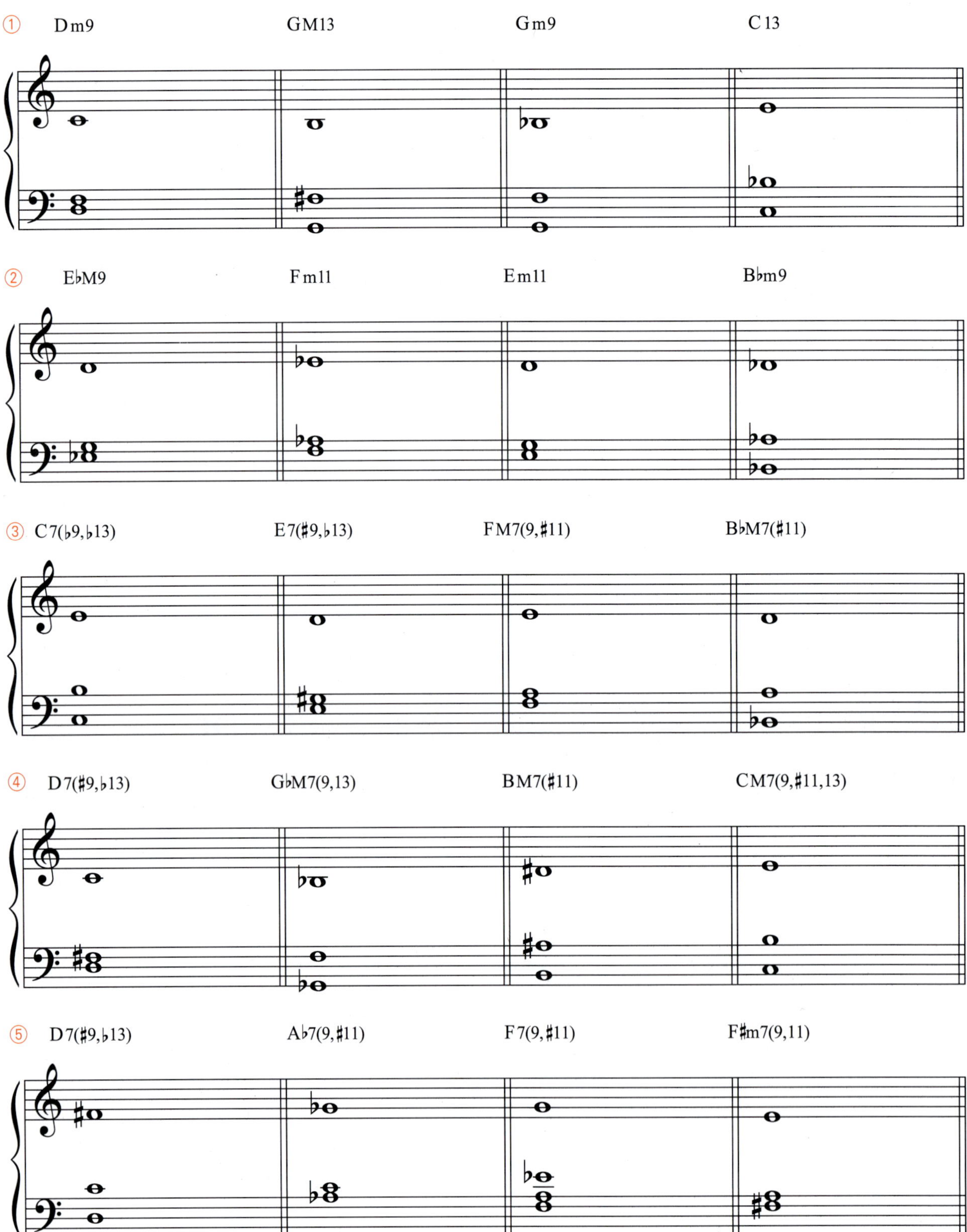

2. 텐션 표기를 보고 주어진 가이드 톤에 텐션음을 추가해 보세요.

① 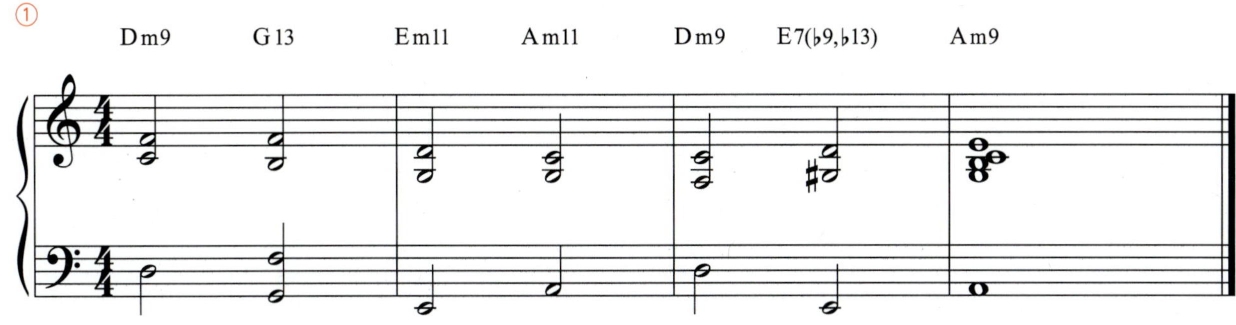

② 

3. 코드 진행을 보고 알맞은 텐션을 찾아 진행을 완성해 보세요.(사용 가능한 텐션음을 최대한 넣어봅시다.)

① 

텐션 코드를 쉽게 누르기 위한 고민으로 나타난 표기들이 있습니다. 가장 대표적인 것이 하이브리드 코드(Hybrid Chord)와 어퍼 스트럭처 트라이어드(Upper Structure Triad)입니다.

하이브리드 코드

하이브리드(Hybrid)는 잡종이라는 뜻입니다. 단어의 뜻처럼 2개의 코드가 섞인 것 같은 효과를 줍니다. 슬래시 / 를 사용한 전위 코드와 같은 형식의 표기입니다. 누르는 법도 전위 코드처럼 슬래시 / 오른쪽을 베이스로 누르고, / 왼쪽은 코드를 누릅니다. 다음 악보의 G/C가 하이브리드 코드입니다. 전위 코드와 다른 점은 F/C는 F 코드에 C음이 있지만, G/C는 G 코드에 C가 없을 뿐만 아니라 베이스 음인 C를 기준으로 봐도 G 코드에 3음이나 sus4로 볼만한 음이 없습니다.

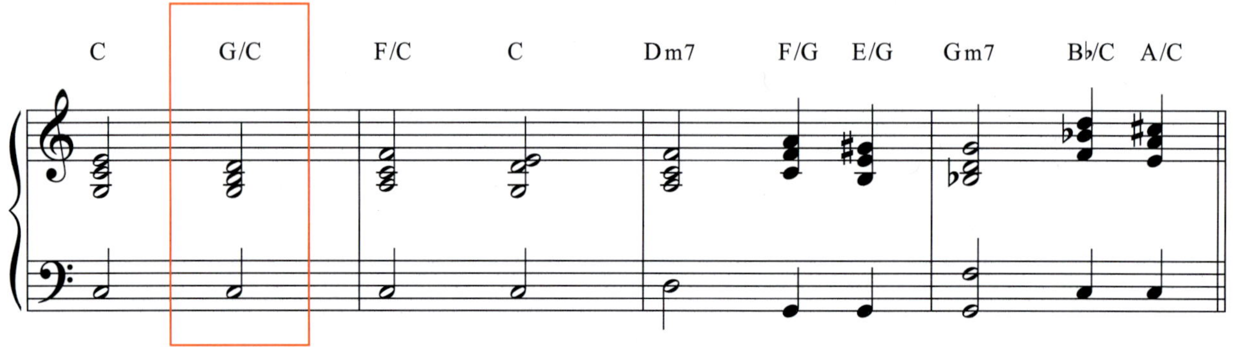

그래서 하이브리드 코드는 특별한 의도를 가지고 쓰는 편입니다. 텐션을 포함한 모호한 소리를 내고 싶거나, 베이스는 그대로 두고 코드만 움직이고 싶은 특수한 경우에 주로 사용합니다. 전위 코드에서 배웠던 축약형 코드인 3번째 마디의 F/G는 F의 5음인 '도'가 G 코드의 sus4음이기 때문에 하이브리드 코드가 아닌 축약형 코드로 이해해야 합니다.

결과적으로 전위 코드나, 축약형 코드, 하이브리드 코드 모두 누르는 방식은 동일합니다. 다만 진행에서 어떤 역할로 사용되고 있는지를 이해하는 것이 좋습니다.

어퍼 스트럭처 코드

또 다른 표기는 어퍼 스트럭처 트라이어드 코드입니다. 직역하면 위에(Upper) 건축된(Structure) 3화음(Triad)입니다. 하이브리드 코드나 전위 코드처럼 슬래시 / 가 아니라 $\frac{D}{C7}$처럼 완전한 분수 형태로 적습니다. 어퍼 스트럭처 트라이어드 코드는 밑에서부터 코드를 완성하고 쌓아 올리는 형태입니다.

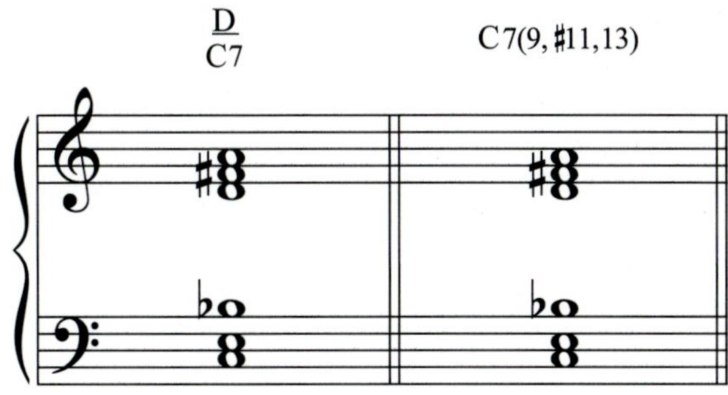

위 악보의 표기를 보면 C7 코드 위에 D 코드를 올린 모양이지만, 실제로 D 코드의 구성음은 C7 코드를 기준으로 9, ♯11, 13음입니다. 이것을 C7(9, ♯11, 13)이라고 저으면 표기가 너무 어려워 보이니, $\frac{D}{C7}$ 같은 새로운 표기법을 고안한 것입니다. 누르는 방법은 왼손으로는 C7 코드의 구성음을, 오른손으로는 D 코드의 구성음을 모두 누르는 것입니다. 전위 코드처럼 왼손을 베이스 음만 누르는 것이 아니라 코드 구성음 전부를 눌러야 한다는 점에 주의해야 합니다. 이렇게 누르면 코드의 구성음과 텐션음을 매우 직관적으로 이해할 수 있습니다.

어퍼 스트럭처 코드는 조금 특수한 경우라서, 텐션을 많이 사용하는 재즈 악보에서 주로 접하게 됩니다. 하지만 요즘은 세련된 발라드나 팝 스타일의 반주에서도 종종 나오는 편이니 꼭 이해하고 연습하시기 바랍니다. 익숙해지면 굉장히 세련된 소리를 낼 수 있습니다. 구성음이 많아서 실전에서는 1음을 생략하고 반주하기도 합니다.

하이브리드 & 어퍼 스트럭처 코드 연습

1. 코드 표기에 주의하면서 다음 악보를 연주해 보세요.

잘못된 코드 표기가 많아진 이유 ①

자세히 살펴보면, 좋은 배치를 찾는 것이 어려웠던 건 표기법의 영향도 상당히 크다는 것을 알 수 있습니다. G9sus4란 코드를 F/G로 적는 게 당장 누르기는 조금 편하지만, 이게 F 코드인지 G 코드인지 헷갈릴 수 있지요. C key에서 F와 G는 완전히 다른 역할을 하는 코드거든요. 반면 G9sus4 코드가 G7을 변형한 코드란 것을 정확히 알고 있다면, 이 코드가 왜 나왔고, 어떤 방식으로 구성음을 배치해야 하는지 조금 더 정확한 힌트를 찾을 수 있습니다.

이렇게 표기법이 통일되지 않고 복잡해진 원인은 여러 가지가 있겠지만, 크게 두 가지를 짚어볼 수 있습니다. 첫 번째로 생각보다 코드 표기의 역사가 짧고, 약속이 정해져 있지 않기 때문입니다. 처음엔 19세기 초중반, 악보를 볼 줄 모르는 사람들이 주로 봤던 만큼, C, C-처럼 간단한 표기 위주였습니다. 하지만 점차 표기에 좀 더 다양한 정보를 넣을 필요가 생겼고, 나중엔 Gb7/Bb이나 C7(9,♯11,13)처럼 한 개의 코드 안에 많은 정보들을 넣어야 하는 상황이 생기게 되었습니다. 코드 표기법은 19세기에 만들어졌는데, 20세기의 진행을 담아야 했던 셈이지요. 그러다 보니 귀에 걸면 귀걸이, 코에 걸면 코걸이인 표기가 만들어진 것이지요.

두 번째로, 코드를 쉽게 전달하는 과정에서 편법이 굳어진 것입니다. 가령 G7(b9, 13)이란 코드를 연주해 보라고 하면 손이 선뜻 가지 않습니다. 너무 어려워 보이지요. 하지만 E/G 형태로 표기한 후, 왼손으로 '솔'을, 오른손으로 E 코드를 누르라고 하면 한결 쉬워집니다. E/G는 G7(b9, 13)이란 표기를 조금 간략하게 적은 것이라 실제로 쓰기엔 훨씬 편합니다. 하지만 구성음 파 하나가 빠져있기 때문에 정확하진 않아요. 당장 연주는 가능해도, 나중에 활용하려면 어려움을 겪기 쉽습니다.

원래는 "G7(b9, 13)이지만, E/G로 잡으면 조금 더 쉬워!"처럼 요령을 전해준 것이, 나중엔 "G7은 E/G로 연주해!"와 같이 왜곡 되어버리는 경우가 생긴 것입니다.

마치 아침에 "저 요즘 영어 공부해요."라고 말했는데 살이 덧붙여지더니, 저녁에는 "요즘 이직(혹은 입시) 준비한다면서?"라고 돌아오는 것과 비슷하다고 볼 수도 있겠네요!

Part 7

세컨더리 도미넌트와 증4도 대리화음

7-1. 세컨더리 도미넌트(Secondary Dominant)

7-2. 세컨더리 도미넌트의 텐션

7-3. 증4도 대리화음(Substitute Dominant)

7-4. 증4도 대리화음의 텐션

심화 학습 4 - 코드는 정말 하나씩 보는 걸까?

심화 학습 5 - 잘못된 코드 표기가 많아진 이유 ②

7-1
세컨더리 도미넌트(Secondary Dominant)

세련된 사운드의 비밀, 세컨더리 도미넌트

앞서 다룬 다이아토닉 코드는 말하자면 '기본 코드'입니다. 이에 반해 논다이아토닉 코드는 그보다 더 확장된 개념으로, 다른 조성에서 빌려오거나 변형된 코드입니다. 그 종류는 매우 다양하고 방대하기에, 이 책에서는 가장 기본적인 규칙에 초점을 맞춰 정리해보려 합니다. 이 중에서도 도미넌트 7th(V7) 코드는 가장 강력한 긴장감을 가지며, 다양한 가능성을 품고 있는 중요한 코드입니다. 세련된 사운드를 만들기 위해서는 이 도미넌트 코드를 효과적으로 활용하는 것이 매우 중요합니다.

그중 가장 자주 사용되는 기법이 바로 '세컨더리 도미넌트'입니다. 말 그대로 '2차적인 도미넌트'로, 현재 key가 아닌 다른 key를 일시적인 중심(키 센터)으로 삼아, 그 코드의 V7을 빌려오는 방식입니다.

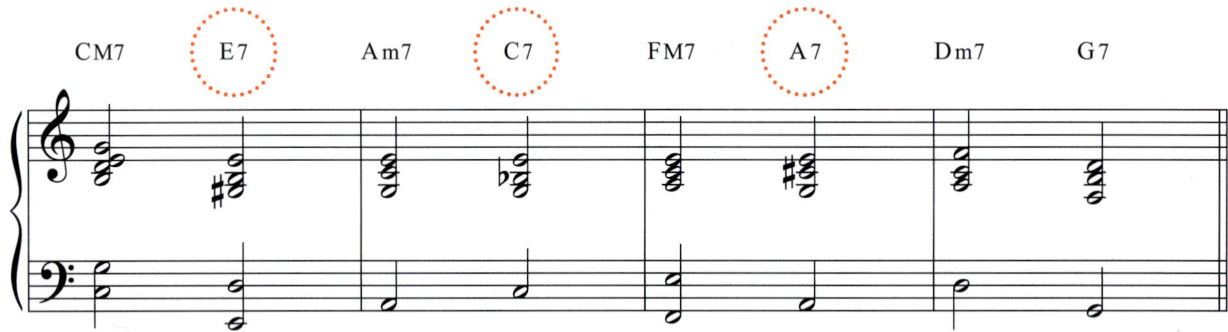

위 악보에서 E7, C7, A7은 모두 세컨더리 도미넌트입니다. 이 코드는 각각 5도 아래에 위치한 코드로 해결됩니다. E7은 6도인 Am7으로, C7은 4도인 FM7으로, A7은 2도인 Dm7으로 해결됩니다. 이처럼 해결 코드의 5도 위에 해당하는 도미넌트 7th(V7)를 찾아 연결하는 것이 원리입니다. 클래식 화성 분석에서는 이를 'V7/vi'처럼 분석하고 표기합니다. 'vi로 향하는 도미넌트7 코드'라는 의미입니다. 조성이 바뀌더라도 이 원리는 동일하게 적용됩니다.

세컨더리 도미넌트의 실제 적용

다음은 1-6-4-2-5 같은 일반적인 코드 진행에 세컨더리 도미넌트를 적용한 예입니다. 이 기본 골격의 각 코드 앞에 해당 코드의 5도에 해당하는 V7을 삽입할 수 있습니다. 예를 들어 Em7의 5도는 B이므로, 앞에 B7을 넣어주는 식입니다.

이런 방식으로 세컨더리 도미넌트를 자연스럽게 연결할 수 있습니다.

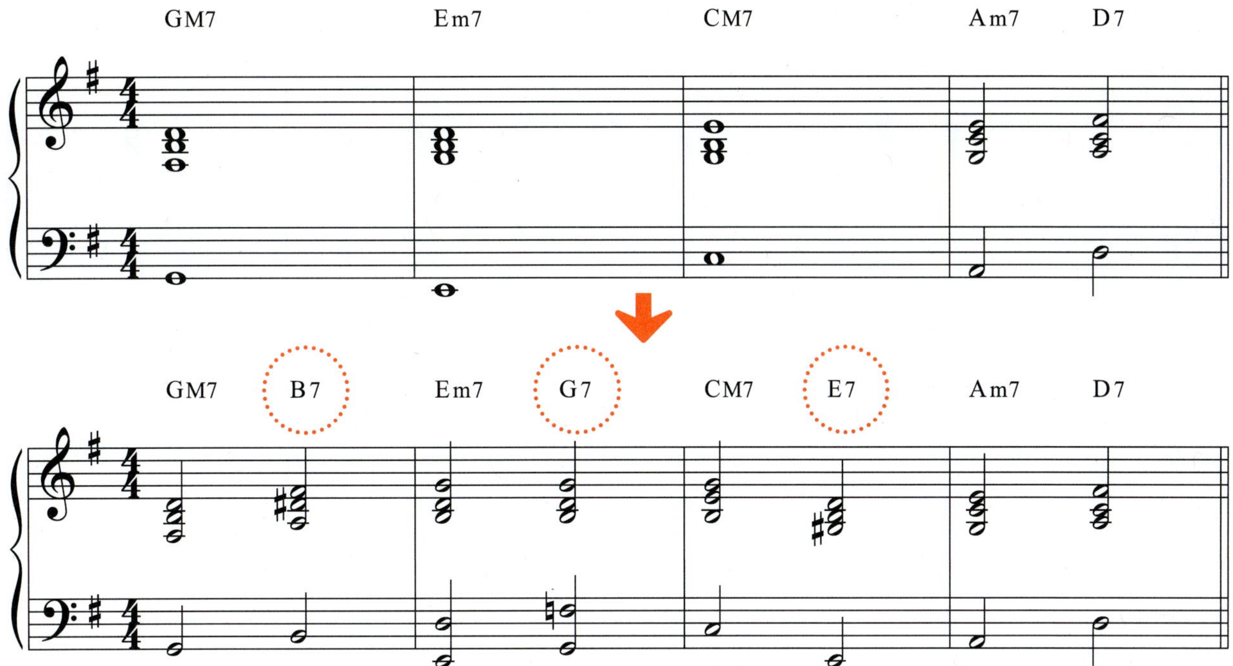

릴레이티드 IIm7

세컨더리 도미넌트 앞에, 그 도미넌트를 위한 iim7 코드를 삽입할 수도 있습니다. 이것을 릴레이티드 투 마이너 세븐 (Related iim7)이라고 합니다. 목적지 코드를 중심으로 2-5-1 진행을 한 번 더 만들어주는 방식이지요.

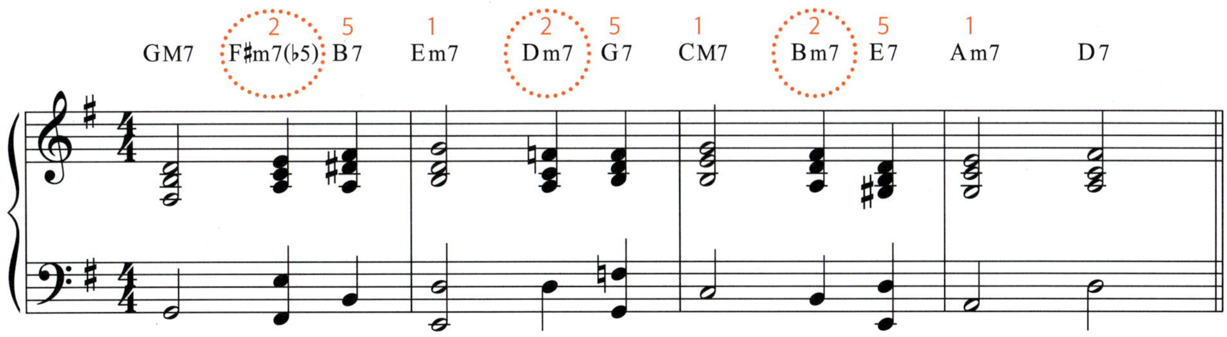

이렇게 도수 진행으로 보는 것은 진행과 경과가 뚜렷하지만, 처음에는 계산이 조금 어려울 수 있습니다. 만약 초반에 보는 것이 어렵다면, 세컨더리 도미넌트인 B7을 3도 7th, 릴레이티드 투 마이너 세븐인 F#m7(b5)를 7도 7th(b5)처럼 숫

자로 생각하면 조금 더 쉽습니다.

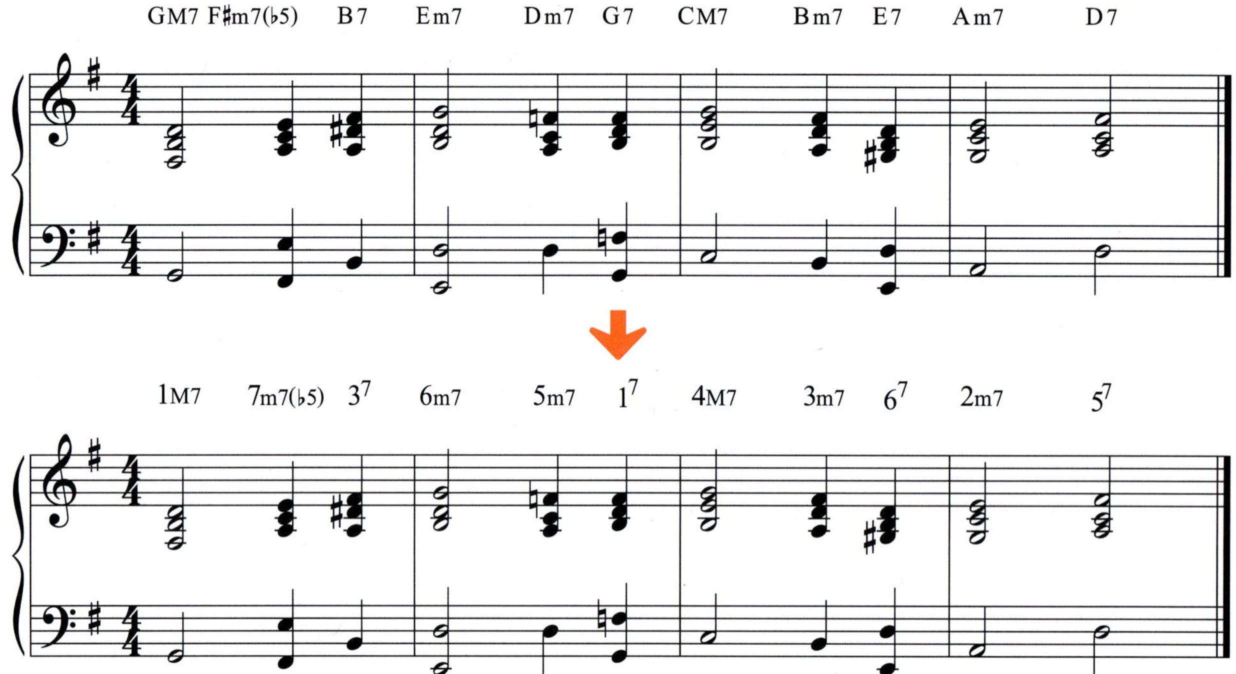

이런 방식을 내쉬빌 넘버 시스템(Nashville Number System)이라고 하는데, 처음 단계에서 실용적으로 접근하기에 유용합니다. 미국 내쉬빌 지역의 연주자들이 많이 사용해서 붙은 이름이에요. 로마 숫자 표기와 내쉬빌 넘버 표기를 간단하게 비교하면 다음과 같습니다.

방식	로마 숫자 표기	내쉬빌 넘버 표기
특징	코드의 기능 위주로 분석	실제 도수를 간략히 표기
장점	앞뒤 흐름을 익힐 때 유용	빠른 전조와 연주에 유리
단점	초반 난이도 어려움	진행의 흐름이 보이지 않음
추천	중급자 – 숙련자	초보자 – 중급자

Related iim7	Sec. D	내쉬빌 넘버	분석	해결 코드
Gm7	C7	1 7th	V7/IV	FM7
Am7	D7	2 7th	V7/V	G7
Bm7(♭5)	E7	3 7th	V7/vi	Am7
Em7	A7	6 7th	V7/ii	Dm7
F#m7(♭5)	B7	7 7th	V7/iii	Em7

세컨더리 도미넌트 연습

1. 세컨더리 도미넌트와 해결 코드에 주의하면서 연습해 보세요.

2. 다음 악보를 세컨더리 도미넌트에 주의하여 전조해 보세요.

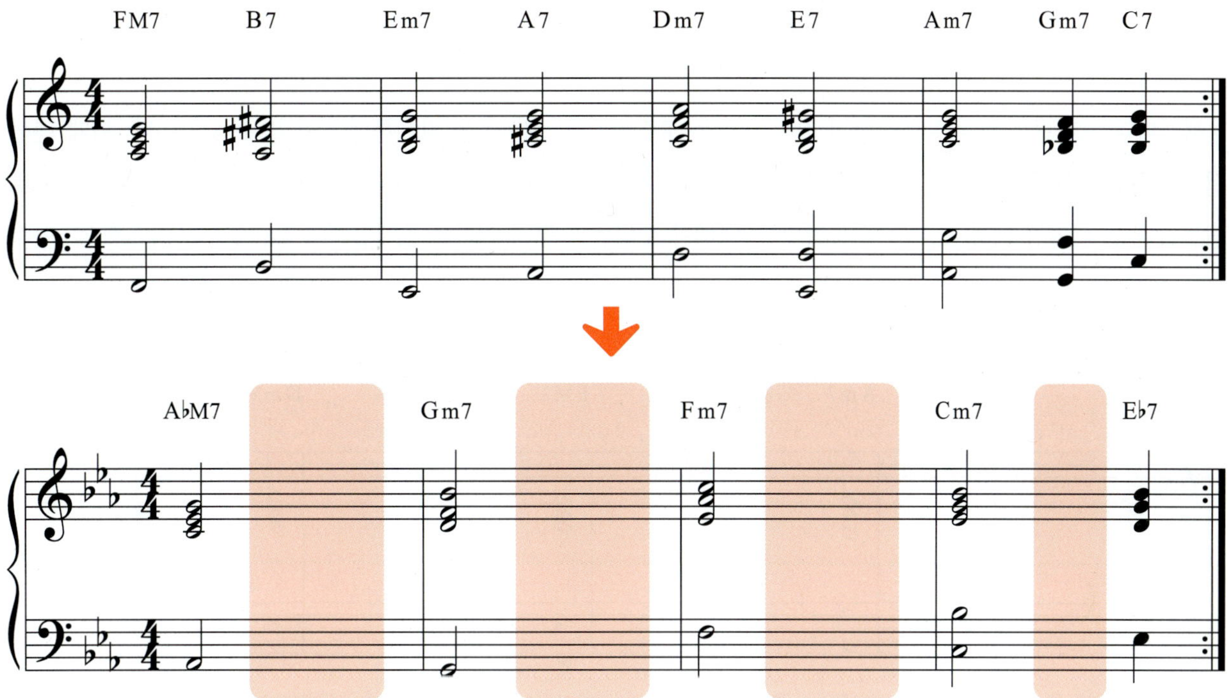

3. 다음 악보를 내쉬빌 숫자로 적어보세요.

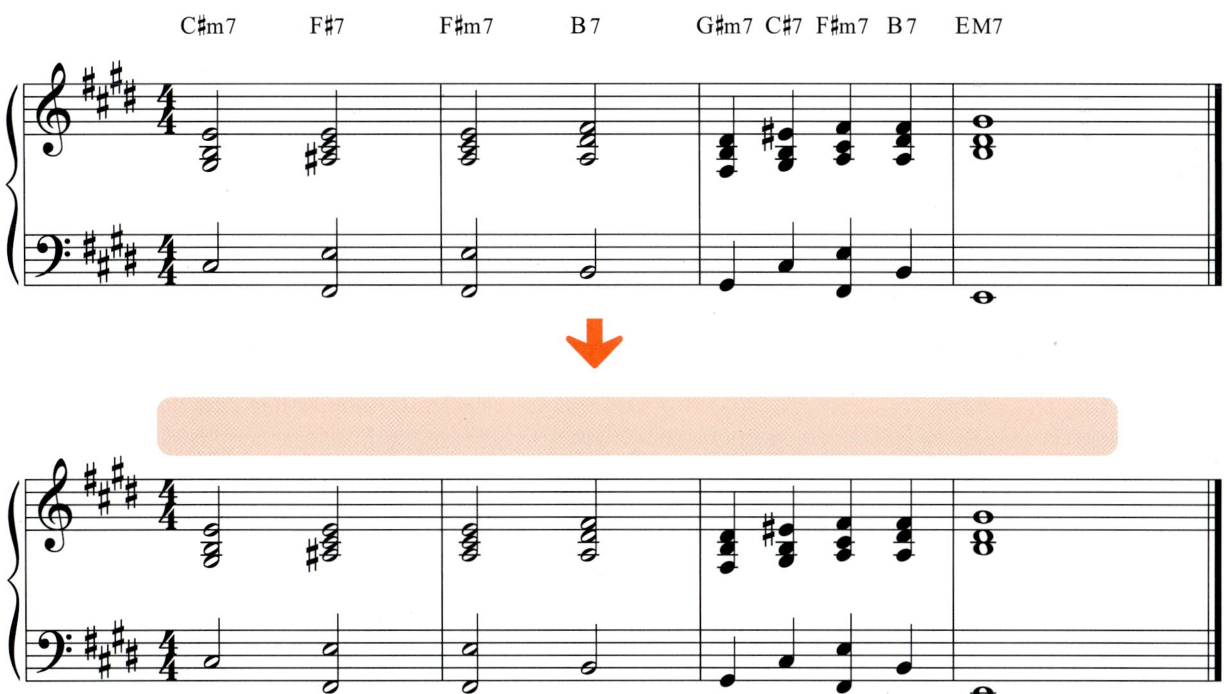

세컨더리 도미넌트의 텐션

세컨더리 도미넌트에 사용하는 텐션음

세컨더리 도미넌트는 다른 조성에서 잠시 빌려온 코드이지만, 텐션음을 자유롭게 사용할 수 있습니다. 이때 텐션 선택의 힌트는 해결 코드에 있습니다. 예를 들어 E7은 Am7인 마이너 코드로 해결되며, C7은 FM7인 메이저 코드로 해결됩니다. 이처럼 해결 코드를 함께 살펴보면, 해당 도미넌트 코드가 어떤 스케일에서 유래했는지 유추할 수 있습니다.

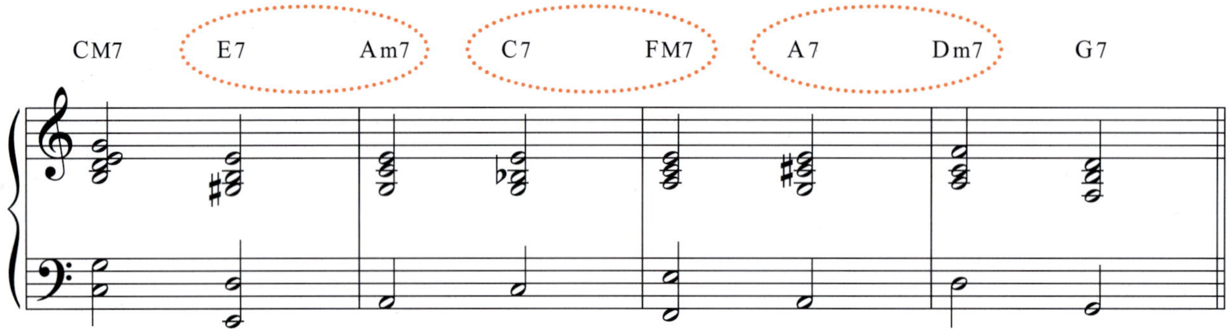

① 메이저 코드로 해결될 때 : 메이저 다이아토닉 텐션 사용

C7처럼 메이저 코드로 해결되는 경우, 사용 가능한 스케일은 하나뿐입니다. 예를 들어 C7이 FM7으로 해결된다면, 이 C7은 F 다이아토닉 코드의 5번째 코드에서 빌려온 것이라 볼 수 있습니다.

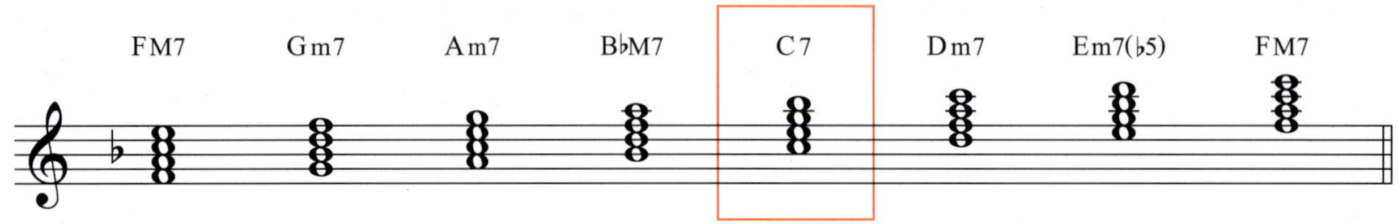

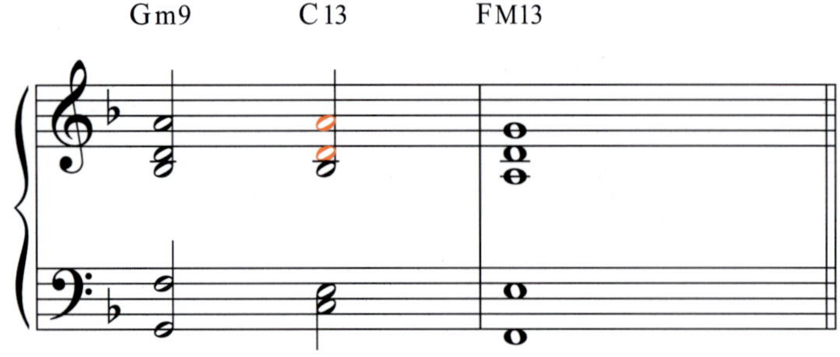

따라서 C7은 F 메이저 스케일을 기반으로 확장된 구성음을 사용할 수 있으며, 앞에서 살펴본 다이아토닉 텐션 규칙에 따라 9과 13 텐션이 자연스럽게 허용됩니다. 즉, C7에서는 D(9), A(13) 같은 텐션을 사용할 수 있고, 이는 곧 세련되고 풍부한 사운드를 만들어줍니다.

E7이나 A7처럼 마이너 코드로 해결되는 세컨더리 도미넌트는, 일반적으로 하모닉 마이너 스케일에서 빌려온 것입니다. 예를 들어, E7이 Am7으로 해결된다면, 이는 A 하모닉 마이너 스케일의 5번째 코드입니다.

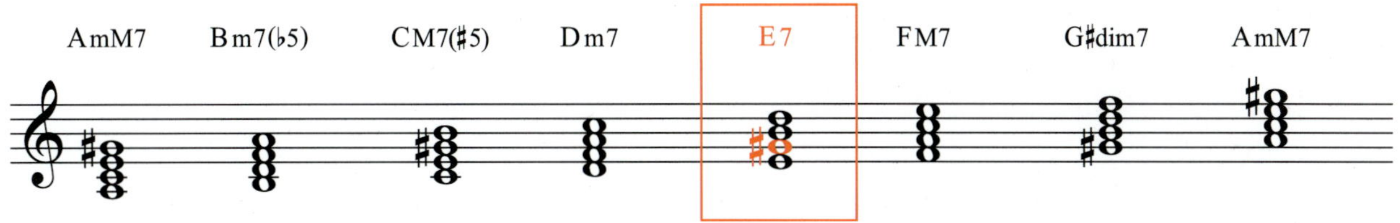

참고로 A 내추럴 마이너 스케일(C 메이저와 조표 동일)은 G♯이 없기 때문에 E7(도미넌트 세븐)이 존재하지 않습니다. 그래서 내추럴 마이너 스케일의 7음을 반음 올려서 G♯을 만들어 준 하모닉 마이너 스케일을 사용하게 된 것이지요. 이 A 하모닉 마이너 스케일을 기준으로 보면, E7 위에 올릴 수 있는 확장 텐션은 ♭9(F), ♭13(C)이 됩니다.

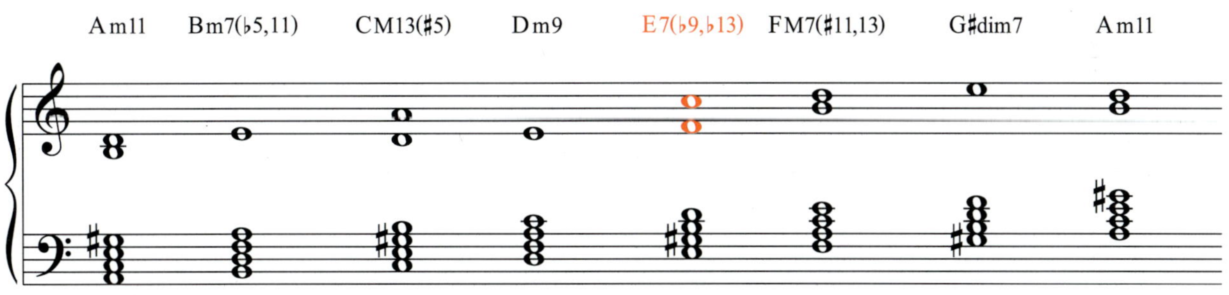

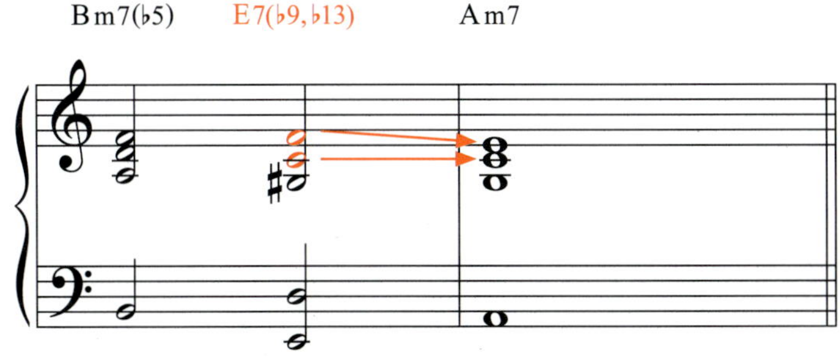

빌려온 코드를 사용하면 잠시 하모닉 마이너 스케일로 바뀐 것 같은 효과가 생깁니다. 하모닉 마이너 스케일의 구성음을 확장해서 사용할 수 있게 되지요. 메이저의 2-5-1 진행에서 5는 9, 13 텐션을 쓸 수 있지만, 하모닉 마이너는 ♭9, ♭13 텐션을 쓸 수 있습니다.

일시적으로 조성이 바뀐 것이 세컨더리 도미넌트라면, 그 느낌을 크게 확장해 주는 것이 위에 쌓아 올려지는 텐션입니다. 재즈적인 사운드를 만드는 비밀 중 하나이기도 해요. 재미있는 점은, 이렇게 추가된 텐션이 다음 코드와도 자연스럽게 연결된다는 것입니다. 예를 들어, C(♭13)는 다음 코드인 Am7의 루트음(C)으로 연결되고, F(♭9)는 Am7의 5음인 E와 연결됩니다. 즉, 텐션을 사용하면 단순한 긴장감뿐 아니라 자연스럽고 부드러운 해석의 연결을 만들 수도 있습니다.

정리하면 다음과 같습니다.

세컨더리 도미넌트가 메이저로 해결될 경우 → 9, 13 텐션 사용

세컨더리 도미넌트가 마이너로 해결될 경우 → ♭9, ♭13 텐션 사용

	메이저 코드로 해결	마이너 코드로 해결
출처 스케일	메이저 스케일	하모닉 마이너 스케일
사용 가능 텐션	9, 13	♭9, ♭13

다만 이것은 하나의 기준일 뿐, 무조건 'E7은 ♭9, ♭13을 써야 한다!'처럼 단순 암기하는 것은 지양하는 것이 좋습니다. 실제로는 하모닉 마이너 외에도 멜로딕 마이너, 얼터드 스케일 등 다양한 스케일이 적용될 수 있으므로, 항상 연주하고 들어보며 귀로 익히는 과정이 중요합니다.

다만 알아가는 단계에서는 일관되고 정확한 기준을 가지고 세계관을 만들어가는 것이 중요하기 때문에, 해결 코드에 따라 어떤 텐션이 나오는지 알아두는 것은 중요합니다. 우선 마이너로 해결하는 세컨더리 도미넌트는 하모닉 마이너에서 빌려왔을 가능성이 높다! 이렇게 기억해 둡시다.

코드는 정말 하나씩 보는 걸까?

"내일 도서관에 □□하러 간다며?"라는 문장에서 일부를 못 들어도, 문맥을 안다면 도서관과 관련된 '반납'이나 '공부' 같은 단어가 나올 거라 추측할 수 있습니다. 적어도 '운동하러' 같은 말은 나오지 않을 확률이 큽니다. 코드를 빨리 읽고 파악하는 기술의 핵심은 바로 이렇게 '묶음 단위로 유추하기'입니다. 우리가 반주를 하는 음악도 '대중음악'의 범주에 있는 만큼, 아주 새로운 진행들이 나오는 경우는 드뭅니다. 때문에 코드의 순서를 읽는 방법을 파악한다면 많은 진행들이 예측 가능한 범위로 들어오게 됩니다.

위의 악보를 보면, 마디의 첫 박마다 C Major key의 다이아토닉 코드들이 나왔고, 그 뒤에는 본래 나올 수 없는 코드들이 나왔습니다. 이런 코드들을 논다이아토닉 코드라고 합니다. 이름 그대로, 다이아토닉 코드가 아닌 코드들이지요. 만약 코드를 보는데 익숙하지 않은 사람이라면, 위의 코드 진행을 볼 때 코드를 하나하나 끊어 읽는 방식으로 움직입니다. 하지만, 코드를 보는데 숙련된 사람은 E7-Am7을 묶어서, Gm7-C7-FM7을 묶어서 코드의 연결을 읽는 것에 익숙합니다. 이런 방식을 청킹(Chunking)이라고 하는데, 덩어리를 의미하는 청크(Chunk)에서 유래했습니다. 01012345678이란 번호는 기억하기 어렵지만, 010-1234-5678처럼 끊어서 보면 기억하기 쉬운 것과 비슷한 원리입니다. 음악뿐만이 아니라 일상에서도 우리가 자주 사용하는 기술이에요.

청킹은 단순한 암기 기술이 아니라, 음악을 구조적으로 바라보게 해주는 관점이기도 합니다. 이제부터는 코드를 볼 때 하나씩 끊어 읽기보다, 두세 개의 흐름 단위로 묶어서 이해하는 습관을 들여보세요. 그렇게 되면 코드가 보이고, 진행이 들리고, 반주가 훨씬 더 자연스러워질 것입니다.

Practice
세컨더리 도미넌트 연습

1. 세컨더리 도미넌트에 사용된 텐션음에 주의하면서 연습해 보세요.

2. 가이드 톤이 적힌 코드 진행입니다. 사용 가능한 텐션을 넣어 완성해 보세요.

① Bm7(♭5)　　E7　　Am7　　D7　　Dm7　　G7　　CM7

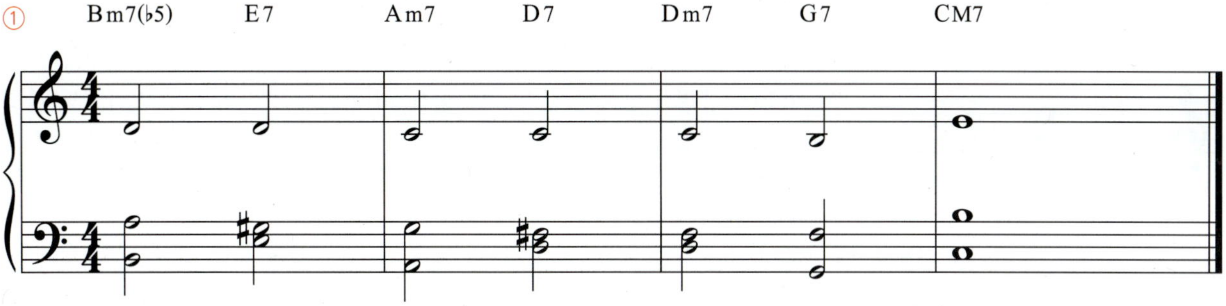

② E♭M7　　E♭7　　A♭M7　　A♭m6　　Gm7　　C7　　Fm7　　B♭7

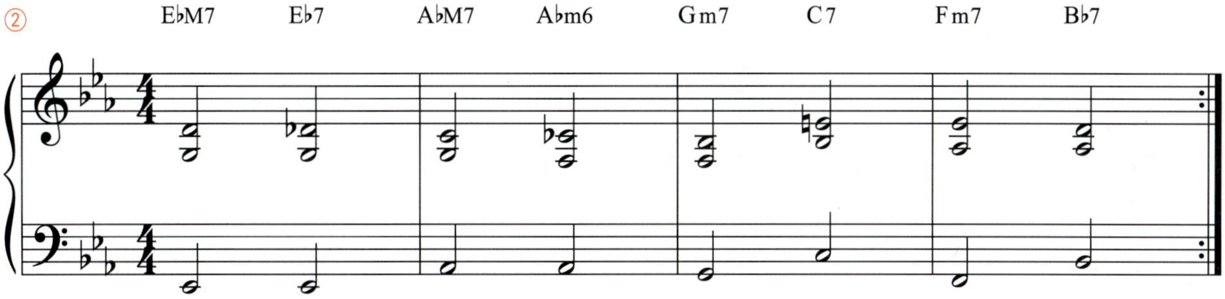

③ GM7　　C#7　　F#m7　　B7　　Em7　　A7　　DM7

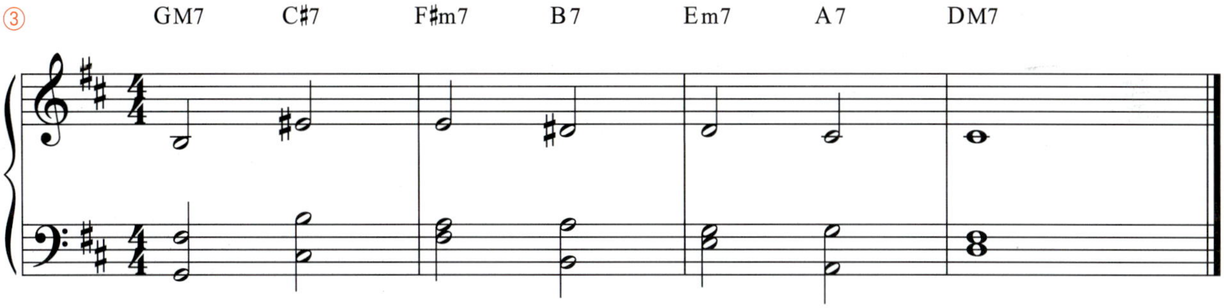

④ D#m7(♭5)　　G#7　　C#m7　　F#7　　Bm7　　E7　　AM7

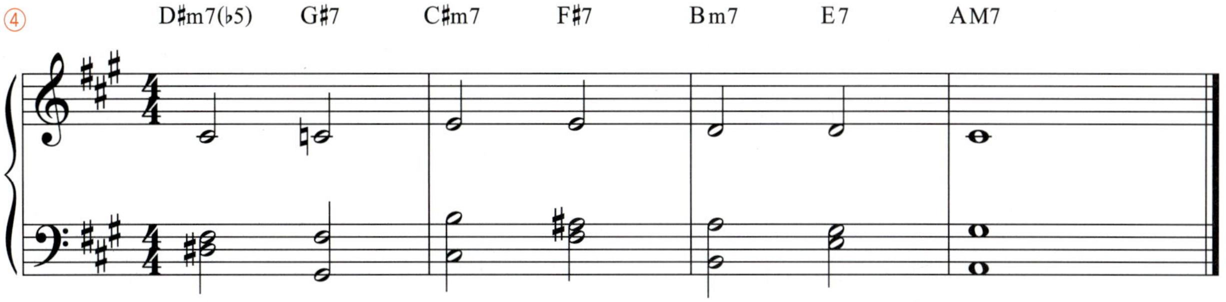

증4도 대리화음 (Substitute Dominant)

증4도 대리화음

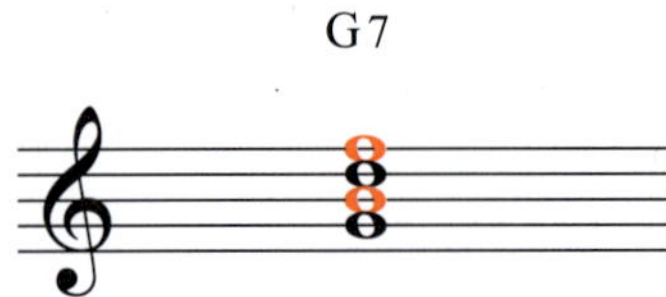

어떤 음들이 코드의 긴장감을 만들까요? 바로 트라이톤(Tritone)입니다.온음 (Whole Tone) 3개가 합쳐진 간격으로, 중세 시대에는 '악마의 화성'이라고도 불릴 만큼 긴장감 있는 사운드가 특징입니다.

이 트라이톤은 도미넌트 7th 코드의 3음과 7음, 즉 가이드 톤에서 발견됩니다. 음정으로 보면 완전 5도에서 반음 줄어든(Diminish) 간격, 감5도(Diminished 5th)가 됩니다. C Major Scale에서 4음과 7음은 각각 약한 긴장과 강한 긴장을 가지고 있었는데, 이 두 음이 동시에 등장하는 트라이톤은 매우 불안정한 소리를 냅니다. 그래서 꼭 안정된 음으로 해결하려는 성질이 있습니다.

위 악보처럼 트라이톤은 뒤집어도 같은 간격을 유지하는 아주 특별한 음정입니다. 감5도(B-F)를 뒤집으면 증4도(F-B)가 되는데, 여전히 온음 3개 간격을 그대로 유지합니다. 이 점을 파악한 사람들이 트라이톤을 화성적으로 활용할 수 있는 방법을 고안해 냅니다. 뒤집어도 같은 음정 간격이라면, 아예 베이스를 바꿔버리자고 생각한 것이지요. 예를 들어 G7의 증4도 아래 음이 근음인 Db7 코드가 G7과 같은 3, 7음을 가진 코드가 되는 것입니다. 이런 코드를 '증4도 대리화음(Substitute Dominant 7)'이라고 부릅니다.

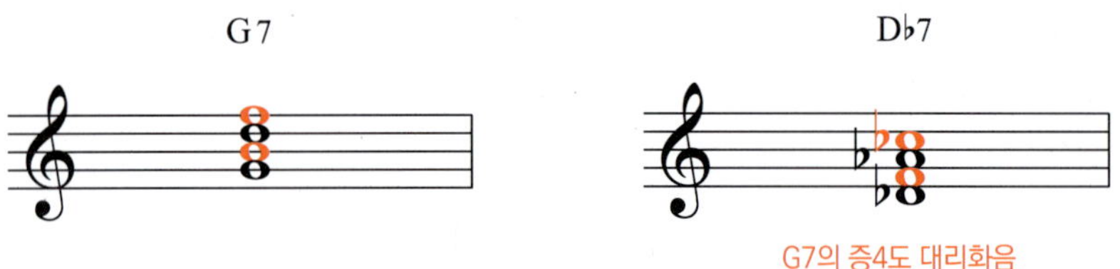

트라이톤을 활용한 리하모니제이션

이러한 방식으로 G7 → C 같은 일반적인 코드 진행을 다음과 같이 바꿀 수 있습니다.

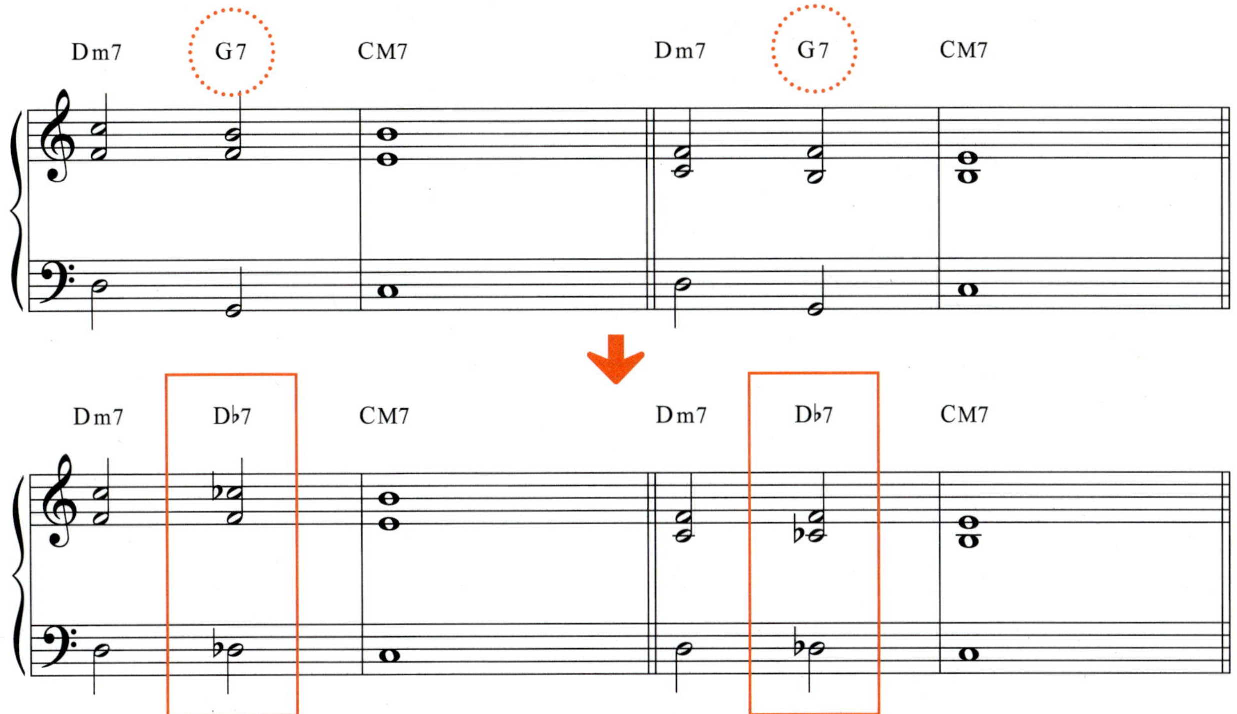

　　G7의 가이드 톤인 B와 F는 그대로 있지만, G7의 3음이었던 B가 Db7의 7음으로, G7의 7음이었던 F가 Db7의 3음이 됩니다. G7의 증4도 대리화음인 Db7은 굉장히 독특한 소리가 납니다. 이 코드 진행을 활용하면, 세컨더리 도미넌트가 들어간 코드 진행을 아래처럼 바꾸는 것이 가능합니다. 이렇게 코드를 바꾸는 것을 리하모니제이션(Re-harmonization)이라고 합니다.

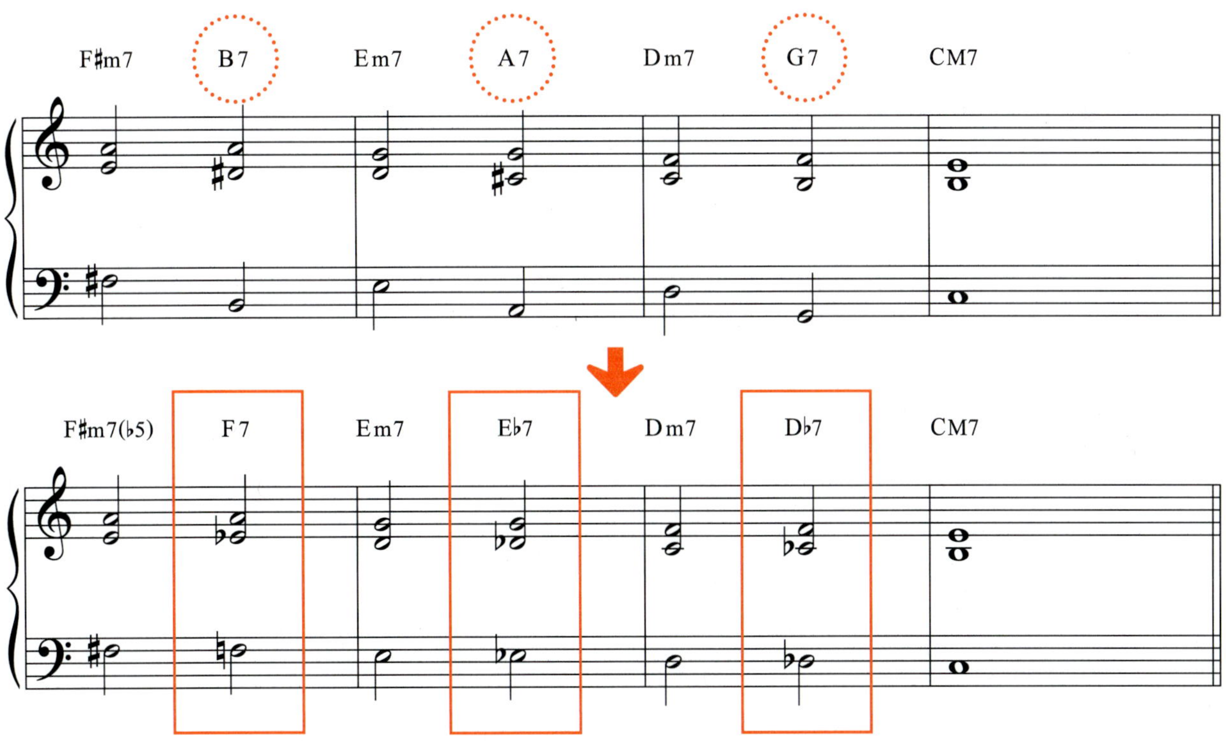

증4도 대리화음 연습

1. 증4도 대리화음과 해결 코드에 주의하면서 연습해 보세요.

2. 다음 악보를 증4도 대리화음에 주의하여 전조해 보세요.

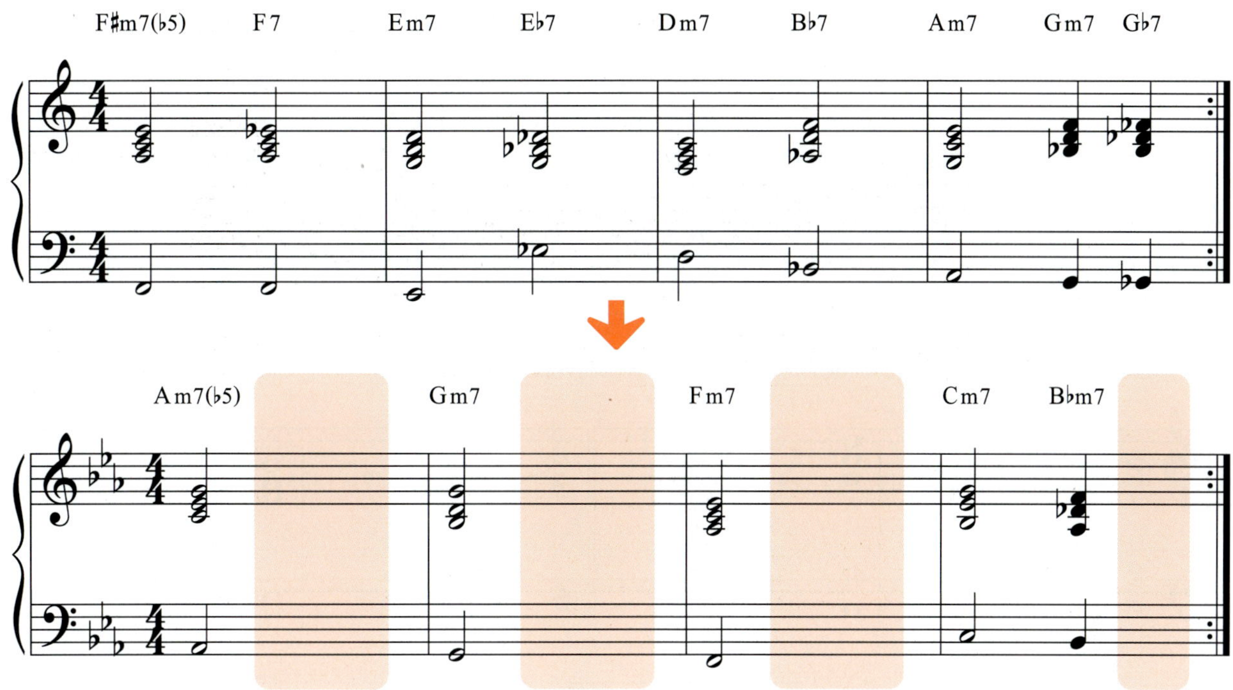

3. 다음 악보를 내쉬빌 숫자로 적어보세요.

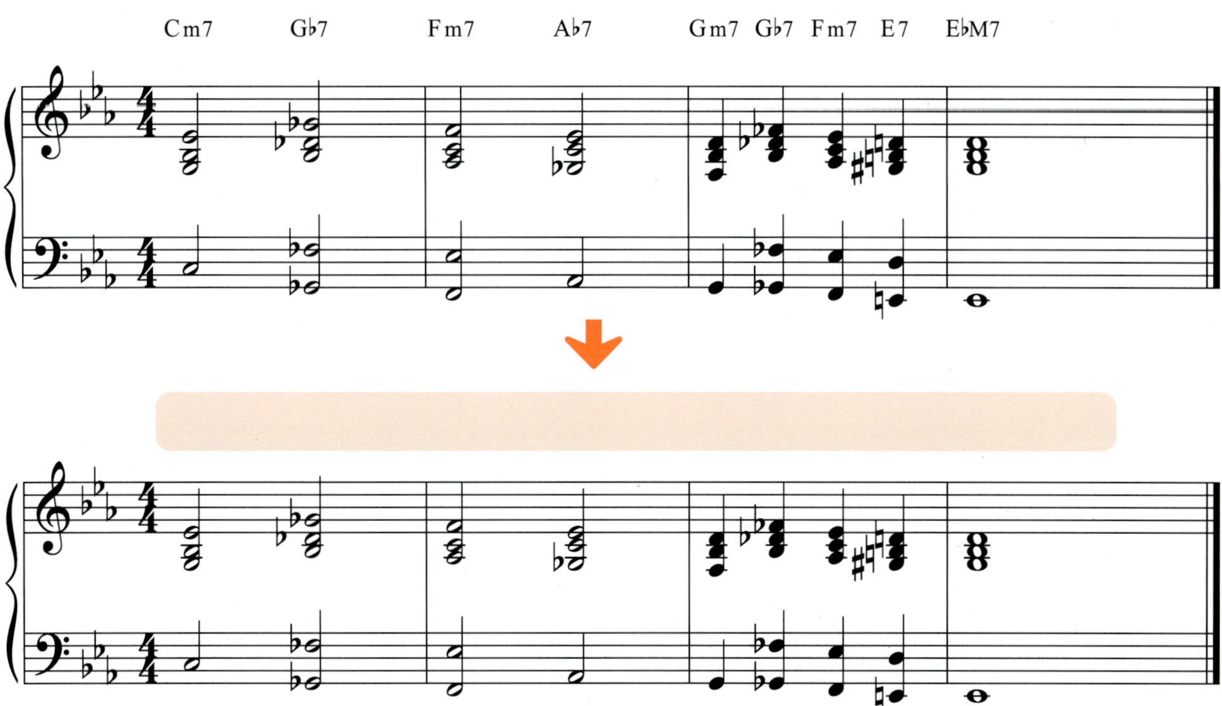

증4도 대리화음의 텐션

증4도 대리화음의 사용할 수 있는 텐션을 배치하는 기본적인 요령은 세컨더리 도미넌트와 같습니다. 1음이 가장 밑에오고 3, 7음이 중간 음역대에 오면 텐션은 그 사이나 위에 들어옵니다. 자주 사용하는 텐션은 아래 악보처럼 9과 13음입니다.

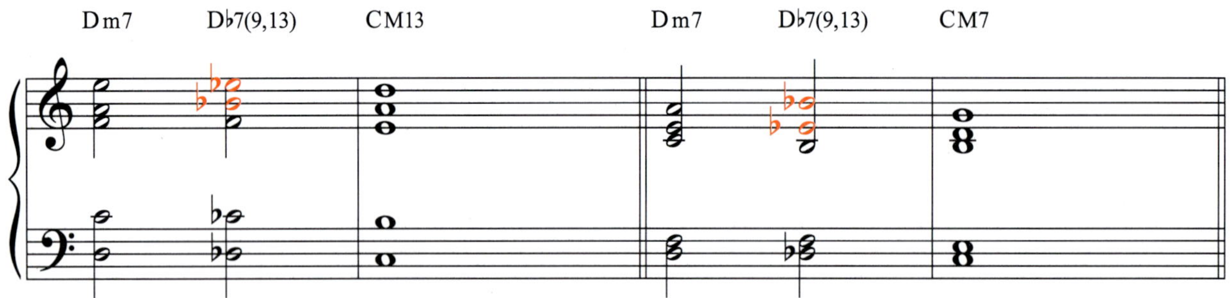

증4도 대리화음은 반음 간격으로 이동하면서 재즈 특유의 사운드를 줍니다. 이런 재즈 느낌을 최대한 표현하고 싶을 때는 9, ♯11,13음을 전부 사용할 수 있는데, 아래와 같이 밑에서부터 잡는 것도 가능합니다.

왼손 1, 3, 7 + 오른손 9, ♯11,13

다음 악보를 보면 왼손은 1, 3, 7음을, 오른손은 9, ♯11,13음을 그대로 쌓아 올렸습니다. 이 모양은 코드만 다를 뿐, 1, 3, 7, 9, ♯11,13 순서는 같으니 세면서 외워주시면 아주 유용해요. 반음씩 오르내리는 연습도 아주 좋습니다. 악보상만 보면 어려워 보이지만, 실제론 반음씩 올라갑니다.

이 때, 오른손에서 또 다른 코드 하나가 만들어지는 것을 볼 수 있습니다. F7 코드 위에 G 코드, Eb7 코드 위에 F 코드가 만들어지지요. 텐션 파트에서 알아보았던 어퍼 스트럭처 트라이어드(Upper Structure Triad)입니다. 기억하기 쉽게 말하자면, '기본 코드에서 온음 위의 메이저 코드(3화음)를 올린다'고 외우면 좋습니다.

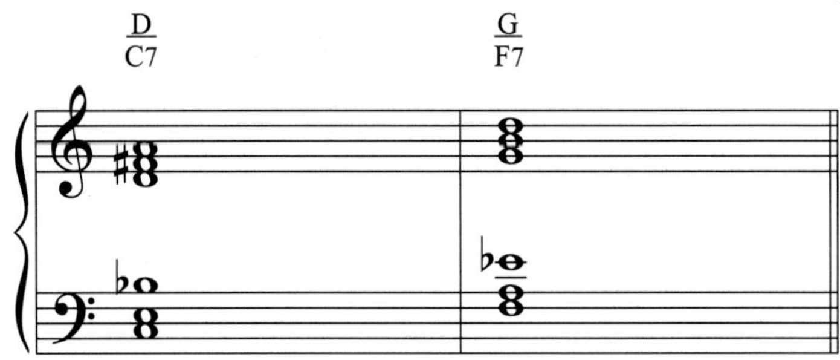

가령 C7이면 온음 위인 D 코드가 올라갈 수 있는 셈이지요. F7이면 G가 올라갈 수 있습니다.

증4도 대리화음을 쉽게 찾는 방법은, 다음 코드를 향해 반음 간격으로 진행하는지를 살펴보는 것입니다. 만약 반음 간격으로 내려간다면 증4도 대리화음인 경우가 많습니다. 이건 다양한 조성에서 연습을 몇 번 반복해 보면 그 간격과 소리를 익힐 수 있습니다.

잘못된 코드 표기가 많아진 이유 ②

모든 코드 진행들이 깔끔하게 예제에 나온 대로 읽히면 좋겠지만, 안타깝게도 코드 표기는 역사가 100여년 정도 밖에 되지 않습니다. 오선지에 악보를 기보하는 것이 약 500년 넘는 시간 동안 개량된 것에 비하면 아주 짧은 시간이지요. 그러다 보니 코드 표기가 항상 예제처럼 깔끔하게 딱딱 떨어지지 않는 경우도 많고, 독특한 코드 진행이 어색한 표기로 기록되는 경우도 자주 있습니다.

Baug/Db 으로 표기되어 있지만, 실제론 Db7(9, #11) 코드를 줄여서 적은 것입니다. 9이나 #11처럼 복잡해보이는 표기들은 사라졌지만, Db7 코드의 3음인 'F'가 빠지면서 코드의 필수적인 음들이 빠지게 되었습니다. 또한, Baug 코드처럼 보이기 때문에 문맥을 읽기에도 헷갈리는 상황들이 생기게 되지요.

E/G 같은 코드는 실제로 G7(♭9, 13) 표기를 간략하게 적은 것입니다. 마찬가지로 7음인 'F'가 없어서 정확한 소리는 아니지만, 어느 정도 유사한 소리가 납니다. 이런 코드들이 생겨난 배경 중 하나는 쉽게 알려주기 위해 일종의 편법을 만들었던 것이라고 추측합니다. "원래는 G7(♭9, 13) 코드지만, 이렇게 잡으면 너무 복잡하니 오른손으론 E 코드를 눌러주고, 왼손으론 G를 누르면 쉬워!" 하던 것이 점점 쌓이다 보니 꼬인 부분이 많아진 것이지요. 어느 정도는 유용한 방법이지만, 그만큼 한계도 뚜렷한 방법인 만큼, 정확한 요령을 알아두는 것이 좋습니다.

재즈나 컨트리 음악에서 많이 사용하는 C^6_9 같은 코드도 그 직관성을 나타내는 표기 방식입니다. C 코드에 7음 없이 6음과 9음만 넣으라는 지시를 만든 거지요. 정확한 약속을 알고 있다면, 그 의미도 짐작할 수 있습니다.

증4도 대리화음 연습

1. 증4도 대리화음에 사용된 텐션음에 주의하면서 연습해 보세요.

2. 가이드 톤이 적힌 코드 진행입니다. 사용 가능한 텐션을 넣어 악보를 완성해 보세요.

⑤

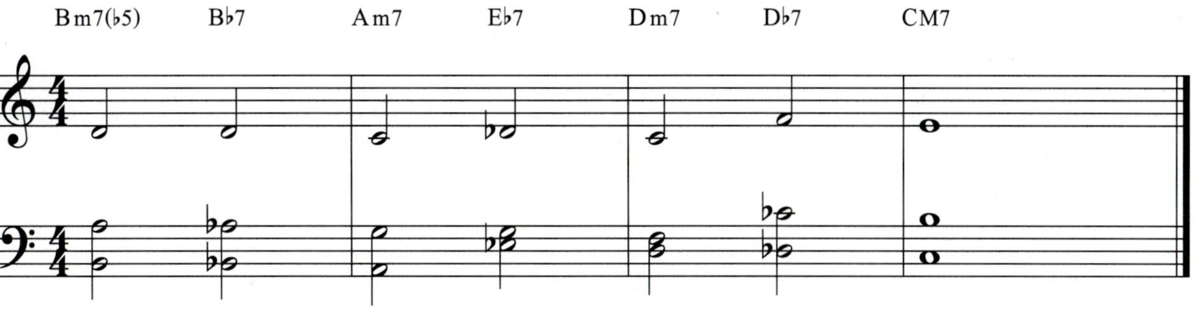

⑥

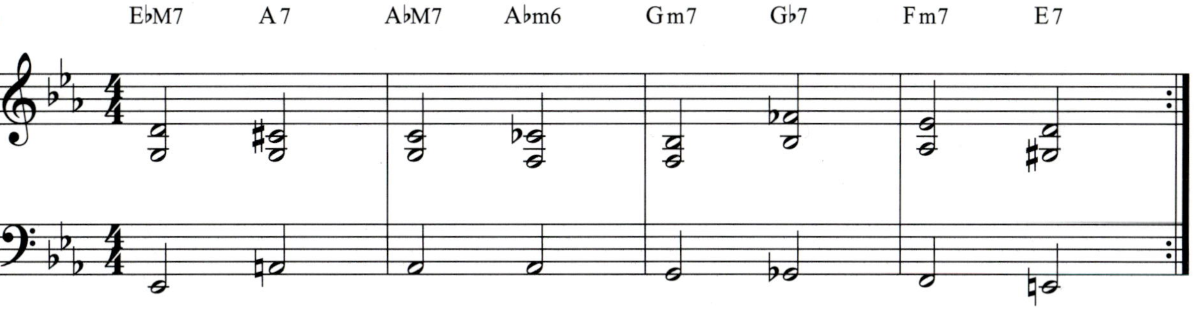

⑦

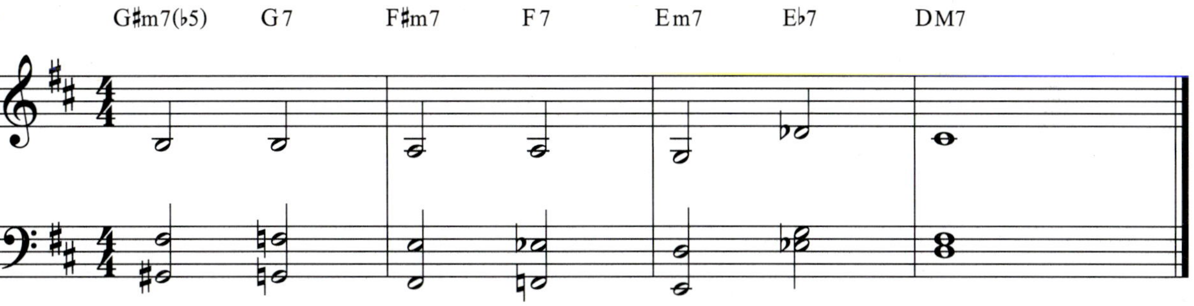

⑧

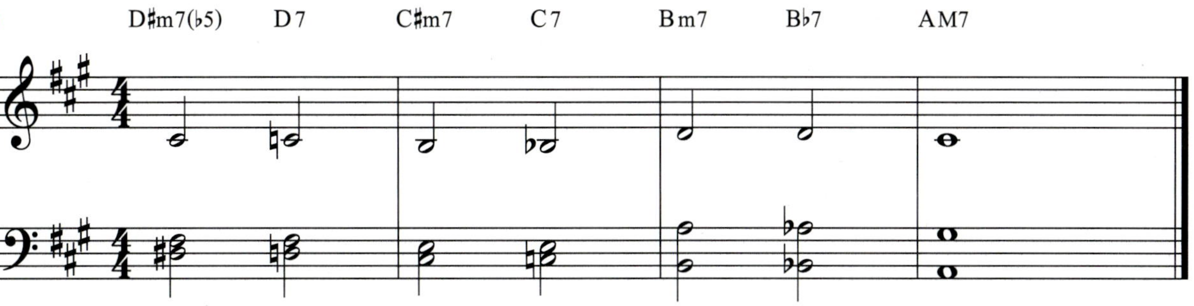

Part 8

팝 스타일 반주법

8-1. 팝 스타일 반주란?

8-2. 발라드(Ballad) 스타일 반주법

8-3. 셔플(Shuffle) 스타일 반주법

8-4. 펑크(Funk) 스타일 반주법

8-5. R&B 스타일 반주법

팝 스타일 반주란?

팝 스타일이란 어떤 의미일까?

우리는 흔히 '팝(Pop) 스타일 반주'라는 말을 자주 씁니다. 하지만 막상 '팝이란 무엇인가?'라고 물어보면 명확하게 설명하기 어려운 경우가 많습니다. 어떤 사람은 라디오에서 나오는 모든 노래를 팝이라고 생각하고, 또 어떤 사람은 비틀즈, 마이클 잭슨, 마룬5 같은 특정 가수의 스타일을 팝이라고 이해하기도 하죠. 과연 팝 스타일이란 정확히 어떤 음악을 말하는 걸까요?

팝(Pop)이란 단어는 크게 두 가지 의미로 쓰입니다.
① Popular Music : 시대와 지역을 막론하고 대중에게 널리 소비되는 음악이라는 의미입니다. 록, 힙합, R&B, 트로트까지도 그 시대에 유행하면 '팝'이 될 수 있습니다. 그래서 미국의 4인조 록 밴드도 한국인의 눈엔 '팝송'으로 느껴질 수 있죠.
② Pop이라는 장르 : 시티팝, 신스팝, 댄스팝, 틴팝처럼 하나의 고유한 음악 스타일을 뜻할 때도 있습니다. 이런 음악은 구조가 비교적 단순하고, 멜로디가 귀에 잘 들어오며, 보컬이 중심이 되는 경향이 있습니다.

예를 들어보면 이해가 쉬워집니다. 비틀즈가 초기에 록큰롤 기반의 음악을 하다가 'Hey Jude'나 'Let It Be' 같은 곡에서 대중성을 강화했을 때, 평론가들은 '이제 이들은 록이 아니라 팝을 하고 있다'고 말했습니다. 그런데 이 팀은 여전히 밴드이고, 여전히 기타와 드럼을 중심으로 연주하고 있었죠. 장르 구분이 모호해지는 지점입니다. 또 다른 예로, 한국에서 팝송이라 하면 마룬5, 아리아나 그란데, 샘 스미스 등 영어로 부른 해외 음악 전반을 뜻하는 경우가 많습니다. 여기엔 록도, 알앤비도, 발라드도 섞여 있죠. 이처럼 '팝'이라는 말은 너무 넓은 개념이라, 문맥에 따라 다르게 이해할 필요가 있습니다.

용어의 정확한 이해가 중요한 이유

이런 혼란은 '팝'이라는 단어가 상황에 따라 너무 다양한 의미를 갖기 때문에 발생합니다. 어떤 때는 특정 장르를 지칭하고, 또 어떤 때는 단순히 해외에서 온 대중가요 전체를 통칭하기도 합니다. 예를 들어, 마이클 잭슨의 'Billie Jean'과 메탈리카의 'Master of Puppets'는 사운드도, 분위기도 완전히 다르지만 둘 다 '팝송'이라고 불리곤 합니다. 이런 상황에서 '나는 팝 스타일 반주를 연습하고 있어'라고 말하면, 상대방은 발라드 풍의 반주를 생각할 수도 있고, 80년대 신스팝을 떠올릴 수도 있는 거예요. 정확한 용어를 익히는 것은 음악을 배울 때 자신의 목표를 잃지 않도록 도와주는 나침반이 되어줍니다. '목적지 없는 여행은 길을 잃기 쉽다'는 말처럼, 반주를 연습할 때도 내가 어떤 스타일을 따라가고 있는지를 아는 것이 중요합니다.

팝은 정확히 정의하기 어려운 단어이지만, 우리가 반주를 연습하고 표현할 음악의 큰 줄기가 되는 스타일입니다. 단지 특정 장르를 넘어서, '대중성과 음악적 효율성'을 모두 담고 있는 방식이 바로 팝 스타일입니다. '반주 독학 가이드북'의 마지막 파트에서는 발라드(Ballad), 셔플(Shuffle), 펑크(Funk), 리듬 앤 블루스(Rhythm&Blues) 네 가지 대표 장르를 하나씩 다뤄볼 예정입니다. 이들 모두는 팝 스타일 안에서 각각 고유한 리듬과 감성을 갖고 있으며, 지금까지 배운 다양한 반주법이 응용됩니다.

발라드 스타일 : 서정적이며 감성적인 코드 진행. 느린 템포, 잔잔한 아르페지오나 패드 사운드 중심
예시곡 : 이하이 – 한숨, 성시경 – 너의 모든 순간, izi – 응급실, Chicago – Hard to say I'm sorry

셔플 스타일 : 3연음 기반의 흥겨운 장르
예시곡 : 마이클 부블레 – Everything, 버스커 버스커 – 벚꽃 엔딩, 제이슨 므라즈 – I'm yours

펑크 스타일 : 베이스와 리듬이 강하고, 코드보다는 그루브가 중요함
예시곡 : 브루노 마스 – Uptown Funk, 다프트 펑크 – Get Lucky, UV – 이태원 프리덤

R&B 스타일 : 리듬과 멜로디가 유려하고, 감정 표현이 섬세함
예시곡 : 아델 – Someone Like you, Earth, Wind&Fire – After the love has gone, 헤이즈 – Jenga

익숙한 코드와 리듬이지만, 장르에 따라 어떻게 색깔이 달라지는지를 느껴보세요. 음악을 더 깊이 이해하고 즐기는 문이 열릴 것입니다.

발라드(Ballad) 스타일 반주법

발라드에서 자주 사용하는 3가지 반주법

발라드는 서정적이고 느린 템포의 음악을 말합니다. '노래하다'를 뜻하는 중세 유럽의 단어 Ballare에서 유래한 것으로 알려져 있으며, 오늘날에는 그 범위가 훨씬 넓어졌습니다. 발라드의 가장 큰 특징은 연주자에게 높은 자유도를 부여한다는 점입니다. 또한 피아노 반주의 특성이 가장 잘 드러나는 장르이기도 합니다. 4분음표로 굵고 단단한 느낌을 줄 수도 있고, 16분음표를 활용하여 섬세하고 복잡한 반주를 구성할 수도 있습니다.

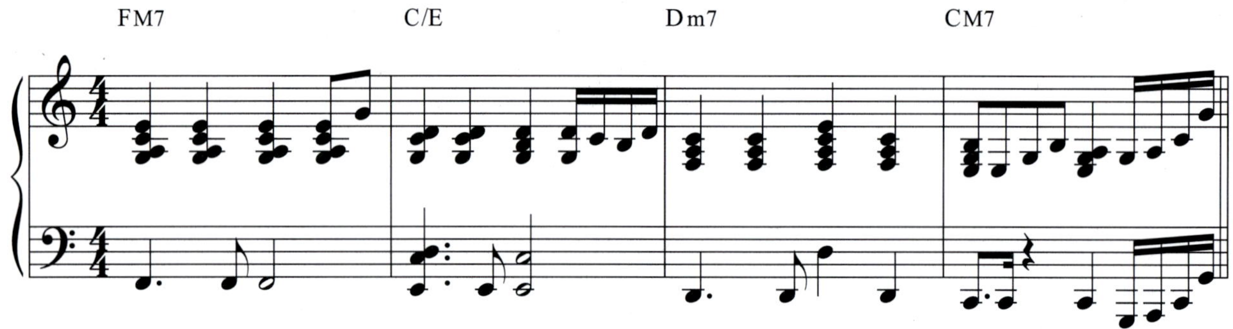

특히 발라드에서는 보이싱(Voicing)이 핵심입니다. 같은 코드라도 어떻게 음을 배치하느냐에 따라 전혀 다른 분위기를 만들 수 있기 때문입니다. 어떤 음을 가장 위에 놓을지, 어떤 간격으로 쌓을지 미리 스케치하며 연습하는 것이 좋습니다. 이번에는 발라드에서 자주 사용되는 대표적인 반주 기법 3가지를 소개하고, 그 활용법을 알아보겠습니다.

① 라인 클리셰(Line Cliche)

만약 아래처럼 코드가 반복해서 적혀있다면, 어떻게 반주하는 것이 좋을까요? 이런 경우 단순히 코드 구성음을 찾아 누르는 것을 넘어 구성음을 활용하여 라인을 만들 수 있습니다.

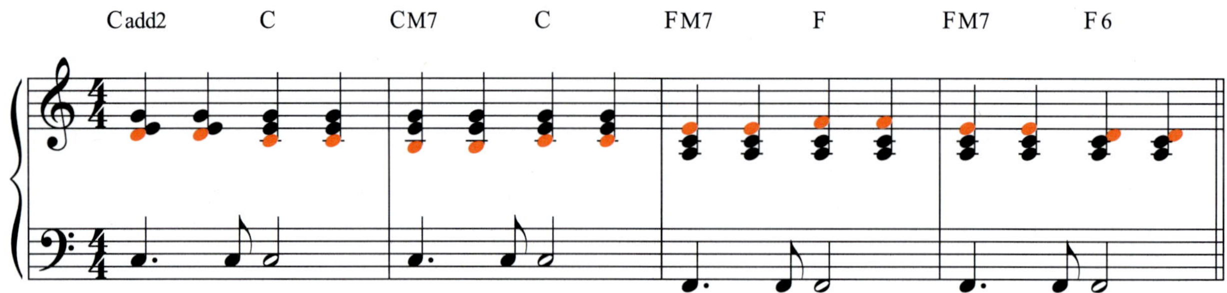

　C 코드와 F 코드 뿐이지만, 기본적인 구성음들이 서로 가로로 연결되면서 라인을 만드는 것을 볼 수 있습니다. C 코드처럼 선율 아래에서 움직일 수도 있고, F 코드처럼 가장 위에서 움직일 수도 있습니다.(가운데 내성도 가능합니다.) 또 하나의 선율과도 같은 역할을 해주지요. 라인 클리셰는 이렇게 같은 코드 안에서 움직임을 만들어주는 기법입니다. 멜로디와 가깝게 부딪치지 않으면 사용할 수 있습니다. 같은 코드가 길게 반복될 때는 aug와 6 코드를 사용해서 진행하는 방식도 자주 씁니다. 이때는, 멜로디가 5음이나 6음이 아니어야 자연스럽습니다.

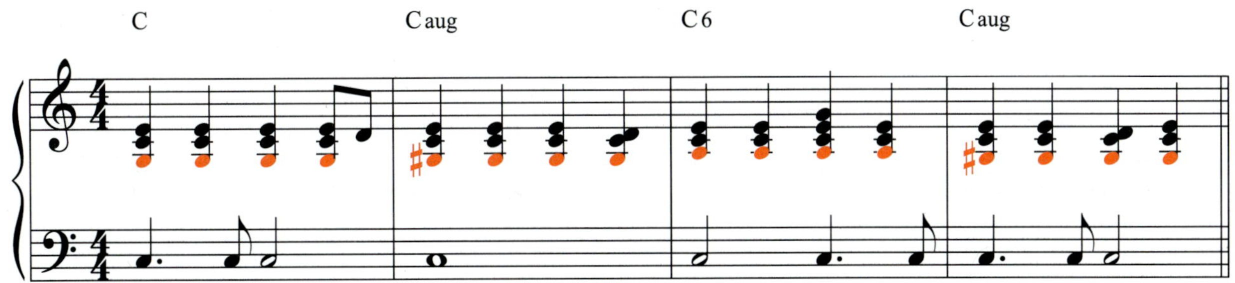

② 아르페지오

　아르페지오는 화음을 펼쳐서 연주하는 기법으로, 발라드뿐 아니라 거의 모든 장르에서 널리 사용됩니다. 아래 예시처럼 왼손으로 저음을 펼쳐서 눌러주면, 마치 시간의 흐름이 선명해지는 듯한 효과를 줍니다.

보이싱을 잘 잡은 뒤, 그 보이싱을 아르페지오로 펼치는 것만으로도 훌륭한 반주가 됩니다. 기본적으로는 8분음표나 16분음표 단위로 많이 쓰이며, 두 가지를 혼합해서 사용할 수도 있습니다. 특히 발라드는 자유도가 높은 장르이기 때문에 정답은 없습니다. 하지만 아래처럼 자주 쓰이는 몇 가지 기본 패턴은 익혀두면 좋습니다.

이 책에서는 초보자들이 효율적으로 연주할 수 있도록 중음역대 중심의 보이싱을 먼저 연습하도록 안내했지만, 보컬의 공간을 비워주거나 고음 라인을 강조하고 싶다면 고음역대로 손을 올려보는 것도 좋은 방법입니다.

③ 모달 인터체인지 (Modal Interchange)

발라드를 듣다 보면 어딘가 예상치 못한 코드 진행이 나오거나, 메이저와 마이너를 섞은 것 같은 묘한 느낌이 드는 코드들이 나오기도 합니다. 이런 경우, 이 모달 인터체인지라는 기법에 주목하면 좋습니다. 모달 인터체인지는 직역하면 '선법적인 교차' 정도의 의미를 가지고 있습니다. 잠시 메이저 스케일이 아닌 다른 스케일로 갔다가 돌아오는 기법이라고 볼 수 있어요. 중세 유럽의 선법음악을 뜻하는 Mode에서 나온 용어입니다.

가령 C Major key 곡이라면, 같은 으뜸음을 가진 C Minor key로부터 코드를 빌려올 수 있습니다. 이 때 b6인, Ab이 들어있는 코드들은 다른 스케일들과 비교해서 C Minor Scale의 캐릭터를 잘 드러내주는 코드가 됩니다.

아래 진행에서 4도 마이너, ♭6도 메이저, ♭7 메이저처럼 본래 나올 수 없는 코드들이 바로 모달 인터체인지 코드입니다. 일시적으로 C Minor Scale에서 코드들을 빌려왔다고 본 것이지요.

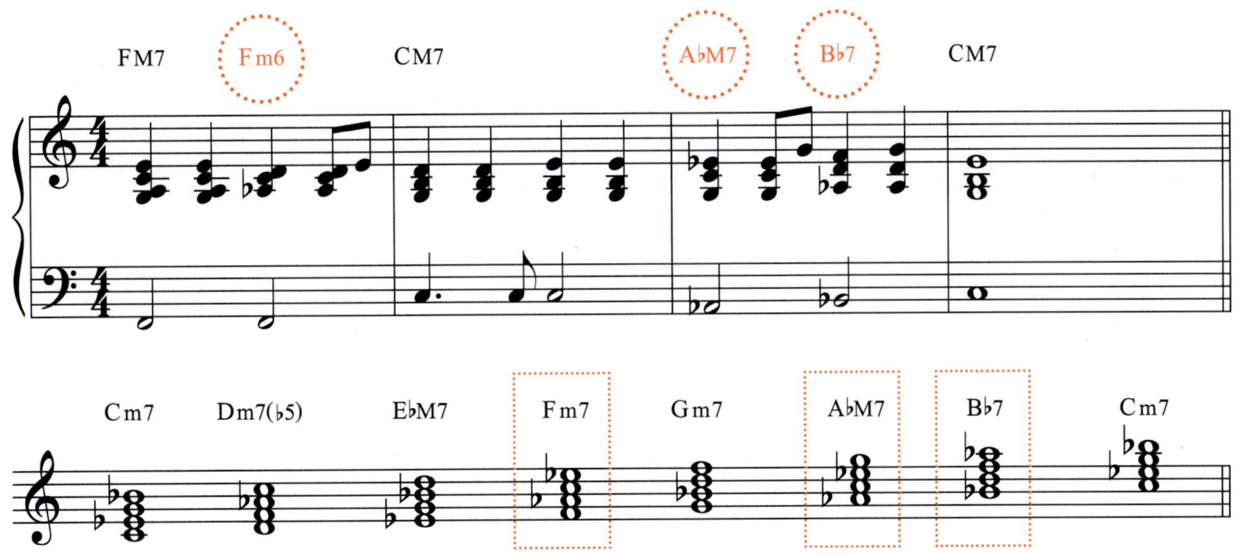

하지만 완전히 전조한 것은 아니고, 일시적으로 빌려오기만 했다가 돌아온 것이라 아래처럼 다시 C Major key 의 다이아토닉 코드로 돌아와야 합니다. 주로 서브 도미넌트, 예비의 자리에 들어오고, 마이너에서 빌려왔기 때문에 '서브 도미넌트 마이너(Sub Dominant Minor)'라는 이름도 있습니다. 모달 인터체인지를 쓰면 2-5-1 진행도 더욱 다채롭게 만들 수 있습니다.

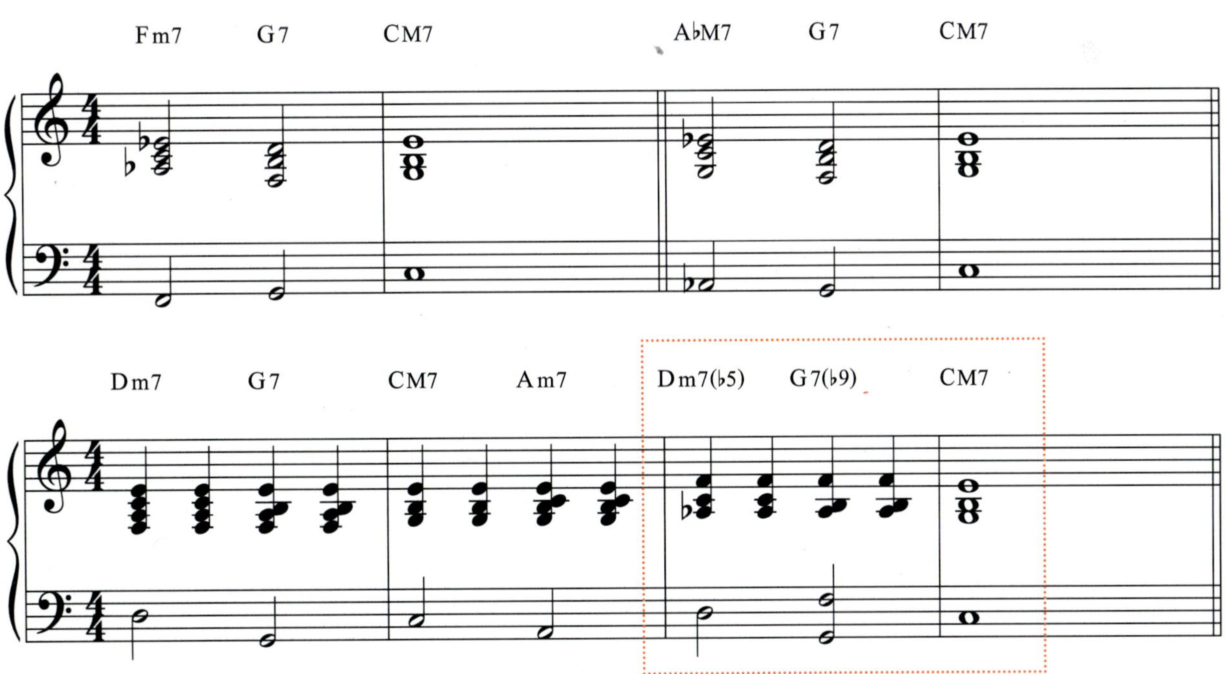

Practice
발라드 연습

1. 8마디 발라드 연습곡입니다. 보이싱과 아르페지오에 주의하면서 연습해 보세요.

같이 걷던 밤

(발라드 버전)

박터틀 작곡

177

셔플 반주의 첫걸음! 2, 4에 강세 주기

앞에서 간단히 소개한 셔플(Shuffle)은 '바운스 리듬'의 대표적인 장르입니다. 셔플 리듬은 기본적으로 8분음표를 셋잇단음표처럼 나눈 뒤, 그중 가운데 음을 생략한 형태로 만들어집니다. 쉽게 말해 "랄라랄라~" 콧노래를 부를 때와 같은 리듬이지요. 몸이 절로 흔들리는 느낌을 주는 바로 그 리듬입니다.

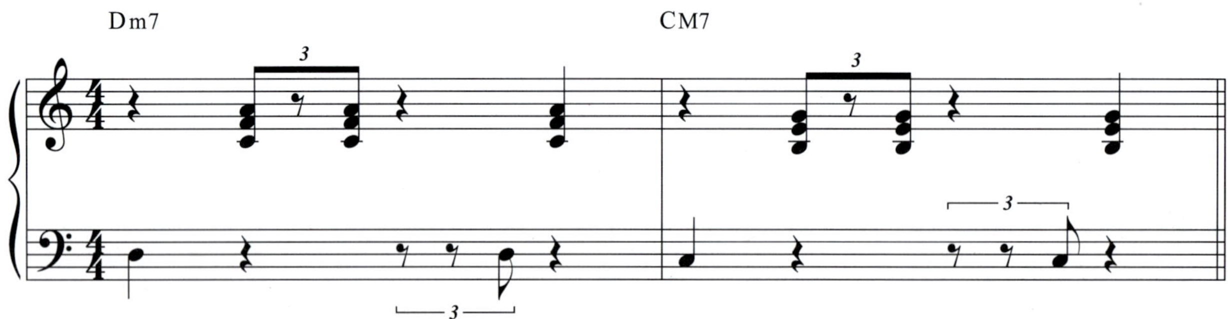

가독성을 높이기 위해, 실제로는 셔플을 4/4박자와 8분음표로 적되, '셔플 feel'로 연주하도록 표시하는 경우가 많습니다. 엄밀히 말하면 12/8분의 표기하는 것이 정확하지만, 복잡한 악보를 피하기 위한 실용적인 선택이지요. 셔플은 가장 본능적인 리듬 중 하나로, 대중음악에 엄청난 영향을 끼쳤습니다. 셔플 리듬은 스윙 재즈의 토대가 되었고, 이후 비밥, 하드밥, 리듬 앤 블루스(R&B), 로큰롤, 네오 소울, 힙합 등 수많은 장르로 뻗어나갔습니다. 사실, 셔플 리듬의 영향을 받지 않은 장르를 찾는 것이 더 어려울 정도예요. 우리가 사용하는 알파벳 코드 표기법(C, Dm, G7 등)도 이 시기에 정립되었고, 지금까지도 계속 사용되고 있습니다. 즉, 셔플은 오랜 역사를 가지고 있지만 지금도 반드시 알아야 할 중요한 리듬 스타일입니다.

셔플의 가장 큰 특징 중 하나는 2, 4박자에 강세가 들어간다는 것입니다. 1, 3박을 '온 비트(On-Beat)', 2, 4박을 '백 비트(Back-Beat)'라고 하는데, 행진곡이나 클래식, 찬송가는 1, 3박을 강조했지만, 셔플을 비롯한 대중음악은 2, 4박자를 강조합니다.

1	2	3	4
OnBeat	BackBeat	OnBeat	BackBeat

사람들은 본능적으로 1, 3박에 강세와 안정감을 느끼지만, 2, 4박에 강세를 주면서 밸런스를 맞추고 노래를 더욱 흥겹게 만든 것이지요. 일명 알파벳송도 'A, B, C, D, E, F, G…' 하고 노래를 불러보면 B, D처럼 2, 4박에 강세를 넣을 때 자연스럽게 들립니다.

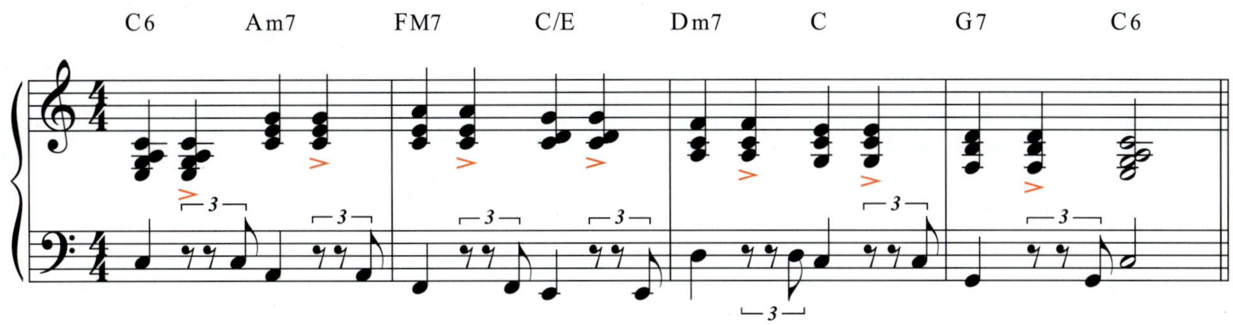

셔플 리듬은 단순한 코드 진행이라도 반복적인 리듬 패턴과 바운스로 독특한 색깔을 입힐 수 있는 것이 특징입니다. 이를 가장 잘 살린 주법 중 하나가 바로 부기우기(Boogie Woogie)입니다. 짧은 패턴을 왼손으로 연주하면서 오른손으로는 코드나 멜로디를 연주하는 주법입니다.

부기우기 스타일

셔플 반주를 도와주는 3가지 연습법

지금 알려드리는 것은 조금 레트로하지만, 셔플 리듬을 배울 때 손가락의 독립과 더불어 리듬감을 키우기에 좋아서 제가 적극 추천하는 연습 방법입니다. 꼭 따라해 보세요.

① 왼손은 킥 드럼, 오른손은 스네어 드럼이라고 생각해 보세요
특히 왼손은 음악의 흐름을 만드는 데 있어서 뼈대 역할을 합니다. 왼손으로 드럼 세트의 킥 드럼 리듬 패턴을 만드는 것이라고 생각하면, 정말 여러 형태를 만들 수 있습니다.

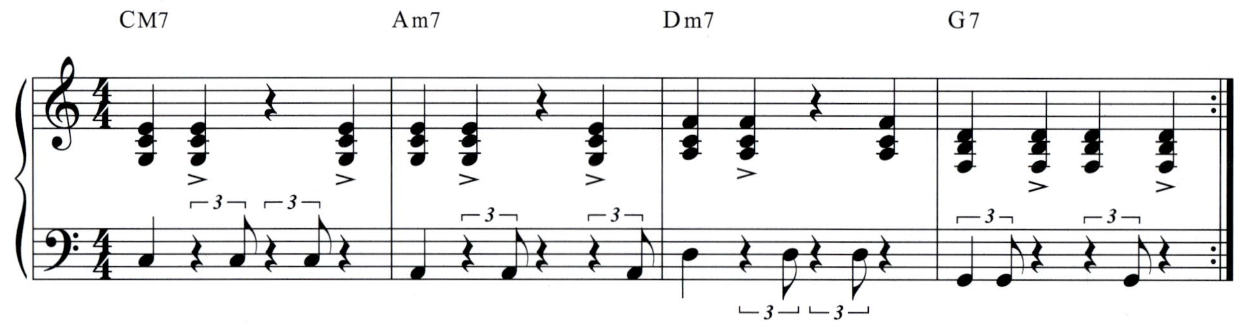

　왼손은 쿵, 오른손은 딱이라고 생각하면서 연주를 하면 매우 큰 도움이 됩니다. 실제 악기의 구조를 이해하면 드럼과 피아노는 의외로 주법에 있어 공통점이 많습니다. 음악을 들을 때도 주의 깊게 살펴보세요.

② 왼손 베이스 라인을 활용해 보세요.
　셔플에서는 코드의 구성음을 향해 온음 위나 아래에서 접근하는 진행이 자주 사용됩니다. 이는 재즈와 블루스에서 매우 흔한 접근법이며, 단순한 코드 진행에 생명력을 불어넣어 줍니다.

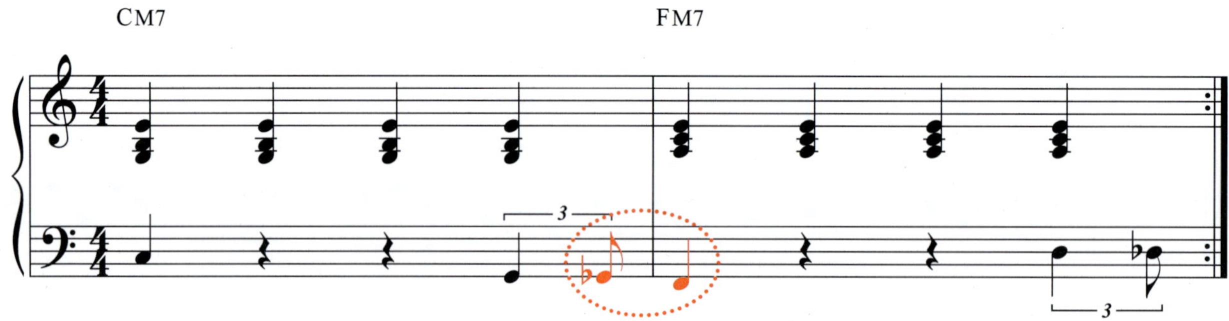

　특히 2-5-1 진행을 사용한다면, Dm7의 5음(A)은 G7의 1음(G)과 가깝기 때문에, 이를 활용하면 부드럽고 재즈적인 연결을 만들 수 있습니다.

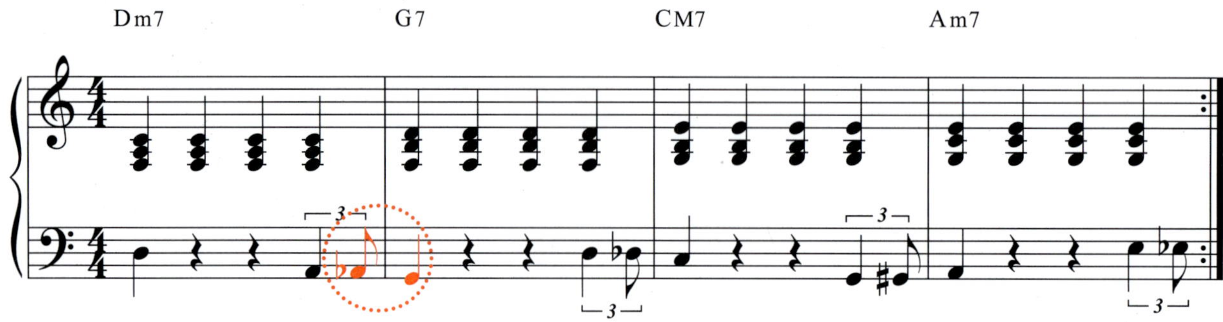

③ **왼손과 오른손의 교차 패턴을 익혀보세요**

셔플은 흔히 8분음표로 적히지만, 실제로는 셋잇단음표 기반입니다. 이 점을 활용하면 '왼-오-왼', 혹은 '오-왼-오' 같은 식의 3음 교차 패턴을 연습할 수 있습니다.

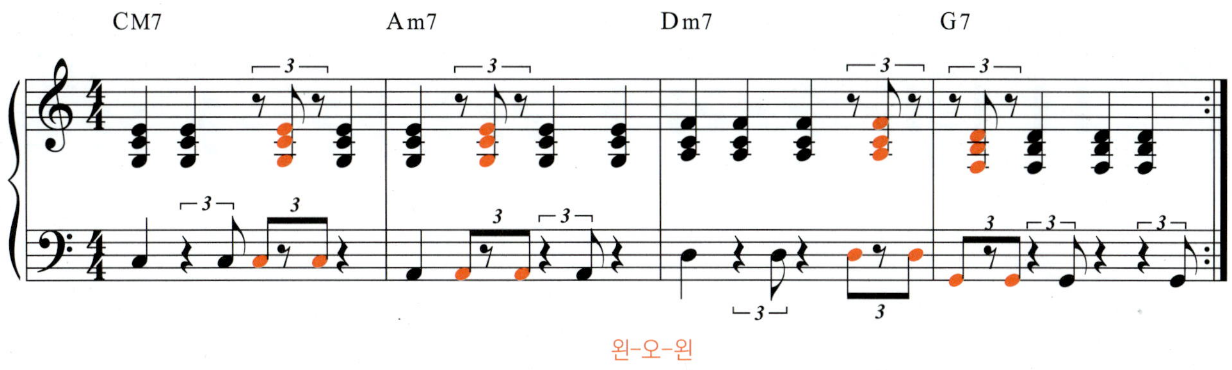

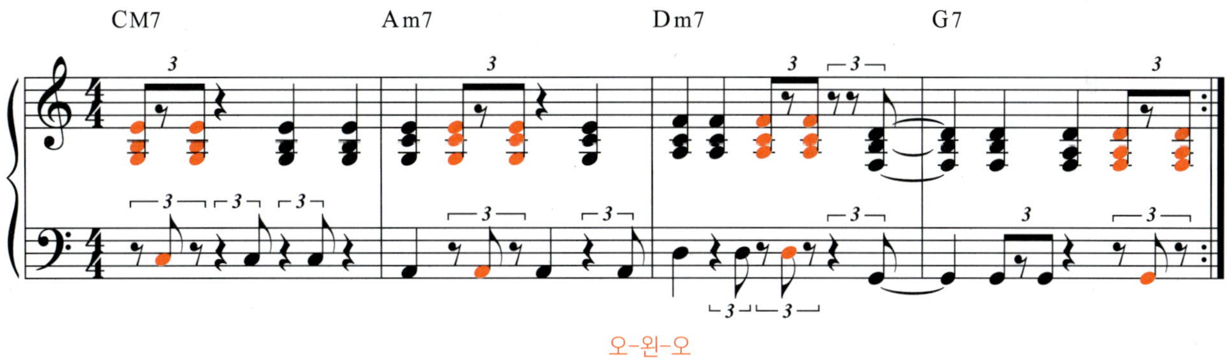

초보자에게는 다소 혼란스러울 수 있지만, 익숙해지면 리듬적으로 매우 탄력 있고 역동적인 연주가 가능합니다. 이런 스타일은 스티비 원더(Stevie Wonder) 같은 전설적인 팝 아티스트들이 자주 사용한 주법이기도 합니다.

1. 8마디 셔플 연습곡입니다. 리듬에 주의하면서 연습해 보세요.

같이 걷던 밤

(셔플 버전)

박터틀 작곡

펑크(Funk) 스타일 반주법

펑크 연습, 딱 3가지만 기억하세요

펑크(Funk)라는 장르는 이름만큼이나 독특한 정체성을 가진 음악입니다. '펑크 록(Punk Rock)'과 혼동하기 쉽지만, 사실은 완전히 다른 장르입니다. 영어 철자는 'Funk'와 'Punk'로 다르며, 발음도 펑크보다는 '훵크'에 가깝습니다. 'Funk'라는 단어는 원래 '지독한 체취'나 '강렬한 분위기'를 뜻하며, 이름처럼 이 장르도 매우 강렬한 리듬감과 그루브를 자랑합니다.

펑크 음악은 아프리카의 타악기 중심 전통 음악과, 미국 재즈 연주자들의 리듬 실험이 만나 탄생했습니다. 젬베, 봉고처럼 리듬이 중심이 되는 악기에서 영감을 받아, 악기 전체가 타악기처럼 사용되는 장르이기도 합니다. 그럼 펑크 스타일의 음악을 잘 반주할 수 있는 3가지 방법을 알아보겠습니다.

① 피아노를 타악기처럼 연주하라

펑크 스타일의 가장 중요한 특징 중 하나는 피아노를 멜로디 악기보다는 타악기처럼 사용하는 것입니다. 손을 위에서 아래로 떨어뜨리듯이 눌러서, 리듬 자체를 주도하는 주법을 만들어냅니다. 이때 왼손과 오른손은 아래처럼 드럼의 '파라디들(Paradiddle)'처럼 주고받는 리듬 패턴을 형성합니다.

	R			R		R	R
L		L	L		L		

이 리듬 패턴을 양손 악보로 그리면 아래처럼 됩니다.

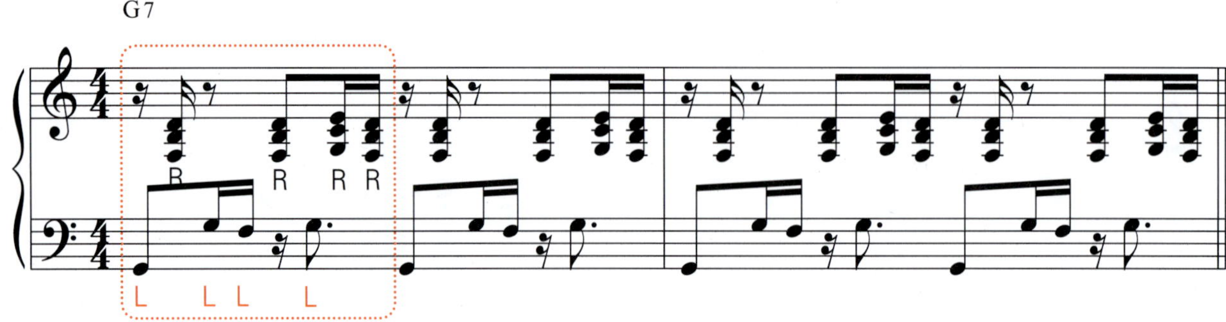

오선지로 올렸을 뿐인데 매우 복잡한 모양이 되지요. 패턴이 복잡해 보여도 전부 코드의 구성음입니다. 오선지는 높낮이를 표기하기엔 적합하지만, 리듬을 표기하기에는 다소 어려운 수단이라 이런 문제가 생깁니다.

이런 악보를 조금 더 수월하게 보기 위해서는, 한 박자마다 왼손과 오른손의 패턴을 먼저 살펴보고 연주하는 것이 좋습니다. 개별적인 음보다는 마디 전체의 패턴이 어떤 형식으로 가고 있는지 보는 것이지요. 양손의 흐름을 보고 나면 그중 어떤 음이 멜로디고, 어떤 음이 꾸미는 음인지 구별할 수 있게 됩니다. 위의 패턴은 오른손이 멜로디, 왼손이 꾸며주는 음입니다.

② Up Beat를 느끼면서 반주하라

펑크의 또 한 가지 특징은 Up Beat가 두드러진다는 것입니다. Down Beat가 1, 2, 3, 4박에 해당한다면, Up Beat는 원 '앤' 투 '앤'처럼 그 사이의 '앤' 박자입니다. 지휘하듯 손으로 박자를 세면, 내려갈 때가 Down Beat, 올라갈 때가 Up Beat가 됩니다.

1박자		2박자		3박자		4박자	
Down	Up	Down	Up	Down	Up	Down	Up

이 업비트에 강세를 주면서 연주를 해주는 것이 펑크의 특징 중 하나인데, 이건 칠 때뿐만 아니라 음을 뗄 때에도 마찬가지입니다. 업비트가 잘 들리도록, 정확하게 떼주는 것이 좋은 리듬감의 포인트가 되지요.

이렇게 업 비트에 강세를 주는 연주 스타일은 점점 발전해서 디스코나 하우스, 힙합, 레게 같은 장르에도 많은 영향을 줍니다. 특히 1970년대 유행한 디스코는 업 비트를 극단적으로 강조한 게 특징이에요. 펑크가 그 시작이 된 장르인 셈이지요.

③ 3화음을 적극적으로 사용하라

　펑크는 3화음을 사용한 연주를 자주 사용합니다. 단선율이나 코드 구성음만 연주하기보단, 멜로디에 좀 더 두툼하게 힘을 실어주기 위해 코드 구성음을 추가해 주는 것이지요.

　예를 들어 G7 코드는 C Major key의 5번째 코드입니다. 나누어서 보면 왼손은 G 음을, 오른손은 Bdim 코드를 잡고 있다고도 볼 수 있습니다. 이 모양을 활용해서 C key의 다이아토닉 코드를 그대로 움직여주면 가스펠이나 펑크 음악에서 사용되는 사운드를 만들 수 있습니다. 오른손에서 잡는 음들은 Triad 코드지만, G 위에 쌓이면 텐션 같은 색채를 만들어주게 됩니다.

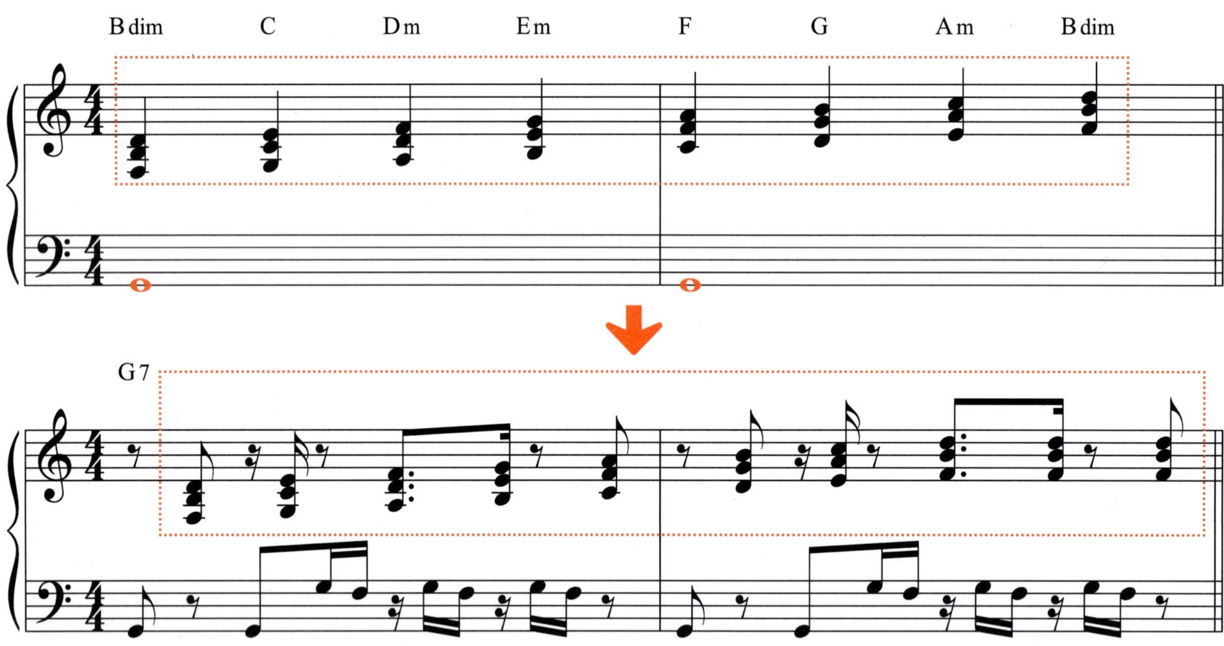

　반주를 하면서도 이 코드들을 사용해서 약간의 움직임을 주거나, 일종의 짧은 리프를 만드는 응용이 가능합니다. 반음 간격으로 꾸며주는 어프로치 노트(Approach Note)도 넣어줄 수 있지요.

꾸며주는 것을 순서대로 한 번 살펴봅시다. 점차 복잡해지는 것처럼 보여도, 양손의 패턴은 거의 동일해요. 대신 오른손에 꾸밈음이 조금 추가된 것을 볼 수 있습니다. 임시표가 많이 붙어서 훨씬 어려워 보이지만, 사실 악보상으로만 그럴 뿐이에요. 흰 건반을 향해 가는 검은 건반들로 구성되어 있어요.

펑크는 메인이 되는 리프(Riff)라는 짧은 단위 위주로 움직입니다. 대략 4마디 정도인데, 이 패턴만 잘 익혀주면 곡 전체가 비슷한 패턴의 반복으로 움직이는 경우가 많아요. 펑크를 잘 연주하는 요령 중 하나는, 중요한 음과 중요하지 않은 음을 잘 구분해서 연주하는 것입니다. 이것만 파악해도 효율성이 훨씬 올라가게 될 거예요.

펑크 연습

1. 8마디 펑크 연습곡입니다. 리듬 패턴에 주의하면서 연습해 보세요.

같이 걷던 밤

(펑크 버전)

박터틀 작곡

R&B 이해하기

　일명 소울이 창법이라고 불리는 가창법은 한 번쯤 들어보신 적이 있을 겁니다. 그 창법이 사용된 대표적인 장르인 R&B, 리듬 앤 블루스(Rhythm&Blues)라는 장르는 사실 많이 들어봤지만, 그게 정확히 어떤 장르인지는 덜 알려진 감이 있습니다. 힌트는 스윙과 셔플입니다. 재즈 연주자들은 셔플의 2, 4 강세를 극대화시켜 스윙 리듬으로 만들었고, 점점 더 빠른 속도와 속주를 추구하면서 200을 넘어 300까지 넘나드는 연주를 하게 됩니다. 1950년대 전후로 유행했던 비밥 스타일이지요.

　그런데, 이렇게 점점 빠른 연주를 하다 보니 본래 스윙의 특징 중 하나였던 8분음표와 셋잇단음표 사이의 연주가 점점 8분음표에 가깝게, 고른(Even) 연주에 가까워지기 시작합니다. 하지만 여전히 반으로 떨어지지 않는 상태에서, 묘한 흐름을 만들게 되지요.

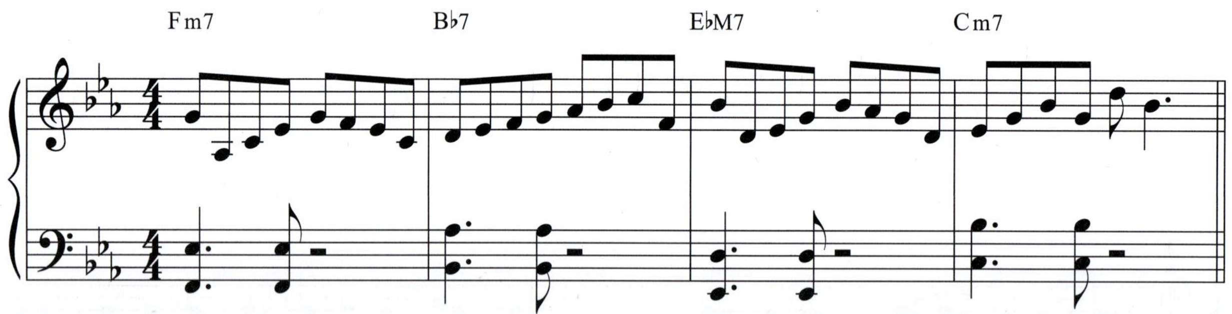

　이 상태에서 펑크의 강력한 리듬은 음악의 분위기를 완전히 바꿔놓게 됩니다. 악보로 보면 아래와 같은 상태가 되는 것이지요. 즉, 템포 200의 스윙이 템포 100의 R&B로 압축된 셈이죠.

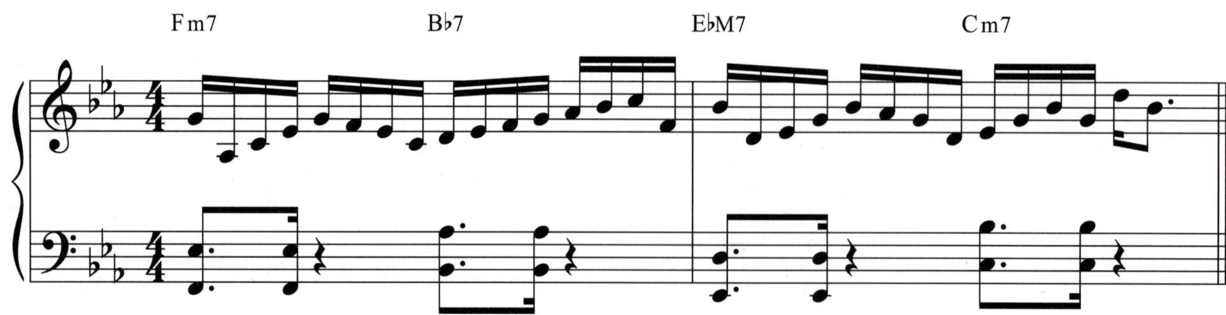

god의 '촛불 하나', '어머님께' 헤이즈의 '비도 오고 그래서' 같은 곡들을 들어보면 특히 16분음표를 스윙처럼 부르는 것을 들어볼 수 있습니다. 물론 현대로 오면서 R&B란 장르 자체도 변화하다 보니 스트레이트 리듬의 R&B도 나오고, 많은 변화가 있었지만 리듬적으로는 이런 맥락을 가지고 있습니다. 흔히 우리가 말하는 팝(Pop) 스타일이라고 한다면 이 스타일의 음악인 경우가 많아요. 마이클 잭슨, 비욘세, 휘트니 휴스턴, 앨리샤 키스, 브루노 마스, 리한나 등, 2000년대 빌보드에서 활약했던 많은 아티스트들이 이 장르에 뿌리를 둔 경우가 많지요. 그 이후로 지금까지도 R&B의 계보는 이어지고 있습니다.

R&B의 특징은 상당히 복합적인 장르라는 것입니다. 위에 나열한 아티스트들만 해도 한 가지 장르로만 딱 국한하기 어려울 만큼 넓은 스펙트럼의 음악을 하고 있어요. 재즈나 가스펠, 로큰롤, 펑크 등 많은 장르의 영향을 받았기 때문에 그렇습니다. 그러니 아래에서 설명하는 것은 알앤비적인 특징을 살려주는 몇 가지 요소라고 봐도 좋을 것 같습니다.

알앤비의 특징을 살려주는 3가지 반주법

① 꾸밈음을 적극적으로 사용합니다

재즈 시대에서부터 연주자들은 꾸밈음의 사용에 무척 적극적인 편이었습니다. 당시에는 검은 건반에서 흰 건반으로 미끄러뜨리는 것부터 시작했지만, 점차 재즈적인 사운드의 특징으로 자리 잡아 알앤비까지 이어져 온 것이지요.

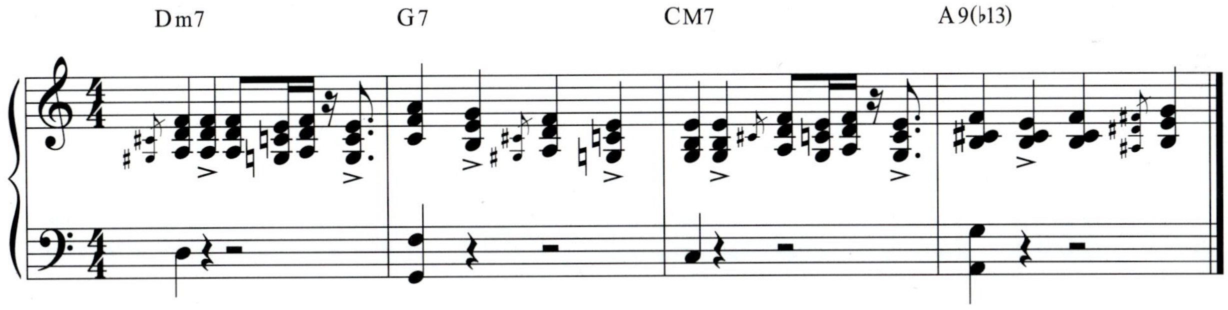

이 때의 요령은 진짜 하나하나 소리를 낸다기보단, 첫 음이 강하고 다음 음은 상대적으로 흘리듯 약하게 치는 것입니다. 검은 건반에서 흰 건반으로 미끄러뜨리는 걸 상상해봅시다. 자세히 보면, 악보에서도 검은 건반 → 흰 건반으로만 손가락이 움직이는 것을 볼 수 있습니다. 슬라이드가 있는 트롬본이란 악기의 밴딩을 흉내 낸 것이기도 해요. 물론 너무 자주 사용하면 산만하게 들리기 때문에, 단락이 바뀌거나 강조해 주고 싶은 포인트에서 한 번 정도만 사용해 주는 것이 좋습니다.

재즈와 함께 성장하며 영향을 받은 장르이기 때문에, 재즈 화성이나 다른 요소들을 도입하는 데 있어서도 거리낌이 없었습니다. 9, 11, 13처럼 매우 적극적으로 텐션을 활용하고, 사운드를 쭉쭉 쌓아서 두터운 사운드를 만들어주는 것이 특징입니다. 위나 아래에서부터 살짝 긁듯이 순서대로 연주하면 더 효과적이에요.

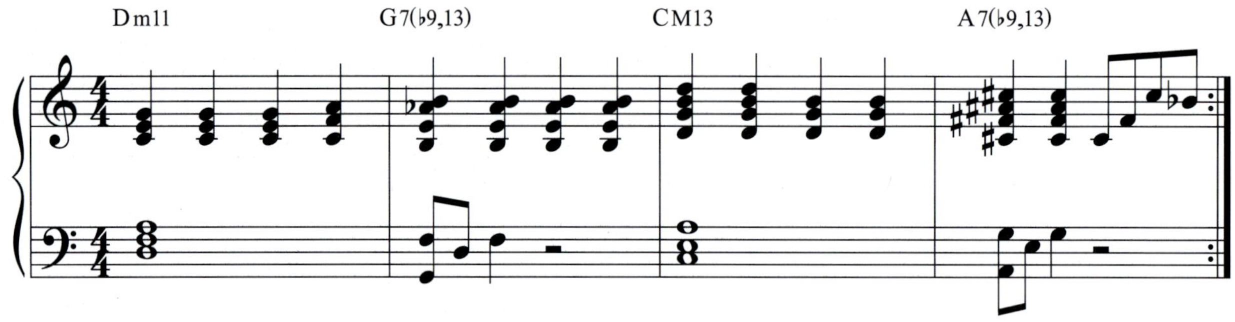

멜로디와 부딪치지 않는다면 단순한 2-5-1-6 코드 진행에서도 반주를 화려하게 꾸미는 것도 가능합니다. 특히 디지털 피아노나 신디사이저로 연주해 본다면 로즈(Rhodes) 같은 일렉트릭 피아노의 음색으로 연주해 보는 것도 아주 좋습니다. 신선한 느낌을 줄 뿐만 아니라, 피아노보다 덜 부딪쳐서 훨씬 자유롭지요.

펑크가 정말 타악기처럼 신나게 두드리는 장르였다면, 알앤비는 더 정교하고 다듬어진 장르라고 볼 수 있습니다. 그루브, 일정한 흐름을 만들기 위해서 들릴 듯 말 듯한 작은 음을 곳곳에 찔러넣듯 연주해 주는 경우가 아주 많습니다.

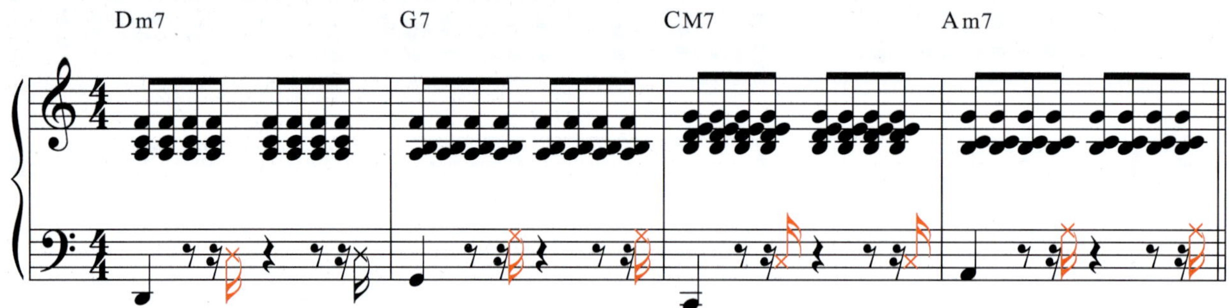

8분음표만으로 이루어진 연주에서도 이렇게 고스트 노트를 활용하면 바운스가 훨씬 더 잘 들리게 만들어줄 수 있지요. x자로 표시된 음표들을 정말 들릴 듯 말 듯, 가볍게 연주하는 것이 포인트입니다. 이건 특히 클라비넷(Clavinet)이라고 하는 키보드 계열 음색에서 자주 사용해요. 스티비 원더라는 아티스트의 'Superstition'이란 곡에서 사용된 것이 세계적으로 유명하지요.

R&B 스타일의 대표적인 코드 진행

아래의 진행들이 다양한 방식으로 변화되면서 쓰입니다. 직접 보이싱을 잡고 들어보면서 나온 맥락을 살펴보면 좋습니다.

1) 6-4-5-1 진행 (대표곡 : John Legend – All of me)

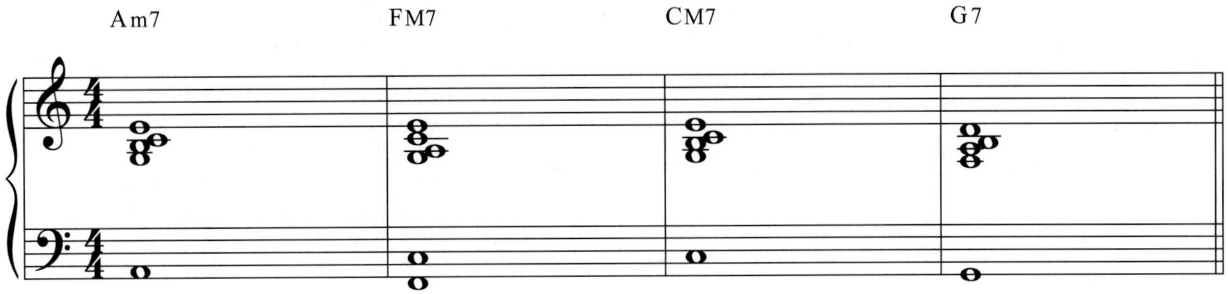

2) 4-3-6-1 진행 (대표곡 : Bill Withers – Just the two of us)

3) 4-4-3-6 진행 변형 (대표곡 : Tamia – Officially Missing You)

Practice
알앤비 연습

1. 8마디 알앤비 연습곡입니다. 텐션 코드와 보이싱에 주의하면서 연습해 보세요.

같이 걷던 밤

(알앤비 버전)

박터틀 작곡

195

재회

(발라드 연습곡)

박터틀 작곡

GbM7   Db/F Bbm7(b5)/E   Eb7   Abm7   AbmM7 Abm
10
- 정말 - 네가 - 그 눈빛그 목소 - 리 그 장난스런말투와 - 반짝이던
Cb/Db   Db7   GbM7   Db/F Bbm7(b5)/E   Eb7
13
노랠기 - 억해유난히길던 겨울 - 녹아 - 매 순간마 - 다맺 - 혀있 - 던
Abm7   Bm7 Abm7 Gb/BbCbM7 Cb/Db GbM7
16
하지못 - 한 말 - 네가정 - 말보고싶었 - 다고 - 운

DM7
E/D
A/C#
Am/C
Bm7
19
명 을 믿지않 - 아 도 - 너 를 만난 그 - 순간 마 음 이 - 말하고있 - 었
19
B/C#
D7
G
22
어 보 고 싶 었 어
22

퇴근하고 싶다
(셔플 연습곡)

박터틀 작곡

똑 딱 똑 딱 이젠 달 려 라 - 퇴 근 하 고 싶
다 집 에 좀 가 고 싶 다 매 일 놀 고 싶
다 출 근 한 -지 -두 시 -간 째 - 퇴 근 하 고 싶
Bm7 E7 AM7 E/G# F#m7
Bm7 E7 AM7 E/G# F#m7
Bm7 E7 Em7 F#7

Bm7   E7   AM7   F#7
다
엄마가보고싶 다
전생에뽀-
Bm7   E7   Bm7   E7   AM7
-로로였나 - 노는게이 -세상에서 - 젤좋아 -

I Feel Cool

(펑크 연습곡)

박터틀 작곡

F7
Bb7
F7
13
Bb7
F7
D7
17
Gm7
C7
F7   D7(#9,b13) Gm7   C7(#9,b13) F7
21

In The Rhythm

(알앤비 연습곡)

박터틀 작곡

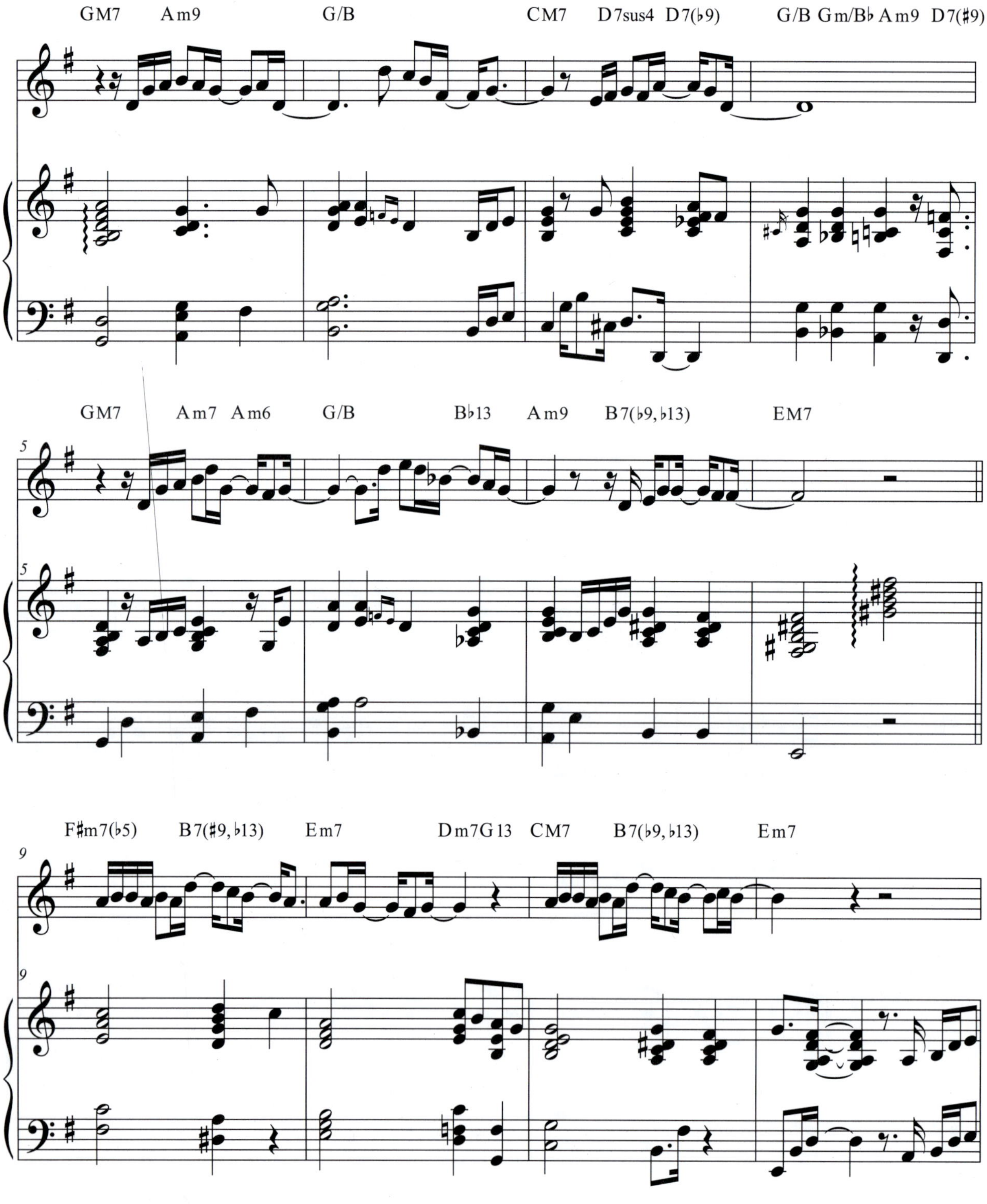

F#m7(b5,9,11)   B7(#9,b13)   Em11 Ebm11 Dm11 Db7(9,#11,13) CM13   B7(b9,b13)   Em11
13
CM7   Cm6   Bm7   Em7 Bb7   Am7 G/B CM7   A/C#   Dm9   G7 Db7
17
CM7   Cm6/9   Bm7   E7(b9,b13) Bb7 Am7   G/B   G/C   C/D D7(b9,b13) GM13
21

"도라고 부를 수 있는 것이 있다면, 그것은 도가 아니다."
노자의 『도덕경』 첫 문장인데, 저에게도 무척 인상 깊었던 말입니다. 반주에 대해 많은 이야기를 나누었지만, 결국 우리는 '반주' 자체가 아니라 '반주에 대한 책'을 함께 읽은 것입니다. 진짜 중요한 것은, 우리가 직접 듣고 경험하며 스스로의 음악 세계를 확장해 나가는 과정이겠지요.

책에서는 여러 이론과 배경을 다루었지만, 이 모든 것이 여러분의 음악을 더 즐겁게 하고, 열정이 타오를 수 있게 돕는 재료가 되었으면 합니다. 이론과 정보는 결국 음악이라는 모험을 위한 나침반과 같습니다. 직접 부딪히고, 길을 잃어보고, 고민하는 순간들 속에서 비로소 그 나침반은 진가를 발휘하게 되지요.

악보는 많은 정보를 담고 있지만, 정작 가장 중요한 것을 담지 못하기도 합니다. 몇 장의 종이로는 감히 표현할 수 없을 만큼 아름다운 것들이 이 세상에는 너무나도 많으니까요.

스스로 선택하고, 좋아하는 것을 망설이며 골라볼 수 있는 것,
그래서 음악은 늘 흥미로운 도전이자 모험입니다.

저도 한때는 엄청난 비밀이나 특별한 기술이 있을 거라 믿고 열심히 공부했지만, 검은 건반을 즐겨 사용하던 옛 연주자들의 모습은 많은 것을 말해 줍니다. 어쩌면 많은 것을 연주하는 것보다, '충분한 것'을 구분해내는 감각이 더 중요할지도 모릅니다.

이 책의 마지막 장까지 함께해 주셨다는 것은, 우리가 서로 다른 시간과 공간에 살아가더라도, 음악을 통해 따뜻하게 연결되어 있다는 뜻 아닐까요? 이야기들이 여러분의 여정에 조금이나마 도움이 되었다면, 그걸로 저는 충분히 감사하고 기쁩니다.

하나의 음이 울려 점이 되고, 화음이 쌓여 선이 되고, 그것들이 단단히 연결되어 면이 된다면,
언젠가 또 다른 좋은 이야기로 여러분과 만나게 되겠지요.

진심으로 감사합니다.

반주독학 가이드북.

초판 1쇄 인쇄 2025년 6월 11일
초판 1쇄 발행 2025년 6월 20일

지 은 이 박주언
기획편집 양세진
마 케 팅 정보옥
악보작업 이준용
디 자 인 전혜진, JK Design
인　　쇄 예림인쇄

펴낸곳 1458music
주소 서울특별시 서초구 바우뫼로 39길 67-17 서경빌딩 3층
전화 070-8670-4340 / **팩스** 0504-848-4340
등록 2008년 4월 21일, 제2025-000066호
홈페이지 www.1458music.com
유튜브 채널 www.youtube.com/c/1458music
페이스북 www.facebook.com/1458musicbook
이메일 1458music@naver.com

Sing, Play & Love
copyright 박주언

ISBN 979-11-89598-69-3